Conception graphique et couverture : Jacek Przybyszewski.
Photo : Edouard Rousseau.
Secrétariat d'édition : Eliane Mounier.
Ce livre a été publié sous le titre original
« Families and how to survive them »
par Methuen, Londres, Grande-Bretagne.

Numéro d'éditeur : 2-906704. ISBN : 2-906704-00-8. Dépôt légal : 1er trimestre 1987.

Ce livre a été réalisé en coédition avec Médecine et Hygiène Genève.

Robin Skynner, John Cleese

LA FAMILLE

COMMENT EN RÉCHAPPER ?

Dessins de Bud Handelsman
Traduit de l'anglais par Pierre Douillet

eshel

ROBIN SKYNNER. Médecin, il est l'un des pionniers des techniques de thérapie de groupe et de thérapie familiale en Angleterre. Il a créé l'Institut d'analyse de groupe et l'Institut de thérapie familiale, où il enseigne. Il a également enseigné la thérapie familiale à l'Institut de psychiatrie et à l'hôpital Modslay, les deux principaux centres de psychiatrie de Grande-Bretagne. Il est l'auteur d'un livre qui, en Grande-Bretagne, fait autorité : « One Flesh : Separate Persons. Principles of Family and Marital Psychotherapy ».

JOHN CLEESE. Il est bien connu comme acteur comique (revues théâtrales, satiriques et films télévisés), comme auteur de scripts et de scénarios et pour ses rôles dans divers films des Monty Python (« Sacré Graal », « La Vie de Brian ») et tout récemment dans « Silverado » (1984) et « Clockwise » (1985).

A Prue et Barbara

Introduction

POURQUOI NOUS AVONS ECRIT CE LIVRE

JOHN. Il y a dix ans, j'ai suivi une thérapie de groupe et cela pour deux raisons. Tout d'abord, je souffrais depuis deux ans de symptômes grippaux que mon médecin n'arrivait pas à guérir...
Après trois bilans complets, il m'avait même prévenu que l'origine en était sûrement psychosomatique, et il avait pensé qu'une approche psychologique du problème pourrait être bénéfique. A cette époque, j'avais des problèmes relatifs à mon premier mariage, et j'en étais venu à la conclusion que j'étais trop perturbé pour m'en sortir sans aide extérieure. En fait, je me souviens avoir pensé alors que je n'avais pas les capacités intellectuelles pour comprendre ce qui se passait. Je réalise maintenant qu'il me manquait certaines expériences émotionnelles que j'allais devoir acquérir au sein du groupe, si je voulais résoudre les problèmes qui me tracassaient.
Bien entendu, je ne suis pas entré avec enthousiasme dans le monde des « psy », parce que, comme tout Britannique, j'avais d'énormes réticences à l'égard de la psychiatrie. Néanmoins, et malgré mon scepticisme, je pourrais presque dire ma méfiance, je suis entré dans un groupe de thérapie. Il était conduit par Robin Skynner et sa femme Prue, tous deux cothérapeutes. Il y avait plusieurs autres personnes dans le groupe, dont plusieurs couples. Et ainsi pendant une heure et demie, tous les jeudis après-midi pendant trois ans et demi, à dix, assis en cercle, nous avons simplement parlé. Au cours de cette période, les gens du groupe ont bien sûr changé, et lorsque certains se sont sentis prêts à nous quitter, ils ont été remplacés par de nouvelles recrues. Au bout d'un an environ, j'ai commencé à comprendre que je vivais l'expérience la plus intéressante de ma vie d'adulte.
Tout d'abord, quand les barrières ont commencé à tomber, j'ai vu mes camarades du groupe se comporter de manière plus libre et plus ouverte qu'il n'est donné de l'observer dans la vie sociale normale, mises à part les relations que l'on entretient avec les amis les plus proches. Sans vouloir banaliser ce qui se passait dans le groupe, je me souviens avoir

pensé qu'en comparaison, les films ou les dramatiques de la télévision paraissaient fades, artificiels et peu convaincants. En disant cela, je ne voudrais pas donner à penser que je tentais de me désolidariser du travail du groupe. Ce n'était pas du tout le cas. J'étais très profondément impliqué. Au fil des mois, je suis passé par toute une palette d'émotions et d'humeurs, certaines tout à fait nouvelles et pénibles à vivre. Mais, mises à part ces expériences émotionnelles et certaines découvertes que je fis sur moi-même — qui ne correspondaient pas à l'image que je me faisais de moi à cette époque-là — le résultat le plus étonnant de cette thérapie fut la mise en question, pour la première fois, de mes attitudes les plus profondément ancrées, et, en particulier de quelques certitudes concernant les relations homme-femme. Ces dernières furent éclairées d'un jour nouveau, si bien que j'en vins à me demander si les idées dans lesquelles j'avais grandi à Weston-Super-Mare* pouvaient m'être d'une quelconque utilité. Aujourd'hui, plus de cinq ans après avoir finalement cessé ma thérapie, je peux dire sans réserve que ce que le groupe m'a appris m'a considérablement aidé. Depuis, ma vie est beaucoup plus heureuse, mes expériences au sein du groupe m'ont certainement libéré de mes somatisations et ont réduit de façon substantielle ma tension physique. Je pense que le groupe m'a permis d'établir de meilleures relations avec les autres, et, à l'occasion, d'aider mes amis plus efficacement que je ne l'aurais fait auparavant.

La thérapie m'a aussi aidé sur le plan professionnel en me permettant de me mettre plus facilement dans la peau de mes personnages**, elle m'a ouvert l'esprit en me donnant une vision complètement nouvelle du comportement d'autrui en matière sociale et politique et en me faisant voir des choses que je ne pouvais absolument pas saisir auparavant. Mais le plus grand bénéfice que j'en aie retiré, le plus libérateur et qui m'a permis de vivre plus intensément, c'est que, désormais, les problèmes auxquels je peux être confronté me paraissent moins aigus, plus faciles à gérer — ils sont devenus comme l'écho de ce qu'ils étaient auparavant. Grâce aux méthodes de prise en charge que j'ai apprises

* NDT. Weston-Super-Mare : commune de naissance de John Cleese.

** NDT. John Cleese est acteur.

dans le groupe, je suis en mesure de les traiter avec beaucoup plus d'aisance et d'efficacité.

Pour toutes ces raisons, j'ai une dette de reconnaissance considérable, non seulement envers Robin et Prue Skynner, mais aussi envers tous les professionnels de la santé mentale à l'origine du développement des idées et méthodes de la thérapie familiale et de groupe. De plus, je crois que ces nouvelles voies de réflexion vont fasciner des tas de gens. Mais la plupart bien sûr, n'auront ni l'envie, ni le besoin, ni le temps de s'intéresser à la thérapie elle-même. Et pourtant, je n'ai jamais vu ces idées exprimées de façon satisfaisante dans un ouvrage de vulgarisation. C'est pourquoi, il y a quelques années, j'ai suggéré à Robin de tenter de les rendre accessibles à un plus large public. Et aujourd'hui, alors que je viens de terminer ce livre, je me demande si ces idées sont vraiment si nouvelles ou si étonnantes. Et, en fait, je ne le sais pas.

Il me paraît par exemple tout à fait évident à présent que la plupart de nos attitudes sont enracinées dans nos premiers liens d'amitié et notre vécu familial. Je sais que cela surprendra bon nombre de gens. De la même manière, j'accepte maintenant l'idée qu'une grande partie de nos problèmes est issue de conflits non résolus dans l'enfance et que nous traînons en conséquence avec nous à l'âge adulte. Mais est-ce une évidence pour vous ou une révélation ? Je me raccroche à l'idée que même la blague la plus usée est nouvelle pour la personne qui l'entend pour la première fois. Mais laissez-moi vous dire ceci : si ces idées vous intriguent, ne fût-ce que le centième de ce qu'elles m'ont intrigué moi, je toucherai tout de même des royalties !

ROBIN. De mon côté, l'idée d'un livre comme celui-ci m'est venue en 1976, au cours d'une conversation avec mon oncle Fred. Je venais de publier un livre* et j'avais envoyé des exemplaires de presse à toutes mes relations. Je pensais que, comme d'habitude, il ferait office de nid à poussière dans les bibliothèques familiales, et fus agréablement surpris quand mon oncle Fred, qui n'avait pas d'intérêt particulier pour le sujet ni de formation dans ce domaine — il s'était occupé sa vie durant d'une petite affaire en Cornouailles, dans le village de pêcheurs où ma mère et lui avaient grandi — me dit avoir non seulement lu mon livre, mais l'avoir trouvé intéressant et utile pour comprendre certains événements pénibles de sa prime enfance. Il ajouta qu'il espérait que ce qu'il avait à dire n'allait pas me choquer et continua avec son petit accent chantant de Cornouailles : « On n'y penserait pas soi-même avant de le voir écrit quelque part, dans un livre comme celui que tu viens de faire, par exemple, mais une fois qu'on le voit couché sur le papier, tu sais, tout ça c'est du bon sens ».
Bien que ce livre ait reçu des critiques très favorables, aucun commentaire ne m'a fait autant plaisir que celui-là. Et, tandis qu'il parlait, je pris conscience que ce qu'il avait saisi des idées présentées là avait transformé sa vision de la vie de façon positive. Il en vint à considérer des expériences douloureuses, qu'il pensait devoir attribuer à des fautes de sa part, ou à la dureté injustifiée des autres, ou à un incompré-

* NDT. « One Flesh : Separate Persons ».

hensible coup du destin, comme de simples produits d'une histoire familiale non maîtrisée. Cela semblait non seulement l'avoir délivré d'un sentiment imaginaire de culpabilité, mais lui avoir permis de s'impliquer dans une autre histoire familiale, où les accusations mutuelles empêchaient une réconciliation qu'il appelait de ses vœux. J'entendis dire, plus tard, avant qu'il ne meure, qu'il avait tenté des démarches pour modifier cet état de choses.

Durant des années, j'avais enseigné à mes étudiants que, bien que nous puissions aider les autres par notre savoir et notre expérience professionnelle, nous ne devions pas espérer venir en aide à nos propres familles lorsqu'elles étaient aux prises avec des problèmes psychologiques, car nous étions nous-mêmes trop impliqués pour être objectifs et impartiaux. Et pourtant, me suis-je alors demandé, si un ouvrage spécialisé sur ce sujet a pu aider un membre de ma famille, quel pourrait être l'impact d'un livre écrit spécifiquement pour le grand public ?

Pourquoi donc avais-je écrit ce premier livre ? Et tout d'abord, pourquoi avais-je choisi cette profession, puis été attiré par l'étude des familles ? Lors de ma visite en Cornouailles, j'avais été curieux d'en savoir plus sur l'histoire de ma famille. De même que les thérapeutes familiaux du monde entier, le petit groupe de collègues que j'avais conduits à enseigner la discipline à Londres (laquelle s'était élargie en Institut de thérapie familiale) participait aux investigations faites par chacun dans l'histoire de sa propre famille dans le but de mieux comprendre les familles qui venaient en consultation.

Mon oncle Fred était connu comme l'historien de la famille, regorgeant d'anecdotes amusantes sur le passé de chacun. Il me rapporta ce soir-là quelque chose que ma mère avait dit de moi quand j'étais enfant : « Je ne sais vraiment pas quoi faire de Bob. Ou il deviendra un génie, ou il finira à l'asile Bodylum (l'hôpital psychiatrique local) ».

En réfléchissant un peu, je réalisai que, le talent me manquant pour accomplir sa première prophétie, j'avais passé une grande partie de ma vie à essayer d'éviter la seconde, et fait un ultime compromis en pénétrant dans un autre hôpital psychiatrique par l'entrée du personnel. Mais pourquoi avait-il fallu en arriver là ? Et pourquoi moi plutôt que l'un de mes quatre frères ? Rétrospectivement, et grâce à la connaissance que je pouvais avoir de ma famille, acquise entre autres auprès de l'oncle Fred, et à celle d'autres familles en général, acquise dans l'exercice de ma profession, j'ai compris que dans mon enfance j'avais été au carrefour de courants familiaux émotionnels très puissants, qui m'avaient profondément perturbé et aux effets desquels j'avais toute ma vie essayé d'échapper.

Mes parents étaient des gens honnêtes, gentils et bien intentionnés, respectés et aimés dans notre communauté, et ils faisaient du mieux qu'ils pouvaient. Ils n'arrivaient pas à comprendre comment ils avaient pu donner naissance à cet enfant craintif, incapable d'affronter la réalité et qui s'échappait dans les rêves et la solitude. Je réalise maintenant qu'ils étaient aussi perturbés que moi. Mais, à l'époque, je n'étais conscient que d'une chose : celle d'avoir à cacher mes problèmes pour éviter de les décevoir, et je me rappelle avoir cherché longtemps une sorte de carte, de guide ou de boussole pour m'aider à y voir plus clair en moi et à trouver une solution. Ne trouvant pas cela dans ma famille, je cherchai au dehors, sans succès. C'est finalement durant mon service actif comme pilote dans la Royal Air Force pendant la Seconde Guerre mondiale que je décidai d'étudier la médecine, puis la psychiatrie. Je compris plus tard que c'était pour m'aider moi-même autant que pour aider les autres et que j'essayais de trouver « le haut et le bas », c'est-à-dire ce que cela signifiait d'être « normal » ou « sain » et la façon de progresser dans cette direction. Quand, après mon doctorat en médecine, j'arrivai finalement à l'Institut de psychiatrie pour commencer ma spécialité, je recherchai en bibliothèque des documents sur « la normalité » et ne trouvai que trois très courts articles. Deux d'entre eux étaient inutilisables et le troisième intéressant mais anecdotique. Réalisant que, là comme dans ma famille, il me faudrait encore trouver par moi-même, je devins psychothérapeute et étudiai les individus, les groupes et les familles tout en participant moi-même à une thérapie de groupe, m'impliquant personnellement afin de trouver des réponses à mes questions : qu'était réellement la santé mentale, et comment les familles pouvaient-elles en tirer profit ?

Plus de vingt ans après, j'ai mis ce que j'avais appris dans le livre dont mon oncle Fred disait en voyant « tout ça couché par écrit » qu'il avait réalisé que c'était du « bon sens ». A cette époque, des études sur la santé mentale des familles commençaient à se faire jour, et la première étude de santé mentale exceptionnelle — « santé optimale » — fut publiée le même mois et par le même éditeur que l'édition américaine de mon propre livre. Ces deux livres me furent envoyés en même temps et, en lisant ce travail de la Fondation de recherche Timberlawer à Dallas, au Texas, je fus excité de constater que leurs découvertes étaient similaires à mes propres conclusions fondées sur l'expérience clinique. Avant même d'avoir terminé leur livre, je reçus une lettre du directeur de cette équipe de recherche (lequel, alors inconnu de moi, avait lu mon livre) qui commentait les similitudes de nos découvertes.

Il apparût donc que j'avais finalement réussi à débrouiller un certain nombre de choses et les avais aussi rendues accessibles à des gens ordinaires, même dans ce livre de base destiné aux professionnels. Si bien que, lorsqu'arriva la suggestion de John Cleese de tenter une présentation commune à l'usage du public, j'acceptai avec enthousiasme, non sans avoir brièvement hésité devant l'ampleur du travail de condensation et de clarification de tant de connaissances. Si notre livre réussit à transmettre au grand public un peu de l'intérêt, du plaisir et de l'utilité des découvertes récentes sur le fonctionnement des familles et sur la manière de les aider à fonctionner mieux, on le doit autant à la vivacité, à l'originalité et à la clarté d'esprit et de pensée de John, qu'aux connaissances que ma profession m'a permis d'acquérir. J'espère que les entretiens que nous y avons distillés aideront autant les autres qu'ils nous ont aidés, nous et nos familles, et qu'un peu du grand plaisir que j'ai eu à travailler avec lui passera aussi dans ces lignes.

Pourquoi a-t-il fallu que ce soit toi que j'épouse ?

JOHN. Commençons par une question facile... Pourquoi les gens décident-ils de se marier ?

ROBIN. Parce qu'ils s'aiment.

JOHN. Oh, allez ! ?

ROBIN. Non, je suis tout à fait sérieux.

JOHN. Bon peut-être, mais... cette habitude de tomber amoureux... est très bizarre. Voilà des gens parfaitement ordinaires, rationnels, programmeurs ou comptables ; ils sont en train de programmer ou de comptabiliser, quand, soudain, ils voient quelqu'un à l'autre bout d'une pièce bondée et pensent immédiatement : « Ah ! cette personne est faite pour moi, je pense que je ferais bien de passer le reste de ma vie avec elle ». C'est à la limite du magique.

ROBIN. Peut-être auriez-vous préféré la manière dont ça se passait il y a trois cents ans, quand les parents organisaient les mariages pour des raisons sensées, des biens fonciers par exemple, de l'argent ou le désir d'ascension sociale. Ils considéraient tous que tomber amoureux était la pire des raisons pour se marier, une recette désastreuse.

JOHN. Oui, Samuel Johnson disait que tous les mariages devraient être arrangés par un chancelier d'Etat, sans tenir compte de l'avis des parties.

ROBIN. C'est pourquoi je tiens à souligner que, de nos jours, nous sommes libres d'épouser la personne que nous aimons, celle qui peut réellement nous rendre heureux.

JOHN. Et que nous avons bien sûr le taux de divorce le plus élevé de l'histoire.

ROBIN. Comme vous et moi avons tous les deux apporté notre contribution à ces statistiques, nous ferions peut-être mieux de ne pas être trop critiques.

JOHN. Je suis désolé d'y avoir contribué. En fait, je pense que le divorce est sous-estimé. Il vous met en contact avec les aspects les plus difficiles du mariage, les nuances les plus délicates et dont les couples qui ont vécu heureux ensemble pendant trente ans n'ont pas la moindre idée. Mais néanmoins, divorcés ou pas, nous sommes des millions à nous mettre en couple en pensant : celui-ci ou celle-là est celui ou celle qu'il me faut. Alors, docteur, qu'est-ce qui se passe ?

ROBIN. Que signifie d'après vous « tomber amoureux » ?

JOHN. Il s'agit, de toute évidence, de beaucoup plus qu'une attirance sexuelle. Et la personne dont on est vraiment amoureux représente plus qu'une personne qu'on apprécie. Mais je n'ai aucune idée de ce qu'il y a en plus. Je n'ai jamais entendu personne l'expliquer. Les gens sourient de façon entendue, disent qu'il s'agit de « chimie » et changent de sujet. Alors qu'est-ce que c'est ?

ROBIN. Eh bien, je pense que la raison pour laquelle nous ressentons une attirance très profonde pour quelqu'un est que ce quelqu'un d'autre est fondamentalement comme nous, au sens psychologique du terme.

JOHN. Mais à en croire le dicton populaire ce sont les contraires qui s'attirent.

ROBIN. C'est faux. Ou si c'est le cas, ce n'est qu'une apparence. Mais ce qui, en fait, attire les gens les uns vers les autres, c'est leur ressemblance, et qui plus est, la ressemblance d'une donnée fondamentale : leur passé familial.

JOHN. Vous voulez dire que tous ces gens qui se mariaient autrefois et qui continuent de le faire pour échapper à leur famille emportent d'une certaine manière et psychologiquement parlant leur famille avec eux ?

ROBIN. Exactement.

JOHN. Attendez. Pendant très longtemps, j'ai su très peu de choses sur la famille de ma première femme.

ROBIN. Et lui avez-vous parlé de la vôtre ?

JOHN. Non plus, je ne pense pas.

ROBIN. Peut-être était-ce là quelque chose que vous aviez en commun.

JOHN. Je ne comprends pas.

ROBIN. Peut-être que l'une des raisons pour lesquelles vous ne parliez pas beaucoup de vos familles était que vos parents, des deux côtés, ne parlaient pas beaucoup des leurs. En d'autres termes, peut-être que sur ce point vos antécédents familiaux étaient semblables.

JOHN. Ça, c'est trop intelligent pour être convaincant ! De toute façon, quand ça fait « tilt » avec quelqu'un, on n'a pas encore eu le temps d'échanger ce type d'information.

ROBIN. C'est vrai.

JOHN. Vous êtes d'accord ?

ROBIN. Laissez-moi vous expliquer. Je dois dire que cette idée a été la découverte la plus étonnante qu'il m'ait été donné de faire au cours de longues années de travail avec les familles, et je ne l'ai acceptée que très progressivement. La preuve la plus éclatante que je puisse en fournir s'appelle « L'exercice d'exploration des systèmes familiaux » (Family Systems Exercise). J'y ai assisté pour la première fois en 1973 : un thérapeute familial américain était venu nous en faire la démonstration. Nous avons actuellement intégré cet exercice à nos méthodes de formation à l'Institut de thérapie familiale (Institute of Family Therapy).

JOHN. Quelle est sa fonction ?

ROBIN. Son but est de mettre au jour les raisons pour lesquelles deux personnes se choisissent mutuellement au milieu d'une pièce bondée, et il m'a démontré, plus clairement que je ne l'avais jamais réalisé jusqu'alors, comment opèrent les attractions inconscientes et de quoi il s'agit.

JOHN. Vous voulez dire qu'au travers de cet exercice on arrive à comprendre comment on se choisit sans rien savoir l'un de l'autre ?

ROBIN. Oui, les participants font cet exercice au début de leur formation ; en fait, l'idéal c'est qu'ils soient encore étrangers les uns aux autres. On les réunit en groupe et on leur demande de choisir une autre personne du lot qui leur fasse penser à quelqu'un de leur famille, ou, à défaut, leur donne l'impression qu'elle aurait pu remplir une « case vide » dans leur famille. Et, c'est là que ça devient intéressant, ils n'ont pas le droit de parler pendant qu'ils font leur choix. Ils sont debout dans la pièce et se promènent en se regardant les uns et les autres. Lorsqu'ils ont tous choisi quelqu'un, c'est-à-dire lorsqu'ils sont deux par deux, on leur demande de parler ensemble pendant quelques instants et de voir s'ils peuvent trouver la raison pour laquelle ils se sont choisis. On les encourage à comparer leur passé familial. Et puis on demande à chaque couple d'en choisir un autre pour former un groupe de quatre. Ensuite, on demande à chaque groupe de quatre de se constituer en famille, chacun se mettant d'accord avec les autres sur le rôle qu'il va jouer. Ils discutent ensuite entre eux pour découvrir ce qui, dans leur passé familial, a guidé leurs décisions. Et enfin, ils font part de leurs découvertes à l'ensemble du groupe.

JOHN. Et qu'est-ce qu'ils découvrent ?

ROBIN. D'une certaine manière, chacun constate qu'il a choisi trois personnes dont les familles avaient un fonctionnement similaire à la sienne.

JOHN. Que voulez-vous dire par « fonctionnement similaire » ?

ROBIN. Eh bien, ils découvriront qu'ils sont tous les quatre issus de familles où l'on a du mal à se témoigner de l'affection, ou peut-être à exprimer sa colère ou sa jalousie ; où il y a beaucoup d'exemples de relations quasi incestueuses ; ou de familles où chacun devait toujours se montrer optimiste ou heureux. Ils peuvent encore découvrir que tous ont eu un père qui est parti de la maison à une époque cruciale de leur existence, ou, qu'à peu près au même âge pour chacun, leurs familles ont subi une grande perte ou un grand changement.

JOHN. Cela n'est-il pas simplement dû au fait qu'ils sont à la recherche de leurs points communs ?

ROBIN. Non, cela ne suffit pas à expliquer le nombre élevé de réseaux de similitudes que l'on trouve toujours. Je sais que cela peut ne pas paraître convaincant à quelqu'un qui n'en a pas fait l'expérience, mais c'est très troublant lorsqu'on le vérifie par soi-même.

JOHN. Mais alors, que se passe-t-il pour ceux qui « font tapisserie » ? Comment expliquez-vous que certains ne soient pas choisis ?

ROBIN. Je dois dire que, assez curieusement, c'était ceux qui faisaient tapisserie qui ont enfoncé le clou pour moi, et m'ont finalement convaincu qu'il se passait quelque chose d'extraordinaire. La première fois que j'ai dû faire faire cet exercice à une vingtaine de thérapeutes stagiaires, j'ai soudain pris conscience, et cela m'a préoccupé, que ceux qui ne seraient pas choisis allaient se sentir rejetés. Si bien que, quand j'ai demandé aux groupes de raconter leur expérience, de parler des similitudes familiales qu'ils avaient découvertes, je ne me suis adressé qu'en dernier à ceux qui avaient « fait tapisserie » et en redoutant leurs réactions. Mais ils étaient aussi fascinés que les autres. Ils avaient découvert qu'ils avaient tous été placés, ou adoptés, ou élevés en orphelinat. Ils s'étaient tous sentis rejetés tôt dans leur vie et d'une certaine manière s'étaient repérés les uns les autres sans hésitation au cours de cet exercice.

JOHN. Donc, au cours de cet exercice, les participants se choisissent chaque fois en raison du nombre surprenant de similitudes que présentent leurs antécédents familiaux — histoires et attitudes familiales.

ROBIN. Exact.

JOHN. Et alors ? Quel rapport y a-t-il entre les raisons pour lesquelles ils se choisissent et le fait de tomber amoureux ?

ROBIN. Un rapport fondamental. Vous voyez, il y a des tas de raisons qui font qu'un couple se forme, mais la plupart sont faciles à comprendre. Dans les années 50, un des pionniers de la thérapie conjugale, Henry Dicks, les a réduites à trois catégories principales. Tout d'abord,

les pressions de type social, telles que la classe sociale, la religion et l'argent ; en second lieu, les raisons personnelles conscientes telles que l'aspect extérieur, les intérêts partagés, les choses pour lesquelles on sait que l'on choisit l'autre ; et troisièmement, cette attirance inconsciente que chacun d'entre nous appelle « la chimie ».

JOHN. L'exercice prouve donc l'existence de ce troisième groupe, l'attirance inconsciente ; et il nous dit que les gens se choisissent, à un niveau inconscient, sur la base de similitudes dans le fonctionnement de leurs familles ?

ROBIN. C'est cela. Souvenez-vous que nos stagiaires sont en fait à la recherche de quelqu'un qui leur rappelle un membre de leur propre famille ou qui aurait pu y occuper une « case vide » importante. Et pourtant ils sont tous étrangers les uns aux autres et il n'y a entre eux aucune ressemblance à caractère héréditaire dans leur apparence ou leur personnalité. Et, chose étonnante, ils choisissent d'un simple regard des gens présentant avec eux des similitudes surprenantes dans leur vécu infantile ou leurs problèmes familiaux spécifiques.

JOHN. En d'autres termes, nous traînons nos familles avec nous, quelque part à l'intérieur de nous-mêmes, et nous émettons des signaux qui permettent à ceux qui ont un passé similaire de nous reconnaître ?

ROBIN. Et en nous mettant en couple, nous recréons en quelque sorte nos propres familles.

JOHN. C'est le moins que l'on puisse dire. Je sais que vous, les psychiatres, êtes habitués à l'idée de l'influence des courants inconscients sur le comportement des gens, mais c'est un choc pour un béotien comme moi de réaliser de façon aussi soudaine à quel point les raisons de nos actes nous échappent. Prenez par exemple l'immense quantité d'informations que nous enregistrons les uns sur les autres à tout moment et tout à fait inconsciemment.

ROBIN. C'est vraiment extraordinaire de penser à tous ces signaux qu'émettent les gens en permanence et qui nous renseignent sur leur caractère et donc sur leur famille.

JOHN. Est-ce que vous pourriez nous en dire plus sur ces signaux ?

Signaux

ROBIN. Nous envoyons tous et tout le temps des informations sur nous. Elles sont transmises par nos mimiques et notre façon d'utiliser notre corps. Tout ce « langage du corps », cette communication non-verbale dont nous avons beaucoup entendu parler récemment.

JOHN. Les postures, l'habillement, la démarche, les gestes...

ROBIN. Et pas seulement nos mouvements mais leur fréquence, la façon de les faire...

JOHN. D'accord, mais je ne vois pas comment ces signaux peuvent donner des indications sur le passé familial d'une personne.

ROBIN. Nous pouvons tous deviner ce que ressentent les gens à tout moment, non ? Nous pouvons dire s'ils sont amis ou hostiles, gais ou tristes, etc. Bien. Au-delà de ces émotions changeantes que nous éprouvons tout le temps, nous tendons à avoir certaines constantes de comportement, des « habitudes émotionnelles ».

JOHN. Vous voulez dire que ces dernières proviennent de notre personnalité profonde. On a tendance à être taciturne ou ombrageux ou à prendre des airs de martyr par exemple...

ROBIN. Oui, c'est ça. Et ces habitudes émotionnelles vont se révéler dans la posture, les mimiques, la démarche. Prenez une personne dépressive : elle aura une démarche traînante, lourde, indolente. Et à force d'avoir un visage déprimé toute l'année, elle aura un certain type de rides que nous n'aurons aucun mal à reconnaître. La même chose s'applique à quelqu'un de très gai qui rit beaucoup : il aura des rides de rire, et bougera en général d'une manière positive, volontaire et droite ; quelqu'un d'un peu maniaque* se déplacera en s'agitant beaucoup, avec un air tendu et des yeux plutôt scrutateurs.

JOHN. Je connais bien ce genre de regard. C'est celui que j'ai quand je suis sous pression, et que j'ai l'habitude d'adopter sur scène. Les yeux font discrètement saillie, et les muscles des tempes, du front et des mâchoires sont plutôt tendus.

ROBIN. Avez-vous remarqué que mes yeux sont souvent comme ça ?

JOHN. ... Non, je ne l'ai jamais remarqué. Je n'en ai jamais pris conscience.

ROBIN. Je vais vous raconter quelque chose de drôle : la fois où j'ai moi-même pratiqué cet exercice d'exploration des systèmes familiaux, j'ai choisi quelqu'un et nous avons à notre tour choisi un autre couple... pour réaliser bien vite que nous avions tous les quatre des yeux comme ça !

JOHN. Pensez-vous que la raison pour laquelle nous nous entendons bien tous les deux c'est que nos yeux scrutateurs indiquent que nous avons des passés familiaux similaires ?

ROBIN. C'est très probable. Au fur et à mesure que nous avancerons, nous essaierons d'ouvrir l'œil sur d'autres similitudes éventuelles.

JOHN. Maintenant que j'y pense, je me souviens qu'il y a quelques années j'avais remarqué que j'étais souvent attiré par les filles qui

* NDT. A comprendre au sens courant, et non pas psychiatrique du terme.

avaient des yeux comme ça ; mais très curieusement, à partir du moment où j'en eus pris conscience, l'attirance ne fut plus aussi puissante. En tous cas, il y avait dans ma famille une personne qui avait cette caractéristique. Et tout cela m'amène à un autre point qui me reste obscur. Vous dites que la personnalité d'un individu ou, comme vous les appelez, ses « habitudes émotionnelles », donnent des indications sur sa famille. En quoi ? Quel est le rapport ?

ROBIN. Voyez-vous, chaque famille tend à développer un comportement qui lui est propre vis-à-vis des émotions avec des émotions « bonnes » et d'autres « mauvaises ». Les émotions « bonnes » s'exprimeront donc sans contrainte et les « mauvaises » seront censurées. Ou alors toute manifestation d'émotion suscitera une moue de réprobation, ou de complaisance. Le résultat, c'est que chaque famille possèdera un éventail caractéristique de comportements émotionnels que partageront tous ses membres.

JOHN. Ils émettront donc le même type de signaux et auront un petit « air de famille ».

ROBIN : Oui, et si au sein d'une même famille on se ressemble, ce n'est pas du seul fait de l'hérédité. Même les enfants adoptés finissent par ressembler aux autres membres de la famille par certains côtés.

JOHN. Est-ce pour cela que les chiens en arrivent souvent à ressembler à leurs maîtres ?

ROBIN. Oui, il y a beaucoup de vrai dans tout cela. Les animaux sont traités sur le mode des comportements familiaux. Si bien que les familles qui croient à l'autodiscipline auront des chiens obéissants et les familles qui n'y croient pas et qui ont des enfants plutôt sauvages vont conduire leur chien à se comporter de la même manière.

JOHN. En résumé... nous signalons par nos expressions, nos postures et notre façon de nous mouvoir que nous avons certaines habitudes émotionnelles, que nous partageons avec d'autres membres de notre famille. Et les gens issus de familles semblables vont donc percevoir ces signaux et y répondre.

ROBIN. Exactement. C'est ce que démontre l'« Exercice d'exploration des systèmes familiaux ».

JOHN. D'accord, mais il y a encore quelque chose que je ne comprends pas. Vous avez dit que les gens qui se choisissent mutuellement au cours de l'exercice découvrent souvent qu'ils ont fait, au même âge, les mêmes expériences, et vous avez donné comme exemple un père absent ou un décès dans la famille. Comment cela cadre-t-il avec ce que vous venez de dire ?

ROBIN. Eh bien, abordons ce que nous avons appris de l'« Exercice d'exploration des systèmes familiaux » sous un autre angle. Disons que quelqu'un qui a eu des difficultés à un certain stade de son développement sera attiré par une personne qui, elle aussi, a eu des difficultés à ce stade.

JOHN. Cela me paraît plus être une idée complètement nouvelle et sans lien avec ce qui précède qu'une autre manière de voir les choses.

ROBIN. Non, c'est en relation étroite avec ce que je viens de dire. Il me suffira de quelques minutes pour vous le démontrer.

JOHN. Rappelez-moi déjà ce que vous avez dit à propos des « problèmes rencontrés à un stade donné du développement ».

ROBIN. J'ai dit ceci : quelqu'un qui a sauté un stade de son développement sera attiré par quelqu'un dont l'histoire familiale est similaire, quelqu'un qui aura sans doute lui aussi sauté le même stade.

JOHN. J'essaie de ne pas paniquer... Et peut-être pourriez-vous commencer par expliquer ce que vous entendez par « un stade de développement ». Je pourrais peut-être alors comprendre comment on peut le sauter.

Stades de développement

ROBIN. On peut considérer la vie comme une série de stades au travers desquels il faut passer. Et chaque fois que nous passons par un stade, nous en tirons un certain nombre de leçons. En fait, il se peut même que, avant d'être en mesure de passer au stade suivant, il nous faille tirer la leçon du stade qui précède.

JOHN. Citez-moi quelques-uns des stades précoces.

ROBIN. C'est simple. Dans notre enfance, nous avons tous besoin de marques suivies, fiables, d'amour et d'attention. Bien entendu, c'est à la mère qu'est traditionnellement dévolu l'essentiel du rôle dans la prime enfance.

JOHN. Et alors, qu'est-ce que cela nous apprend ?

ROBIN. Disons que si nos mères n'ont pas été capables de nous assumer correctement, nous n'aurons pas davantage appris à nous occuper des autres.

JOHN. Vraiment ?

ROBIN. Oui, si elles ne nous ont pas comblés d'affection et d'amour, nous n'en aurons pas tellement à offrir.

JOHN. Je vois. Mais c'est un peu curieux d'utiliser le mot « appris ».

ROBIN. Vous savez, une grande partie de cet apprentissage n'est pas conscient. Et particulièrement dans l'enfance, où l'on passe beaucoup de temps à imiter, à se modeler sur les autres et plus spécialement sur les parents bien sûr. Donc, les expériences que nous n'avons pas pu faire auprès d'eux, il sera plus dur pour nous d'aider les autres à les vivre, plus difficile de savoir comment se comporter.

JOHN. Et quel est le stade suivant ?

ROBIN. Lorsque nous commençons à faire un tant soit peu preuve d'indépendance et de volonté, nous avons besoin du contrôle et de la fermeté bienveillante de nos parents. Et à ce stade de développement, la contribution du père devient particulièrement importante.

JOHN. Et que nous apprend-il ?

ROBIN. L'autodiscipline. Sans cela nous n'aurons jamais une bonne relation à l'autorité. Nous aurons du mal à la supporter, à en admettre la nécessité, et même à l'exercer si le cas se présente. Elle nous sera toujours source de contrariété. Nous aurons tendance à osciller entre une attitude faible et indécise et un revirement brusque, autoritaire et rigide pour montrer que nous sommes forts.

JOHN. Vous voulez dire qu'un politicien qui a été rebelle toute sa vie risque de trouver difficile d'avoir à être ferme s'il est mis en situation d'exercer le pouvoir ?

ROBIN. D'une part. Ou alors il deviendra très autoritaire, en prétendant que toutes ses décisions ont réellement été prises démocratiquement avec l'assentiment de la majorité silencieuse, peut-être, ou du prolétariat.

JOHN. Tandis que si les parents ont exercé l'autorité de façon ferme et bienveillante…

ROBIN. Alors, à l'âge adulte, la personne sera capable de recueillir l'avis de chacun, puis de prendre sa décision et de s'y tenir ; et elle sera capable aussi de changer d'attitude si elle se rend compte qu'elle a fait une erreur.

JOHN. On s'écarte du sujet. Parlons d'un autre stade de développement.

ROBIN. Bon. Nous avons aussi besoin de frères et de sœurs, ou d'amis, pour jouer et pour apprendre à partager ; pour faire face aux petites difficultés de la vie, aux taquineries, au rejet parfois, pour prendre de l'assurance. Les enfants uniques, ou les aînés qui pendant plusieurs années ne sont pas en situation de compétition, n'en font pas bien l'apprentissage et ont souvent des difficultés plus tard.

JOHN. C'est vrai. J'étais enfant unique, et j'ai certainement raté ce stade de développement parce que je n'avais pas beaucoup d'amis de mon âge. Si bien que, quand je suis entré à la grande école, à l'âge de huit ans, j'ai eu beaucoup de mal à me mêler aux autres et me suis fait « charrier » énormément. Et puis, cela a fini par cesser.

ROBIN. Donc vous avez appris la leçon, même si vous l'avez fait un peu tard. Et puis, il y a le stade où l'on apprend à connaître le sexe opposé. Les enfants qui ne font pas cette expérience, une fille sans frère ni père, par exemple, ou un garçon qui passe l'essentiel de son adolescence dans un pensionnat de garçons, ne sauront pas très bien plus tard comment se comporter avec l'autre sexe.

JOHN. Cela devient carrément autobiographique. Je suis passé par le système anglais d'école privée et, à l'âge de dix-huit ans, j'ai découvert que les filles appartenaient à une autre galaxie. Il m'a fallu plusieurs années pour venir à bout de cette couardise pénible si répandue au collège ; vous savez, les dîners où l'on essaie d'impressionner l'autre sexe en expliquant comment fonctionne le marché des changes, tout en trempant régulièrement son coude dans le beurre.

ROBIN. Oui, le manque de contact avec le sexe opposé au cours de l'adolescence non seulement rend anxieux et craintif, mais peut aussi être à l'origine d'espoirs irréalistes, si bien que l'on est très déçu lorsque l'on s'embarque dans une relation avec quelqu'un. Le stade suivant, c'est de gagner son indépendance vis-à-vis des parents, et c'est une chose difficile à apprendre, à moins de se joindre à un groupe du même âge au cours de l'adolescence. Ceux qui n'ont jamais eu cette chance ont tendance à s'accrocher à leurs parents. Même s'ils se marient, ils transforment leur conjoint en substitut parental et s'y accrochent, plutôt que de s'appuyer sur un cercle d'amis du même sexe.

JOHN. Bon. Il me semble que je comprends ce que vous voulez dire par « stade de développement ». Et je vois qu'il y a des leçons à tirer à chacun d'entre eux. Alors, que se passe-t-il lorsque l'on rate un de ces stades . Dans ce cas-là, on a des problèmes tout le reste de sa vie ?

ROBIN. Pas nécessairement. Si on rate un stade, on a toujours la possibilité de le vivre plus tard et d'en tirer la leçon à ce moment-là. De même qu'à la grande école on apprend mieux à se mêler aux autres, à prendre confiance en soi, quelqu'un dont le père meurt quand il est petit va chercher une personne de remplacement, un oncle, un professeur, le responsable du club de jeunes, un patron, qui va s'intéresser personnellement à lui et lui donnera un peu de cette expérience paternelle. Un jeune que ses parents auront gardé dans le giron familial et qu'ils auront découragé de se mêler aux autres enfants, de peur qu'ils ne soient pas convenables, pourra toujours se rattraper lorsqu'il commencera à travailler ou ira en faculté.

JOHN. Et à ce dernier stade, le soutien de son groupe d'appartenance lui permettra de gagner son indépendance.

ROBIN. Oui. Vous voyez, quand nous ratons un stade, nous pouvons toujours le rattraper plus tard en recherchant une « expérience de substitution ».

JOHN. Mais les gens ne « recherchent » pas les expériences de substitution de manière délibérée, n'est-ce pas ?

ROBIN. Non. Je suis d'accord pour penser que ce n'est pas une chose à laquelle les gens pensent et qu'ils planifient, surtout lorsqu'ils sont jeunes. Il se trouve que cela les attire et qu'ils en ressentent le besoin comme ils sont attirés par la nourriture lorsqu'ils ont faim. Et lorsque s'offre la possibilité d'une expérience de substitution, ils la mettent plus que d'autres à profit. Mais je me rappelle quand même que, lorsque j'avais onze ans, j'ai fait un effort délibéré pour mieux m'intégrer aux autres lorsque j'ai changé d'école, parce que je ne l'avais pas fait dans l'école précédente.

JOHN. Pensez-vous avoir raté d'autres stades de développement ?

ROBIN. Il y a une chose : mon père n'a jamais été suffisamment ferme avec moi parce qu'il ne s'entendait pas bien avec son père lorsqu'il était lui-même petit garçon. Ça a créé chez moi un problème vis-à-vis de l'autorité, mais plus tard, la discipline qui régnait dans la RAF * pendant la guerre m'a beaucoup aidé sur ce point.

JOHN. Mon père aussi a été trop doux avec moi, si bien que je n'ai jamais fait l'expérience de la colère ou de la dureté à mon encontre, et quand c'est arrivé plus tard, ça m'a vraiment fait peur.

ROBIN. Pensez-vous avoir « rattrapé » cette leçon plus tard ?

JOHN. Seulement jusqu'à un certain point. Cela va paraître cocasse, mais je pense qu'il fallait une certaine discipline pour faire des shows pour la télévision, parce que, s'ils n'étaient pas finis à temps, l'écran restait vide. Et mon attitude a beaucoup changé aussi lorsque j'ai été amené à visionner des films de formation en management. Par exemple, un film sur les processus de décision m'a obligé à réviser toutes mes idées sur l'autorité. Mais ce sont de pathétiques substituts d'expériences réelles. Et pourtant il est possible que j'y aie appris quelque chose, car j'ai alors été capable de me montrer délibérément dur envers ma fille et de me mettre en colère contre elle de temps à autre, afin qu'elle apprenne à ne pas s'en effrayer plus tard, contrairement à moi. En conséquence, elle a appris à y faire face et cela ne la panique plus. Elle sera probablement beaucoup plus solide que je ne l'étais à son âge.

ROBIN. Regrettez-vous de ne pas avoir fait votre service militaire ?

JOHN. Oui. En fait, si je le regrette, c'est que je n'ai plus rien à craindre, maintenant. Mais je suppose que vous allez me préconiser quelques semaines dans la Légion étrangère, non ?

ROBIN. Il n'est jamais trop tard pour une expérience de substitution, mon garçon.

* NDT. Royal Air Force : armée de l'air britannique.

JOHN. Bon, alors s'il n'est pas trop tard, répondez à ma question : si nous sommes attirés par les expériences de substitution qui nous permettent de rattraper les enseignements que nous avons manqués, pourquoi avons-nous quand même tous des problèmes ?

Où l'on cherche à dissimuler le stade manquant

ROBIN. Si nous manquons un stade, nous pouvons rattraper le coup en recherchant une expérience de substitution, d'accord ?

JOHN. D'accord.

ROBIN. Eh bien, quelque chose peut nous empêcher de regagner du terrain : c'est de prétendre que nous n'avons manqué aucun stade, en cachant le fait que, d'une certaine manière, nous n'avons pas réussi à grandir.

JOHN. Parce que cela nous gêne ?

ROBIN. Oui. Au fur et à mesure que nous grandissons, nous avons de plus en plus honte d'avoir raté un stade antérieur. Et plus nous vieillissons bien sûr, plus nous sommes gênés de laisser voir que nous n'avons pas affronté quelque chose d'essentiel, quelque chose qui nous rendrait idiot et infantile aux yeux des autres s'ils venaient à l'apprendre.

JOHN. Alors, nous nous efforçons de le cacher ?

ROBIN. C'est ce que nous commençons par faire et, au bout d'un certain temps, ça devient une telle habitude que nous finissons par nous le cacher à nous-mêmes.

JOHN. A nous-mêmes ? Vous voulez dire que nous ne réalisons même pas que le problème existe ?

ROBIN. C'est cela, et une fois que l'on se cache à soi-même que l'on a raté une expérience de base, on ne cherche plus d'expérience de substitution. Et c'est pourtant ce dont on a besoin pour résoudre son problème.

JOHN. Oui, mais je ne comprends pas en quoi le fait de cacher son problème aux autres aboutit à ce que l'on n'en soit même plus conscient soi-même.

ROBIN. C'est un sentiment gênant, d'accord ?

JOHN. Oui.

ROBIN. On s'en débarrasserait volontiers. Or dans le monde qui nous entoure, il nous est toujours possible soit d'accorder notre attention à un phénomène, soit de l'ignorer.
Dans notre tête, nous pouvons faire de même avec nos pensées ou nos sentiments. Nous pouvons éviter certaines idées ou émotions et apprendre à nous en détourner rapidement si elles viennent à nous surprendre. Si cela se reproduit souvent, l'habitude s'installera et sera si fermement ancrée en nous que nous en oublierons l'origine. C'est un processus que le psychiatre Harry Stack Sullivan appelait l'« inattention sélective ».

JOHN. Alors, si nous ne savons même pas que nous sommes en train d'esquiver un sentiment donné...

ROBIN. L'étape suivante c'est quand nous réussissons à oublier son existence. C'est comme si nous avions tiré un rideau à l'intérieur de nos têtes pour masquer l'émotion indésirable, celle que nous pensons devoir cacher.

JOHN. Parce qu'elle nous apparaît comme une faiblesse, une chose honteuse.

ROBIN. Oui, et aussi parce qu'elle nous met mal à l'aise.

JOHN. Mal à l'aise dans quel sens ? Moralement ?

ROBIN. Oui, elle peut éventuellement provoquer un malaise d'ordre moral. Mais le plus important, c'est que nous en retirons le sentiment désagréable, pénible et inconfortable de ne pas pouvoir être acceptés ni aimés.

JOHN. Cette émotion nous procure un malaise, même si nous sommes les seuls à la connaître. Alors, nous la masquons ?

ROBIN. Oui, c'est cela.

JOHN. Pourriez-vous prendre une émotion particulière, disons la colère, et nous montrer comment un enfant apprend à la masquer ?

ROBIN. Voilà. Dans une famille normale, relativement équilibrée, tout le monde se mettra de temps en temps en colère et ce ne sera pas considéré comme une faute pendable. On attendra de l'enfant qu'il contrôle sa colère dans des limites raisonnables, et les parents n'en feront pas une affaire d'Etat à chaque fois. L'enfant verra qu'il s'agit d'une émotion normale, qu'elle peut être exprimée, qu'elle n'est ni destructrice ni mortelle. Si ses parents ont une attitude très décontractée à l'égard de cette émotion, il sentira qu'il peut vivre la sienne en toute sécurité et compter à cette occasion sur l'aide et le soutien de ses proches. Il apprendra alors à exercer sur elle le contrôle social normalement requis.

JOHN. Et comment tout cela peut-il se dérégler ?

ROBIN. En fait cela se reproduit de deux manières. Prenons l'explication traditionnelle fournie par Freud et les premiers analystes. Ils ont dit qu'un sentiment pouvait être masqué — refoulé — par un « traumatisme ».

JOHN. Un événement isolé mais très douloureux.

ROBIN. C'est cela. Prenez l'exemple d'un jeune enfant anormalement effrayé par la colère. Il pourrait se faire qu'à l'origine un séjour de sa mère à l'hôpital pour un traitement quelconque ait coïncidé avec une époque où il avait fréquemment des crises de rage. Il est trop jeune pour comprendre la raison réelle de l'hospitalisation de sa mère, et il peut donc penser qu'elle l'a quitté à cause de sa méchanceté, si bien qu'au lieu de laisser monter normalement sa colère et d'apprendre à en contrôler le processus, sans cesser de se sentir soutenu et aimé, il aura désormais particulièrement peur chaque fois qu'il la sentira venir. Ainsi, toute expérience traumatique similaire survenant ultérieurement aura un effet exagéré et renforcera sa peur. Si, par exemple, il se bat avec un garçon de son âge et que ce dernier se blesse accidentellement, il pensera que c'est encore entièrement sa faute, si bien que sa colère le terrifiera de plus en plus. En fin de compte, sa colère provoquera en lui un tel malaise qu'il tentera de faire comme si elle n'existait pas, il la camouflera.

JOHN. Bon, ça c'est l'explication freudienne. Mais je vous ai aussi entendu parler à ce propos de « Hollywood-Story ».

ROBIN. Oui, tout cela pourrait faire un excellent scénario ! Mais, de nos jours, il est évident qu'il est possible de masquer les choses de manière beaucoup moins dramatique, plus discrète. Ce peut être un processus graduel, qui prend naissance dans la peur ou la gêne qu'éprouve la famille à l'égard de cette émotion particulière. Le jeune enfant va alors reprendre progressivement à son compte l'idée que la colère est « mauvaise », en constatant le malaise qu'elle suscite dans le reste de la famille.

JOHN. Tous les membres de la famille ressentent ce malaise ?

ROBIN. Oui, si bien que l'enfant n'en finit plus de recevoir le message. Il voit aussi combien ses parents sont choqués par la colère. Il voit qu'ils ne peuvent tout simplement pas l'affronter et font donc semblant de l'ignorer, lui, ou l'isolent, ou même l'attaquent lorsqu'il essaie de l'exprimer. Et leur malaise à l'égard de cette émotion finit par le gagner. Il voit qu'ils ne peuvent pas l'aimer lorsqu'il est furieux, et comme tous les enfants veulent être aimés de leurs parents, les aimer en retour et les rendre heureux, il s'efforce de cacher tout sentiment de colère à leurs yeux.

JOHN. Et donc, la colère est associée à la peur du rejet par les parents, ce qui constitue la pire des menaces pour un enfant.

ROBIN. Oui, c'est ce dont je parlais à l'instant quand j'expliquais combien on peut se sentir mal à l'aise. Et bien sûr, l'enfant à présent a l'impression d'être un fourbe, parce qu'il ne peut pas être vraiment lui-même. N'étant plus complètement accepté par ses parents — puisqu'il doit faire semblant de ne pas être en colère — il s'en sentira plus ou moins coupé. Mais avoir l'impression de mentir n'est pas aussi grave que la menace d'un rejet total et il va donc probablement choisir d'être aimé et fourbe plutôt que d'être tout-à-fait lui-même et rejeté.

JOHN. Donc, dès cet instant, l'enfant ravalera sa colère chaque fois que surviendra quelque chose qui ferait se révolter un enfant normal.

ROBIN. Pour la cacher à ses parents. Mais ensuite, il apprendra à se la cacher à lui-même, parce que c'est pour lui le seul moyen de sentir qu'on peut l'aimer. La colère est si « mauvaise », qu'il ne doit pas l'avouer même à lui-même. Il prend donc l'habitude de l'éluder, il apprend à la masquer et il finit par penser qu'elle n'existe même pas.

JOHN. Bon, je commence à comprendre le mécanisme, mais j'ai encore du mal à admettre que des familles entières camouflent les mêmes choses.

ROBIN. En tout cas, elles essayent. On s'aperçoit que dans chaque famille, certaines émotions sont considérées comme « bonnes » et d'autres comme « mauvaises ». Les mauvaises sont camouflées et la famille entière s'engage tacitement, mais très fermement, à méconnaître l'existence des sentiments ainsi occultés. Chacun des membres de la famille fait comme s'ils n'existaient pas. Et chaque enfant qui naît apprend à occulter les mêmes choses. Cette habitude se transmet comme la rougeole, de façon tout à fait involontaire, sans que personne ne comprenne ce qui se passe.

JOHN. Je n'ai aucun mal à voir comment les enfants suivent le modèle familial. Mais je ne vois pas bien comment ce modèle prend forme à l'origine. Pourquoi les parents masqueraient-ils les mêmes choses ? Après tout ils ne sont pas issus de la même famille.

ROBIN. Vous avez raison. Mais vous rappelez-vous m'avoir entendu dire que les gens étaient attirés les uns par les autres parce qu'ils avaient manqué le même stade de développement ?

JOHN. Oui. En fait, j'ai le sentiment que notre discussion présente donne à tout cela un début d'explication.

ROBIN. Mais oui. Un mari et sa femme auront tendance à masquer les mêmes choses pour cette raison que je viens de donner. Mais je ne peux pas encore vous l'expliquer en détail, car je vais vous fournir dans un instant quelques-unes des pièces manquantes du puzzle. Alors, pour le moment, faites-moi confiance et taisez-vous.

JOHN. Ça, ça ne marcherait pas avec quelqu'un comme Sir Robin Day *.

ROBIN. Je suis d'accord. Mais heureusement, il avait trop à faire.

JOHN. Merci quand même... Alors, si les parents ont déjà tendance à masquer les mêmes choses, je comprends que les enfants apprennent à en faire autant. Avec pour résultat que toute la famille camouflera les mêmes réalités. Ils auront tous la même « tache aveugle ».

ROBIN. Ou les mêmes. Il peut y avoir plus d'une émotion à masquer.

* NDT. Journaliste, animateur d'émissions politiques à la télévision britannique.

JOHN. D'accord. Des familles différentes auront-elles des « taches aveugles » différentes ?

ROBIN. Oui. Chaque famille camouflera des émotions différentes ou une combinaison différente d'émotions.

JOHN. Comment un thérapeute peut-il découvrir les émotions camouflées par tous les membres d'une famille ? Comment reconnaissez-vous une « tache aveugle » ?

ROBIN. A un indice très simple : ils nient tous ressentir l'émotion qu'ils ont masquée. Des phrases comme : « Dans notre famille, la jalousie n'existe pas », nous indiquent à coup sûr que la jalousie est un problème dans cette famille, c'est-à-dire que pour ceux qui la composent, elle est taboue.

JOHN. C'est aussi simple que cela ?

ROBIN. Ça, c'est la clé la plus simple. Mais il y en a bien d'autres. Le thérapeute ne va pas tarder à s'apercevoir que la famille évite la « tache aveugle », passe par-dessus, change de sujet — ne veut pas la voir. Et ce qui est fascinant là-dedans, dans ce tabou, c'est qu'il se transmet de génération en génération.

JOHN. Sans que personne s'en aperçoive ?

ROBIN. Oui, parce que s'ils s'en rendaient compte, ce qui est derrière l'écran ne serait plus derrière l'écran, n'est-ce pas ?

JOHN. Et comment savez-vous que cela se transmet ?

ROBIN. Parce que nous, thérapeutes familiaux, nous y sommes confrontés de manière répétitive quand nous explorons le passé des patients pour comprendre à quoi ressemble leur famille, ou quand nous voyons plusieurs générations ensemble, ou quand nous examinons de plus près ce qui se passe chez nous. Par ailleurs, quelques études sur le sujet viennent étayer cette hypothèse.

JOHN. D'accord. Attendez-voir si j'ai tout compris jusqu'ici. Au fur et à mesure que nous grandissons, nous traversons différents stades de développement et prenons des leçons différentes à chaque stade. Ces leçons ont toutes un rapport fondamental avec la manière de vivre les émotions. Nous apprenons, par exemple à faire face aux émotions que soulèvent en nous le sexe opposé ou les rapports à l'autorité, ou l'acquisition de l'indépendance et la séparation d'avec les parents.
Et pourtant, il peut se faire que nous manquions un stade de développement. Dans ce cas, nous avons toujours la possibilité de rattraper ces leçons plus tard en recherchant une expérience de substitution et, ainsi, de revenir au programme normal.
Mais quelque chose peut mal se passer. Si nous ratons un stade de développement et ne vivons pas d'expérience de substitution, les émotions que nous n'avons pas appris à maîtriser vont nous paraître très bizarres. Nous allons donc vraisemblablement nous mettre à les cacher aux autres, et finirons même par nous les cacher à nous-mêmes. Nous les masquons et puis nous ne réalisons même plus qu'elles sont là.
Maintenant, il existe deux grandes raisons pour lesquelles nous ne réussissons pas à apprendre à vivre une émotion et sommes forcés de la refouler derrière l'écran. La première, c'est lorsque nous sommes victimes d'un traumatisme brutal, événement unique, dramatique et très douloureux. La deuxième, la plus commune, c'est quand nous appprenons progressivement à mettre l'émotion derrière l'écran parce qu'elle est taboue dans notre famille.
Dans chaque famille, il y a des émotions qui passent pour « mauvaises » et qui sont masquées. L'enfant apprend à faire de même, parce qu'il risque un rejet parental s'il exprime ces émotions taboues. Elles sont « néfastes ». Et le modèle est ainsi transmis à la famille.

ROBIN. Et ainsi de génération en génération. N'oubliez pas ça. Parce que si l'enfant n'a pas appris à vivre une émotion, il ne sera pas non plus capable d'aider ses propres enfants à le faire.

JOHN. D'accord. Alors, qu'est-ce qui cloche dans toute cette affaire de tabous ?

ROBIN. Que voulez-vous dire ?

JOHN. Eh bien, si l'on est en butte à une de ces « sales émotions » que l'on n'a pas appris à négocier et qui nous met terriblement mal à l'aise, pourquoi ne pas la refouler tranquillement derrière l'écran et ainsi s'en débarrasser ?

ROBIN. Ah ! C'est parce que l'écran n'est pas vraiment sûr, et cela finit par créer plus de problèmes que ça n'en résoud.

Les défaillances de l'écran

JOHN. A quoi sont dues les défaillances de l'écran ?

ROBIN. A plusieurs raisons. Tout d'abord, il bouge de temps à autre et dévoile un peu des sentiments interdits. En second lieu, son maintien en place demande beaucoup d'énergie. Et troisièmement, il faut bien le dire, il est impossible de supprimer une partie de la personnalité humaine sans déséquilibrer le système dans son ensemble, tout l'être humain.

JOHN. Séduisant, docteur. Pourrions-nous prendre les choses une par une, s'il vous plaît ? L'écran peut bouger ?

ROBIN. Oui, particulièrement si nous sommes fatigués ou malades ou si nous avons un peu trop bu. C'est alors que l'on peut laisser échapper l'émotion refoulée. Et comme nous avons perdu le contact avec elle, elle nous prend par surprise et est d'autant plus difficile à contrôler. C'est ainsi qu'il nous arrive soudain de dire ou de faire quelque chose de particulièrement méchant, quelque chose qui ne nous « ressemble » pas.

JOHN. Oui, je n'oublierai jamais qu'une chose de ce genre m'est arrivée une fois dans le groupe que vous conduisiez. C'était exactement comme si quelqu'un d'autre avait parlé, quelqu'un qui n'avait rien à voir avec moi. Et j'avais été très choqué en réalisant ce que je venais de dire. Je me rappelle à quel point j'avais eu honte, tellement cela contredisait l'image que j'avais de moi-même, celle de quelqu'un qui n'était pas mauvaise langue.

ROBIN. C'est exactement ce que je veux dire. Comme tout cela se trouve normalement derrière l'écran, on a l'impression que « ce n'est pas soi ». Et, parfois, cette émotion fait irruption sous un prétexte trivial ; elle s'est d'une certaine manière accumulée derrière l'écran pendant quelque temps et explose brutalement. Et comme le prétexte est insignifiant, cette irruption nous paraît ridicule, elle nous embarrasse, nous fait honte, raison de plus pour la refouler à nouveau derrière l'écran. Mais ce sentiment peut s'échapper de manière encore plus déguisée. Si nous avons quelque chose contre quelqu'un, et que nous l'avons refoulé, il pourra nous arriver d'oublier le nom de la personne en question, sa date de naissance, ou de faire une gaffe, ou d'avoir des fantasmes destructeurs à son sujet, lesquels pourront d'ailleurs prendre la forme de soucis excessifs.

JOHN. De soucis ?

ROBIN. Oh ! oui. Imaginons une épouse en colère contre son mari parce qu'il est en retard pour dîner et qu'il n'a pas téléphoné. Elle peut — comme mode d'expression d'une colère bien naturelle, mais déguisée — s'imaginer qu'il est victime d'un carambolage sur l'autoroute ; au même moment le fait qu'elle se voie téléphoner à l'ambulance pour aller rapidement sur le lieu de l'accident traduit ses sentiments positifs. Mais le sentiment réprimé peut s'échapper sous toutes ces formes parce que nous n'avons pas de contact avec lui. Il opère ainsi un peu comme un cambrioleur, à notre insu.

JOHN. Vous dites ensuite que la fixation de l'écran réclame beaucoup d'énergie.

ROBIN. Oui, parce que nous sentons d'une certaine manière que les émotions cachées par l'écran — colère, jalousie, peur ou autre — représentent un danger, qu'ils peuvent se glisser au-dehors si nous n'y prenons pas garde. C'est ainsi qu'un peu de nous-mêmes est toujours plus ou moins aux aguets et monte une garde vigilante contre un ennemi invisible. Même si l'on n'en connaît pas vraiment la raison, on ne peut jamais se décontracter totalement ; on est tendu, on accumule la fatigue nerveuse. Les sentiments continuent à se cacher derrière l'écran, et l'effort que l'on fait pour les dissimuler, les chasser de son esprit est à l'origine de toutes sortes de maladies psychosomatiques : maux de tête, douleurs d'estomac et aérophagie, hypertension artérielle, certaines formes de rhumatismes, etc.

JOHN. Je dois dire que je suis tout bonnement entré en psychothérapie parce que mon médecin n'arrivait pas à trouver d'explication physique aux symptômes de grippe *a minima* dont je souffrais presque en permanence et, aussi, parce que je n'arrivais pas à comprendre pourquoi j'étais tout le temps si tendu.

ROBIN. Vous souvenez-vous de ce qui s'est passé ?

JOHN. Mes symptômes de grippe ont disparu très rapidement et pour toujours. Ma tension est tombée régulièrement, mais en fait très lentement. Je pense qu'il m'a fallu à peu près trois ans pour arriver à un niveau normal. Et même ainsi, c'est fascinant, non ?, de discuter avec des physiothérapeutes et des masseurs et de réaliser que le niveau de tension généralement considéré comme normal est en fait très élevé.

ROBIN. De même qu'il est, comme je l'ai déjà dit, banal d'avoir une foule de choses cachées derrière l'écran.

JOHN. Et maintenant, abordons la troisième raison que vous avez donnée pour expliquer le mauvais fonctionnement de l'écran et selon laquelle ce dernier « bouleverserait l'équilibre de la personnalité » ?

ROBIN. En fait, tous nos sentiments ont une fonction.

JOHN. Tous ?

ROBIN. Oui, même ceux qui nous semblent parfois négatifs, mais à condition que nous puissions exercer sur eux un certain contrôle. Ainsi, chez une personne saine, tous ces sentiments s'équilibrent l'un l'autre. Mais si nous masquons une émotion quelconque, notre équilibre général va s'en trouver affecté. Autrement dit, cette émotion masquée n'est plus à notre disposition lorsque nous en avons besoin.

JOHN. Bon, d'une certaine manière je comprends ça, mais j'ai du mal à imaginer en quoi la colère, la jalousie, la cruauté, par exemple, peuvent être utiles.

ROBIN. Si elles sont camouflées, elles ne sont d'aucune utilité. Dans ce cas, nous n'avons pas de contact avec elles et nous n'apprendrons pas à les négocier. En crevant l'écran, elles deviendront destructrices et échapperont à tout contrôle. Mais, si nous ne les refoulons pas, si nous sommes conscients de leur existence et avons acquis une certaine latitude à leur égard, nous sommes alors mieux à même d'exercer sur elles un tant soit peu de contrôle.

JOHN. Je comprends qu'elles soient alors moins destructrices, mais en quoi peuvent-elles être utiles ? Prenez la colère.

ROBIN. Vous l'utiliserez pour faire face si quelqu'un essaie de vous forcer la main ou de vous exploiter. Sans elle, vous ne pouvez pas vous défendre lorsque c'est nécessaire. C'est pourquoi quelqu'un qui l'aura mise totalement derrière l'écran aura l'air passif et timide et se fera rouler, parce qu'il ne peut pas se servir de sa colère. Il sera incapable de se défendre lui-même.

JOHN. Il sera trop gentil pour être bon ?

ROBIN. Et aussi « trop bon pour être vrai ». Les gens n'auront pas tout à fait confiance en lui, parce qu'ils sentiront que la colère est là quelque part. Parce que bien sûr, elle est là, mais derrière l'écran.

JOHN. D'accord, mais en quoi la jalousie peut-elle être utile ?

ROBIN. La jalousie est une bonne chose si nous en sommes conscients et qu'elle est contrôlée et balancée par d'autres émotions. Elle peut alors être positive et nous permettre d'entrer en compétition dans le travail ou les jeux, ou dans un rapport d'émulation avec quelqu'un que nous admirons.

JOHN. Oui, c'est vrai. Je suis jaloux du travail d'untel ou untel dans le sens où j'aimerais faire quelque chose d'aussi bien un jour. Mais la jalousie peut aussi tourner à l'aigre non ? On reste alors assis dans un coin à remâcher le succès des autres.

ROBIN. La jalousie ne devient destructrice que quand on a vraiment envie de quelque chose et que la différence entre ce que l'on a et ce qu'a l'autre personne est si grande qu'il ne semble y avoir aucun espoir de la réduire.

JOHN. C'est précisément la raison pour laquelle je ne peux pas supporter Mère Thérésa. On devrait rabattre le caquet de quiconque pourrait tendre à plus de sainteté que nous. Je voudrais bien que les éditorialistes de la presse à sensation s'occupent un peu d'elle.

ROBIN. Ils perdraient leur temps.

JOHN. Ce n'est pas cela qui les arrêterait et cela nous amène à la cruauté. Peut-elle être utile ?

ROBIN. Oui, parce que de temps à autre il nous faut faire souffrir les autres pour leur bien, c'est nécessaire, même avec les gens que l'on aime le plus. Et, parfois même, particulièrement avec eux. Les parents, par exemple, doivent aider leurs enfants à devenir plus indépendants. Mais cela s'accompagne toujours chez l'enfant d'un certain déplaisir parce que sa première approche de l'indépendance lui est généralement une source de crainte et d'anxiété. Cependant, si les parents s'y prennent bien, ils peuvent laisser l'enfant souffrir et peiner un peu plus à chaque fois, de manière qu'il apprenne petit à petit à faire face, à surmonter ses peurs et à grandir en toute confiance.

JOHN. En d'autres termes : « Qui aime bien, châtie bien ».

ROBIN. Mais s'ils ont refoulé leur cruauté, cela leur sera impossible et l'enfant, lui, ne pourra pas devenir réellement indépendant. Et parlons du chirurgien qui doit découper la chair humaine ? Il ne pourrait pas le faire s'il était trop tendre. Et moi en tant que psychiatre, il m'arrive parfois d'amener les gens à traverser des crises très pénibles, si je veux qu'ils fassent front et surmontent leurs problèmes et je ne peux pas utiliser d'analgésiques. Autrefois je trouvais ça beaucoup plus difficile que maintenant parce que je n'aimais pas passer pour cruel ni sentir que je l'étais.

JOHN. Vous voulez dire que, jusqu'à un certain point, vous aviez mis votre cruauté derrière l'écran et qu'en prenant conscience vous avez accru votre efficacité thérapeutique ?

ROBIN. Oui, je crois que c'est ça. S'il faut que l'un de mes patients affronte une épreuve douloureuse, il est moins probable aujourd'hui que je recule devant la nécessité de le contraindre à y faire face. Mais, bien sûr, si on définit la cruauté comme le désir délibéré d'infliger une douleur pour elle-même, ça, ce n'est jamais bien.

JOHN. Et qu'en est-il de l'anxiété ?

ROBIN. L'anxiété est vitale.

JOHN. Ah oui ? En quoi ?

ROBIN. Essayez de monter en voiture avec quelqu'un qui n'est pas anxieux, vous verrez !

JOHN. Ah oui ! d'accord. Donc tous nos sentiments sont utiles si nous en sommes conscients, et si nous arrivons à les vivre sans trop de problèmes, parce qu'alors nous pouvons les contrôler. Si nous les refoulons, tout d'abord nous ne pouvons plus en disposer lorsque nous en avons besoin, et si pour une raison ou l'autre l'écran est défaillant et qu'ils s'échappent, ils peuvent provoquer des dommages parce que nous n'avons aucun contrôle sur eux.

ROBIN. Oui, c'est à peu près ça.

JOHN. Vous dites aussi que toutes ces émotions sont en nous...

ROBIN. Oui, je pense que la nature humaine est à peu près la même partout, au sens où tous les êtres humains sont porteurs du même spectre d'émotions, de même que nos corps, chimiquement, sont composés du même spectre d'éléments. Nous avons tous en nous de l'affection, de la jalousie, du courage, de la tristesse, de la détermination, de la joie, de la couardise, de la gentillesse, de la cruauté, des envies sexuelles, de la timidité, etc.

JOHN. Et tous, nous en avons quelques-unes derrière l'écran ? Chacun sans exception ?

ROBIN. Oui. Au moins jusqu'à un certain point. Chacun masque des combinaisons différentes d'émotions.

JOHN. Bien. Voulez-vous dire par là que la façon particulière dont chacun masque ses émotions est en partie à l'origine des différences de personnalité ?

ROBIN. Exactement. Quelqu'un qui a fait une croix sur « l'affection » prend un air plutôt inamical. Quelqu'un qui a masqué la colère paraît trop bon pour être vrai ; un manque de courage rend timide ; la perte de la jalousie fait que nous ne pouvons pas entrer en compétition ; la perte du désir sexuel nous rend « collet monté » ; la perte de la tristesse nous rend quelque peu maniaques ; et la perte de l'anxiété peut nous rendre terriblement dangereux !

JOHN. Une dernière question. Le fait de masquer les choses, est-ce le « refoulement » de Freud et ce truc derrière l'écran, « l'inconscient » ?

ROBIN. Plus ou moins. Nous exprimons les mêmes idées d'une manière différente.

JOHN. Pourquoi différente ?

ROBIN. Eh bien, j'essaye en ce moment d'établir un lien entre les idées non seulement de Freud, mais celles aussi d'autres analystes ou psychologues et un tas d'idées nouvelles venues de la thérapie familiale et de la thérapie comportementale. Il s'agit de représentations un peu

grossières, mais je pense qu'elles font passer l'idée que la mise d'une part de nous-mêmes à distance de notre champ de conscience est un processus très actif, et qu'il commence habituellement par la dissimulation délibérée d'une émotion quelconque à notre famille ; c'est seulement plus tard que nous-mêmes perdons la trace, bien que le sentiment soit néanmoins toujours là, menaçant de réapparaître à n'importe quel moment.

JOHN. Et alors l'écran — le refoulement — ne fonctionne pas.

Attirance

ROBIN. Je pense que nous nous sommes fait des idées suffisamment précises pour revenir à la question première de savoir pourquoi les couples qui sont attirés l'un par l'autre ont des passés familiaux similaires, c'est-à-dire, qu'ils auraient manqué le même stade de développement.

JOHN. Bon. S'ils ont tous deux sauté le même stade, ils auront tous les deux des problèmes avec les mêmes émotions, non ? C'est-à-dire avec ces affects qu'ils auraient dû apprendre à vivre au cours de ce stade qu'ils ont manqué.

ROBIN. C'est ça. Et s'ils ont eu tous les deux des difficultés avec les mêmes sentiments...

JOHN. Ce sont les mêmes sentiments qu'ils ont caché derrière l'écran ?

ROBIN. Eurêka ! Et c'est pour ça qu'ils sont attirés l'un vers l'autre. Parce qu'ils ont les mêmes choses derrière leurs écrans et les mêmes choses devant.

JOHN. Pourquoi les mêmes devant ? Vous voulez dire la nature humaine moins ce qui a été masqué ?

ROBIN. Oui, c'est ça. Ils se reflètent donc l'un dans l'autre et... c'est un couple parfait. Ils sont faits l'un pour l'autre ! C'est tout à fait stupéfiant de voir ce qu'ils ont en commun. Ils l'ont effectivement. Ils se sont coupés en deux pour obtenir cette merveilleuse correspondance. Le conjoint parfait !

JOHN. Mais, attendez une minute. Ils ne sont pas attirés par ce qui se trouve derrière l'écran, n'est-ce pas ? Cette partie doit au contraire les repousser, puisqu'elle est taboue ?

ROBIN. Vous avez raison. C'est ce qu'il y a devant qui les attire, la vitrine du magasin. Mais ce qu'il y a devant est fonction de ce qu'il y a derrière.

JOHN. Je vois. Ils sont donc attirés par ce qu'il leur est permis de voir au devant de l'écran.

ROBIN. Oui, parce qu'ils y voient toutes les qualités, les attitudes émotionnelles qu'on leur a appris à admirer et à approuver. Et mieux que ça, parce qu'ils ne trouvent pas, chez leur partenaire, ces affects que leur famille — et eux-mêmes par conséquent — réprouve. Qui plus est, ils s'aperçoivent que leur partenaire les désavoue, lui aussi, profondément.

JOHN. Et comme il s'agit de ce qui est masqué... et que leur famille leur a appris à faire comme si ça n'existait pas, ils ne peuvent donc voir leurs défauts réciproques.

ROBIN. C'est bien comme ça que ça marche. Mais il y a encore autre chose. Voyez-vous, les gens ont habituellement une sorte de fascination, un mélange d'intérêt et de répulsion pour ce qui est caché derrière l'écran. Si c'est la cruauté, ils seront par exemple attirés par les histoires de torture relatées dans les journaux ce qui leur donnera mauvaise conscience. Ils essaieront donc de cacher à leur partenaire leur penchant pour ce type d'articles. Si ce sont leurs appétits sexuels qu'ils ont mis derrière l'écran, ils liront consciencieusement « Détective » pour convenir ensemble qu'il est parfaitement répugnant pour un journal de publier des histoires aussi écœurantes. Il ne faut pas essayer de trouver une explication logique à tout cela — ce n'est pas le raisonnement qui intervient, mais les émotions, et toutes les émotions peuvent être contradictoires.

JOHN. Impliquez-vous par là qu'en ne faisant qu'entrevoir ce qu'il y a derrière l'écran du partenaire, ils pourraient être encore plus attirés par lui ?

ROBIN. Ne s'agissant que d'un bref aperçu, ce peut être très excitant, stimulant en tout cas. S'il s'agit d'un peu plus que de ça, ça devient repoussant. Un peu comme la différence de réaction que peuvent susciter une mauvaise odeur passagère ou une odeur pestilentielle. Mais il est difficile de vraiment comprendre ce qui se passe, car il y a « double pensée » et tentative de laisser la main gauche ignorer ce que fait la main droite.

JOHN. Cela dit, en quoi un « zeste » de tabou serait-il si attirant ?

ROBIN. Eh bien ! Bien que nous ayons tous le désir d'être aimés par nos parents et évitions d'afficher des sentiments qui les choquent, nous avons aussi un sérieux besoin d'être un et entier. Lorsque nous avons l'intuition de ce qui est nié derrière l'écran de notre partenaire et que nous en subissons l'attirance, c'est que nous espérons véritablement et très profondément retrouver à nouveau les parties manquantes de nous-mêmes.

JOHN. Ce qui est une perte pour la poésie est un gain pour la psychiatrie, Robin. Bon, maintenant, nous avons ce jeune couple d'amoureux admirant ardemment les merveilles de leur vitrine respective, jetant vaillamment un coup d'œil aveugle à leurs défauts masqués et discrètement excités par un soupçon d'interdit. Pourquoi cet état idyllique ne dure-t-il donc jamais ?

ROBIN. Tout simplement, parce que l'écran n'est pas infaillible. Nous avons tous la possibilité de le maintenir en place une soirée ou un week-end, mais en vivant ensemble, nous laissons se dévoiler les parties masquées et notre partenaire peut nous apparaître de plus en plus différent de celui que nous avons épousé.

JOHN. Alors docteur, est-ce une bonne chose de tomber amoureux d'une personne qui a masqué les mêmes choses que nous ? Ou bien faut-il retourner trois cents ans en arrière et laisser les parents choisir à notre place ?

ROBIN. A vrai dire, ce qu'il y a de bien dans tout ça, c'est que nous avons tous les deux les mêmes faiblesses et que ce n'est pas notre faute. Nous pouvons donc être beaucoup plus compréhensifs l'un vis-à-vis de l'autre.

JOHN. Est-ce pour cela que nous avons l'impression que quelqu'un dont nous sommes amoureux est du même signe que nous et que nous pouvons à la fois nous sentir vulnérables face à lui ou à elle et continuer à lui faire confiance ?

ROBIN. Oui, on a le sentiment d'être compris, d'être accepté avec ses faiblesses. L'autre ne nous agresse pas, comme on pouvait le redouter, lorsque l'on révèle ses sentiments les plus intimes. On sent, sans trop savoir pourquoi, que c'est là la personne qui peut nous comprendre d'instinct, nous aider et peut-être nous aider à nous accomplir.

JOHN. Bon, les choses se mettent en place. Mais voici le coup de grâce... Comment est-il possible que nous nous aidions l'un l'autre, si nous avons les mêmes « taches aveugles » ?

ROBIN. C'est la quadrature du cercle ! Il y a un extraordinaire paradoxe dans le fait que votre partenaire est précisément celui qui pourra vous permettre de grandir, mais aussi celui avec lequel vous risquez d'être le plus coincé ou que vous finirez par haïr le plus.

JOHN. Alors voici la question à 1.000 francs. Qu'est-ce qui va déterminer la suite des événements ?

ROBIN. Cela dépend de la volonté de chacun des partenaires d'aller plus ou moins loin dans la prise de conscience et l'acceptation de ce qui se cache derrière son propre écran. Plus ils sont désireux de le faire, plus ils ont le courage d'accepter l'idée qu'ils ne correspondent pas tout à fait à l'image qu'ils se font d'eux-mêmes et le malaise que cela entraîne, plus le couple aura de chances de s'en sortir si des problèmes surgissent.

JOHN. Pourquoi « si des problèmes surgissent » ?

ROBIN. Parce qu'il y a une tranche moyenne de mariages qui sont tout à fait stables, même s'ils ne sont pas très excitants, et où les partenaires s'entendent assez bien l'un avec l'autre sans qu'aucun d'entre eux ne ressente le besoin de regarder derrière l'un ou l'autre écran.

Types de mariage

JOHN. Allons plus loin, si vous le voulez bien, et passons en revue les différents types de mariage. Y-a-t-il moyen d'établir un lien entre le succès d'un mariage et la quantité de choses remisées derrière l'écran ?

ROBIN. Un lien, oui, mais pas exclusif. L'attitude de chacun vis-à-vis de ce qui est derrière l'écran est aussi très importante ; ce n'est pas seulement une question de quantité.

JOHN. Alors comment décririez-vous les mariages les plus heureux ?

ROBIN. Eh bien, les deux partenaires sont plus tolérants pour ce qui est derrière l'écran, le leur comme celui de leur partenaire. Ils sont mieux préparés à y faire face et à subir le malaise temporaire qui s'ensuivra. En conséquence, ils sont plus libres ; leur vie est moins limitée, il s'amusent plus, évitent de s'encroûter et ont ainsi des individualités plus riches.

JOHN. Et à l'autre bout de la gamme ?

ROBIN. A l'autre extrême, il y a les mariages les moins heureux où les deux partenaires ont une foule de choses derrière leurs écrans et refusent absolument d'admettre qu'il y a quelque chose qui cloche. En fait, ils sont très sensibles à la moindre critique, à la plus petite allusion à leurs défauts.

JOHN. Il y a donc énormément de conflits ?

ROBIN. Ils se battent tout le temps comme chien et chat.

JOHN. Et entre ces deux extrêmes ?

ROBIN. Il y a les mariages de type moyen, comme nous les appelons. La relation entre les partenaires est assez heureuse et plutôt stable. Ils ne cherchent pas à voir ce qu'il y a derrière l'écran. En fait, ils s'aident même l'un l'autre à maintenir tous ces trucs cachés. Il s'agit donc de mariages tout à fait sûrs, mais le prix payé par les partenaires c'est qu'ils s'encroûtent un peu. Leurs choix sont plutôt limités. En fait, on pourrait dire qu'ils se protègent beaucoup trop l'un l'autre des critiques qui pourraient les aider à sortir de leurs ornières.

JOHN. J'aimerais en savoir plus sur le fonctionnement de certains couples.

ROBIN. Examinons quelques cas des plus typiques au bout de la gamme. Par quoi va-t-on commencer ? Les bonnes nouvelles, ou les mauvaises ?

JOHN. Commençons par les mauvaises...

Qui a peur de Virginia Woolf ?

ROBIN. Pour vous donner une véritable idée de ce à quoi ressemblent les mariages les moins réussis, je vous propose de lire cet extrait de la pièce d'Edward Albee : « Qui a peur de Virginia Woolf ? » Georges et Martha forment un couple d'âge moyen, qui s'affronte pour ainsi dire en permanence en un huis-clos verbal amer et pervers.

MARTHA. Tu me donnes envie de dégueuler.

GEORGE *réfléchit. Un temps.* Ce n'est pas très gentil de me dire des choses pareilles, tu sais Martha.

MARTHA. Hein ? Ce n'est pas *quoi ?*

GEORGE. Ce n'est pas très gentil.

MARTHA. J'aime bien quand t'es furieux... C'est même comme ça que je te préfère... furieux... Mais t'es quand même une lope, Georges... T'as quand même rien dans...

GEORGE, *l'interrompant.* Dans le ventre ? C'est ça ?

MARTHA. Pantin... *(Un temps. Ils éclatent de rire tous les deux.)* Hé ? *(Elle lui tend son verre.)* Un peu plus de glace, s'il te plaît ? Pourquoi est-ce que tu ne mets jamais de glace dans mon verre ? Hé ?

GEORGE, *prend le verre.* Je mets toujours de la glace dans ton verre ; mais tu la manges, c'est tout. Avec ton habitude de croquer les glaçons... Comme un chien.. tu finiras par abîmer tes grandes dents blanches.

MARTHA. Mes grandes dents blanches sont à moi !...

GEORGE. Quelques-unes, quelques-unes...

MARTHA. J'ai plus de dents que toi !

GEORGE. Oui... oui... deux de plus.

MARTHA. Deux de plus, c'est beaucoup plus !

GEORGE. Mais oui... à ton âge c'est même assez remarquable.

MARTHA. Ta gueule, pantin !... *(Un temps.)* Toi non plus, t'es pas si jeune...

GEORGE, *voix enfantine. Il chantonne.* J'ai six ans de moins que toi, moi... et toujours je les ai eus et toujours je les aurai...

MARTHA, *maussade.* Mais toi tu deviens chauve.

GEORGE. Et toi aussi *(Un temps. Ils rient.)* Bonsoir, toi...

MARTHA. Bonsoir... Viens ici... viens faire un gros baiser tout chaud et tout mouillé à ta maman.

GEORGE. Martha... voyons...

MARTHA. Je veux un gros baiser tout chaud et tout mouillé !

GEORGE, *préoccupé.* Non, je ne veux pas, Martha. *(Un temps.)* Alors, et ces gens que tu as invités, où sont-ils ?

MARTHA. Ils sont restés à bavarder avec papa... Ils arrivent... Ils ont fait la causette à papa. Tu ne veux pas m'embrasser ?

GEORGE, *ton trop noble.* Non, non mon chéri, car si je vous embrassais, j'en serais tout excité... J'en perdrais la tête et je vous prendrais là, de force, par terre... et nos charmants petits invités entreraient... et... voyons... imaginez ce que votre père penserait de cette... histoire.

MARTHA. Espèce de porc !

GEORGE, *toujours noblement guindé, imite le grognement d'un porc.* Grrrooh... grrrrrooh...

MARTHA *rit.* Ha, ha, ha, ha !... Donne-moi un autre verre, Casanova.

GEORGE, *prend le verre de Martha.* Qu'est-ce que tu descends, hein ?

MARTHA *imite une fillette.* C'est pasque z'ai soif...

GEORGE. Je t'assure...

MARTHA. Écoute chéri, comme tu rouleras toujours sous la table avant moi, t'en fais pas pour moi, tu veux ?

GEORGE. Je sais, Martha, tu es la championne. Il n'y a pas un seul concours d'abjection où tu n'aies pas remporté...

MARTHA, *l'interrompant.* Si tu existais, je divorcerais... *(Elle lève le bras.)* Je le jure...

GEORGE. D'accord... mais en attendant essaie de tenir debout. Puisque ces gens sont nos invités, nous...

MARTHA. Je te vois même pas... Depuis des années et des années... Je te vois pas, je sais pas où tu es...

GEORGE, *posément.* Et surtout attention de ne pas tomber dans les pommes, de ne pas vomir, etc., etc.

MARTHA. T'es rien... T'es un zéro... un zéro...

GEORGE, *toujours posément.* ... ah !... et tu devrais aussi essayer, si possible, de ne pas te déshabiller. En effet, je t'assure que quand tu as un verre dans le nez et ta jupe par-dessus la tête, il n'y a rien au monde de plus ignoble.

MARTHA. Un vrai... zéro...

GEORGE, *précis*. Ou plus exactement, puisque l'alcool dédouble la vision, n'est-ce pas, je devrais dire : avec *vos* jupes par-dessus *vos* têtes.

JOHN. Oui... Il y a quelques moments de trêve, d'affection où ils rient ensemble. Mais le reste du temps, ils n'arrêtent pas de s'étriper, non ?

ROBIN. Oui. Ce n'est pas simplement une pièce brillante. Pour nous, c'est presque un exemple de manuel.

JOHN. Vous voyez souvent des mariages aussi destructeurs que celui-là ?

ROBIN. Oh, oui ! Et quelquefois de bien pires aussi, bien que les sentiments puissent être beaucoup plus cachés, les attaques moins directes, bien que plus vicieuses.

JOHN. D'après vous, que se passe-t-il entre eux ?

ROBIN. Eh bien ! George et Martha sont tous les deux particulièrement vulnérables. Chacun d'eux a un besoin d'affection pratiquement infantile. Ils ont remisé ce besoin d'affection derrière l'écran. Ils le nient complètement, ils n'en ont absolument pas conscience ; ils l'ont recouvert d'une façade sophistiquée.

JOHN. Une façade très fragile. Peut-être parce que l'enfant en eux n'obtient jamais l'affection désirée ?

ROBIN. C'est cela. Et ainsi le côté « enfant » est toujours frustré, furieux et offensé. Cette colère s'accumule, jusqu'à ce que « l'enfant furieux » crève l'écran. Et ils passent la moitié de leur vie à piquer des colères infantiles l'un contre l'autre.

JOHN. Pour la bonne raison qu'ils ne réalisent jamais que la cause de leur rage tient au fait qu'ils n'arrivent pas à obtenir cet amour dont ils ont un besoin si crucial.

ROBIN. C'est cela. Et la raison pour laquelle ils n'obtiennent pas cet amour, c'est qu'ils en nient complètement le besoin, qu'ils sont incapables de demander de l'affection d'une manière simple et directe.

JOHN. Martha est obligée de dire : « Donne un bisou à maman ! ». « Donne-moi un bisou » la rendrait trop vulnérable ?

ROBIN. Oui.

JOHN. A l'origine, qu'est-ce qui les a donc attirés l'un vers l'autre ?

ROBIN. La similitude du matériau qui se trouve devant l'écran, ce qu'il y a de bien dans la vitrine. Ils se sont vus réciproquement sophistiqués, intelligents, spirituels, très adultes, compétents, universels. Et, bien entendu, ils ont aussi senti intuitivement ce qu'il y avait derrière l'écran de l'autre et jeté un œil, peut-être, sur l'enfant violent et désespéré qui s'y trouve, l'enfant horripilant, mais étrangement attirant, fascinant et familier tout à la fois.

JOHN. Familier dans le sens littéral, où ils en ont fait l'expérience dans leur propre famille ?

ROBIN. Exactement. Et, à l'instar de ce qui leur a été enseigné par leur famille, ils ont immédiatement détourné le regard de cette figure terrifiante et ombrageuse, qui leur a semblé être le démon en personne. Ils l'ont ignorée. Et quand ils ont commencé à vivre ensemble, les diables sont sortis de leur boîte, si bien qu'on ne pouvait plus les ignorer. Chaque fois qu'un diable apparaîssait, le partenaire était horrifié et se battait furieusement contre lui.

JOHN. Attendez un instant, nous sommes en train de parler de « diables ». Il ne s'agit pas d'un diable, non ? C'est un enfant terriblement malheureux qui fait une grosse colère ?

ROBIN. Bien sûr, mais pour le partenaire, il ressemble à un diable. Et s'il est pour eux familier et affolant à la fois, c'est parce qu'ils sentent bien qu'il était déjà tapi chez leurs parents, lesquels en conséquence n'ont pu leur donner, à eux George ou Martha, leur content d'amour. C'est ainsi qu'est né, chez chacun d'entre eux, cet enfant enragé.

JOHN. Et les parents ont probablement aussi dénié toute existence à l'enfant qu'ils avaient en eux. La « tache aveugle » s'est ainsi transmise à George et Martha.

ROBIN. Donc, quand l'un d'entre eux voit le démon de l'autre, il l'attaque avec le sien propre ! Il s'ensuit un combat terrible.

JOHN. Mais nous avons presque tous connu ce genre de dispute sordide à un moment donné de notre vie, non ? Autrement dit et si nous avons tous des choses cachées derrière l'écran, des scènes du type « Virginia Woolf » ne surviennent-elles pas dans tous les mariages ?

ROBIN. Jusqu'à un certain point, oui, même si elles prennent des formes plus atténuées ou plus déguisées. Mais avec ce type de couple, il y a tellement de choses derrière l'écran, et la peur de les découvrir est si forte, qu'il n'y a pas de compromis possible. Il n'y a aucune tolérance de l'un pour l'autre, ce qui crée un cercle vicieux de haine croissante et d'amertume. Cela peut même parfois dégénérer en affrontement physique sérieux. Dans la plupart des cas, l'escalade de la violence s'arrête avant le meurtre, pour cause d'épuisement. Ils s'épuisent littéralement. Et puis au bout d'un certain temps, la pression se réaccumule et tout recommence.

JOHN. Mais, puisqu'il y a tant de conflits, pourquoi ne divorcent-ils pas ?

ROBIN. C'est peut-être difficile à comprendre, mais un couple comme celui-là a beaucoup de mal à se séparer. Aux yeux des autres, leur relation est dramatique ; mais, malgré tous ces accrochages, les partenaires de ce type de mariage fonctionnent d'une certaine manière mieux ensemble qu'ils ne le feraient tout seuls.

JOHN. Est-ce dû au fait que tant qu'ils peuvent voir le diable dans leur partenaire, ils peuvent oublier celui qui est en eux ?

ROBIN. Exactement. Cela leur permet de se sentir mieux, plus « angéliques » en un sens. Et puis, ce type de mariage a un autre avantage. Le comportement affreusement démoniaque de leur partenaire leur sert d'excuse pour donner libre cours à l'expression de cette face cachée d'eux-mêmes sans se sentir coupables. Chacun des deux peut rejeter la faute sur l'autre, sous prétexte qu'il a commencé.

JOHN. « Je lui ai seulement dit que... »

ROBIN. « Je suis patient, mais il y a des limites... » Et ainsi chacun peut croire que son propre diable n'est là qu'en réaction à son partenaire, qu'il n'est pas vraiment là, et qu'avec quelqu'un d'autre tout serait différent.

JOHN. Et, bien sûr, se sentant en permanence blessé par l'autre, il est conforté dans son refus de lui offrir amour et affection.

ROBIN. Il peut donc en rester là sans avoir aucunement besoin de prendre connaissance de ce qui se trouve derrière son écran.

JOHN. Que se passe-t-il s'ils en viennent quand même à se séparer ? Ou si l'un d'entre eux meurt ?

ROBIN. Eh bien, il y a un risque, parce qu'il n'y a plus de partenaire sur lequel projeter ses mauvais sentiments, ses démons. A ce moment-là, ils font souvent une sorte de dépression nerveuse qui peut les conduire au suicide.

JOHN. Je connais un vieux couple dont on disait que mari et femme ne s'étaient pas adressé la parole depuis dix ans. Ils habitaient dans la même maison, mais l'avaient divisée en deux et avaient même mis une cloison devant la porte d'entrée. Un jour, la vieille femme s'est suicidée. Quatre jours après, le vieil homme a fait la même chose.

ROBIN. Voilà pourquoi ces mariages durent si longtemps. Ils peuvent tenter des séparations à répétition pendant de courtes périodes, mais alors chacun se sent encore plus mal, et ils doivent se remettre à vivre ensemble.

JOHN. Attendez, un instant. George et Martha, par exemple, en dehors de leurs bagarres, ont des moments où leur comportement est tèrs sentimental, infantile.

ROBIN. Ce dont j'ai oublié de vous parler, c'est des changements d'humeur. Quelquefois, l'enfant enragé et désespéré derrière l'écran sera plus frustré, plus prêt à faire irruption ; à d'autres moments, il sera plus tranquille et plus facile à cacher. Et donc, de temps en temps, un démon saute de derrière l'écran et l'autre jaillit derechef pour se battre. A d'autres moments, les deux « anges » de la vitrine prennent le pas. Quand ces moments coïncident, les deux partenaires se sentiront et paraîtront plus proches l'un de l'autre et plus absorbés l'un par l'autre que les couples normaux qui s'entendent bien. A cette phase de leur relation, ils font amende honorable et affirment qu'ils ne recommenceront jamais, et ils le croient réellement. Et en effet, la bataille amère du jour précédent semble un mauvais rêve. Ils ne comprennent pas comment cela a pu arriver et croient, en toute bonne foi, qu'on ne les y reprendra jamais.

JOHN. Et cela, tout simplement parce que le problème se cache derrière l'écran. En conséquence, lorsqu'ils se sentent mieux, ils n'arrivent absolument pas à croire qu'il est toujours là. Le mariage échappe donc à tout contrôle, non ? Puisque les partenaires ont si peu de contact avec la réalité ?

ROBIN. Oui. La seule attitude positive à avoir, c'est ce que l'on disait sur Carlyle, l'écrivain et sa femme, à savoir qu'ils étaient mariés ensemble et qu'ainsi ils ne rendaient pas deux autres personnes malheureuses. Mais il ne faut pas oublier qu'il ne s'agit que d'une petite frange des mariages, à l'extrémité la plus défavorable du spectre.

JOHN. Pourtant, j'ai vécu des bagarres qui me rappellent ce type de conflits.

ROBIN. C'est le cas de beaucoup de gens. Mais le fait de pouvoir s'en rendre compte signifie que ce n'est pas derrière l'écran. Si ça l'était, vous ne reconnaîtriez rien de vous-même dans ce couple ! Quiconque peut reconnaître qu'il a pris part à une scène de ce type se sent immédiatement, et de loin, beaucoup mieux. Et comme le problème n'est pas derrière l'écran, les partenaires sont à même de le résoudre, s'ils ne l'ont déjà fait.

JOHN. D'accord. Venons-en aux relations plus normales, aux mariages « moyens ».

« Maison de poupée » ou la femme-qui-porte-la-culotte

ROBIN. Disons qu'il y a plus de mariages moyens qu'il n'y a d'espèces d'arbres, et nous n'en sélectionnerons qu'un ou deux à titre d'exemples. Il en existe une espèce très commune que nous appelons le mariage du type « maison-de-poupée », d'après la pièce d'Ibsen. Les partenaires y ont un rôle masculin/féminin très stéréotypé. Lui y joue le rôle de l'homme grand et fort, très adulte et paternaliste ; et elle, celui de la pauvre petite femme sans défense, infantile et dépendante.

JOHN. Rappelez-moi l'histoire. Le mari tombe malade et sa femme lui sauve la vie en l'emmenant à l'étranger.

ROBIN. Et elle doit faire des sacrifices pour rassembler l'argent du voyage. Mais l'important dans l'histoire, c'est qu'elle cache ces sacrifices à son mari parce qu'elle craint que cela ne le détruise, c'est-à-dire ne porte un coup fatal à son orgueil de mâle s'il venait à découvrir ce qu'il lui doit. En d'autres termes, s'il découvrait combien il dépend d'elle.

JOHN. Et donc, un mariage du type « maison de poupée » est un mariage où la femme est manifestement dépendante du mari sur le plan émotionnel, mais où lui est aussi dépendant d'elle sans le savoir. Ils se comportent tous les deux comme si lui ne l'était pas.

ROBIN. C'est cela. On lui a appris que les mâles doivent être forts et indépendants. Qu'ils ne pleurent jamais, qu'ils n'ont jamais besoin qu'on s'occupe d'eux. Mais on l'a obligé à grandir trop vite. Il a donc dû réprimer, plutôt que de résoudre avec l'âge, le besoin infantile d'être materné. Il y a un bébé caché et insatisfait en lui, bien que ni déserpéré, ni hargneux, comme c'est le cas dans « Qui a peur de Virginia Woolf » — car moins privé d'amour.

JOHN. Il y a donc un bébé derrière son écran, qui a besoin d'amour et d'attention, mais c'est quelque chose qu'il ne peut ni admettre ni réclamer.

ROBIN. Non. Il lui faut obtenir ce soutien affectif d'une manière déguisée. Et le meilleur moyen, c'est de tomber malade, parce que quand on est malade, même si on est « grand et fort », on a besoin de soins et d'attentions.

JOHN. On vous « materne » en quelque sorte, vous recevez amour et attention sans avoir à admettre que c'est, au fond, ce que vous recherchez ?

ROBIN. Oui, et si vous avez besoin qu'on s'occupe encore plus de vous, vous pouvez avoir une « dépression nerveuse ». L'important, c'est que, de toute manière, on s'occupe de l'homme « grand et fort » et que lui puisse se permettre de penser que l'on s'occupe de sa maladie et non pas de lui.

JOHN. Il peut croire qu'il s'agit d'une maladie physique et accidentelle et non pas d'un besoin psychologique, ce qu'il considérait comme une faiblesse.

ROBIN. Tout à fait.

JOHN. Bon, alors, qu'est-ce qui se passe du côté de la femme dans un mariage du type « maison de poupée » ?

ROBIN. A elle, on a raconté que les femmes, c'était tout sucre tout miel et tout un tas de choses agréables. Elle a le droit d'être affectueuse, spontanée et sensible, de pleurer ; elle peut « marcher » au sentiment, plutôt que d'avoir à faire marcher son jugement. Mais on lui a aussi

appris à ne jamais être agressive, revendicatrice ou, la pire des choses, donner des complexes aux hommes en faisant mieux qu'eux.

JOHN. Et donc, elle s'accroche à son comportement infantile. Au lieu que l'enfant en elle soit derrière l'écran, ne serait-ce pas plutôt son côté adulte qui s'y trouve ?

ROBIN. Oui, elle y a caché son côté fort, adulte et compétent.

JOHN. Et, plus spécialement, je suppose, tous ses sentiments d'agressivité ?

ROBIN. Oui, ceux-là particulièrement. Et si elle a à exprimer une revendication, ou sa force ou son agressivité, elle devra le faire de manière déguisée. Si elle réalise quelque chose, il lui faudra faire semblant de penser qu'elle ne sait vraiment pas comment elle a pu y arriver. Quant à son agressivité à l'égard de son mari, elle pourra prendre la forme de fantasmes morbides.

JOHN. Elle sera folle d'inquiétude à la pensée qu'il ait pu avoir un accident... Sa cervelle éclaboussant le trottoir, c'est ça ?

ROBIN. Ou alors, elle se mettra à passer l'aspirateur sous ses pieds, sans raison valable, pendant qu'il lit les journaux du dimanche.

JOHN. Ou encore, elle égrènera toute une litanie sur les vendeuses de magasin, sur sa mère, le temps qu'il fait, les enfants ou la forme de la terre, jusqu'à ce que son mari comprenne d'une manière ou d'une autre que tout ça c'est sa faute...

ROBIN. Cela aussi. Mais le clou de l'histoire, c'est qu'elle ne réalise pas qu'elle est en colère ; ou qu'elle est capable d'être forte et de prendre les choses en main. Tout cela est caché.

JOHN. D'accord. Alors, qu'est-ce qui les a attirés l'un vers l'autre, la première fois ?

ROBIN. Eh bien, ils ont découvert qu'ils étaient merveilleusement complémentaires, comme dans un puzzle. Au niveau conscient, ils sont bien assortis, parce qu'elle est le type de femme que sa famille à lui lui a appris à admirer, et qu'il est le type d'homme qui remporte les suffrages de sa famille à elle. En même temps, ils sont en parfaite correspondance au niveau inconscient, où une négociation s'installe : elle accepte son « bébé », et lui prend en charge son côté dur et adulte.

JOHN. Que voulez-vous dire par : « elle accepte son "bébé" » ?

ROBIN. Disons qu'ils ont en fait tous les deux un côté immature et infantile. Mais elle peut se permettre de prendre toute la puérilité à son compte : elle est infantile pour les deux. Tandis qu'en même temps lui prétendra détenir à lui seul leur côté plus adulte à tous deux, ainsi que l'esprit de décision, la compétence et l'assurance. Et ils fonctionnent donc parfaitement ensemble, parce qu'il est peu probable que les parties cachées derrière l'écran causent encore des problèmes en cherchant à s'exprimer de façon déguisée. D'une certaine manière, ils fonctionnent mieux en couple que tout seuls.

JOHN. D'une certaine manière. Alors, quel est le problème ?

ROBIN. Le problème c'est que, elle, maintenant, porte deux parts d'enfance, et que lui porte toutes les responsabilités, ce qui va vraisemblablement les enfermer dans un scénario du type « moi Tarzan, toi Jane », de plus en plus caricatural. Il lui est toujours plus difficile d'être spontané, de jouer, de se détendre et de s'amuser ; à un moment donné, il sera plein de ressentiment, sans savoir pourquoi.

JOHN. Tandis qu'elle reste de plus en plus à la maison et finit par redouter de devoir prendre part à des activités extérieures.

ROBIN. Oui, elle passe le plus clair de son temps à faire des confitures et à construire des châteaux de sable avec les enfants. Une partie d'elle voudrait faire des choses plus « adultes », mais progressivement elle perd confiance en elle et n'ose même plus essayer.

JOHN. Mais l'arrangement se tient jusqu'à un certain point, même s'ils s'en trouvent tous deux assez limités ?.

ROBIN. Oh, oui ! Après tout, c'est le système qui a fait la conquête de l'Ouest et construit l'Empire britannique. Et il semble que ça fonctionne encore dans « Dallas » !

JOHN. Alors, qu'est-ce qui peut marcher de travers ?

ROBIN. Si l'un des partenaires ne se satisfait plus d'être Jane ou Tarzan — et cette insatisfaction peut être largement inconsciente —, au moment ou l'un des deux partenaires essaye de modifier l'équilibre, l'autre résiste furieusement. Et comme il est très difficile à un seul

partenaire de casser le moule, l'équilibre initial Tarzan/Jane est en général restauré.

JOHN. Que se passe-t-il exactement quand l'un d'eux essaie de changer ?

ROBIN. Prenons d'abord le mari grand et fort : Tarzan. Imaginons qu'au travail il subisse plus de stress qu'il n'en peut supporter. Le bébé qu'il cache derrière l'écran devient irritable et a besoin d'être materné ; et les sentiments infantiles d'incapacité habituellement cachés derrière l'écran, commencent à le traverser, ce qui le trouble. Il se peut alors qu'il devienne dépressif, moins responsable, aie tendance à se reposer plus sur sa femme. Et comme ce n'est pas dans le scénario « moi Tarzan, toi Jane », ça l'angoisse.

JOHN. Parce que, si elle répondait à sa demande, il lui faudrait devenir elle-même plus responsable, ce qui impliquerait qu'elle libère tout ce qu'elle a mis derrière l'écran.

ROBIN. Oui. La distribution initiale et consentie des rôles s'en trouve altérée, ce qu'ils redoutent tous les deux. Ça le gêne d'avoir à dévoiler ses besoins, il a peur d'être « faible » ; elle, elle a peur de prendre le contrôle de la situation. Et elle va donc essayer de restaurer l'équilibre en résistant au changement. Il se peut même qu'elle devienne plus dépressive et plus malade que lui. Au début c'était lui qui était stressé et déprimé, mais là, c'est elle qui va aller chez le médecin. Et, bien entendu, ce dernier se demande pourquoi ses pilules restent inefficaces.

JOHN. Qu'est-ce qui se passe chez le mari ?

ROBIN. Plus elle est désarmée, plus elle l'oblige à se soucier d'elle et le renvoie à son rôle d'homme grand et fort. Et ainsi, subtilement, sans même réaliser ce qu'elle fait, elle l'oblige à continuer. Il faut qu'il soit fort pour se rétablir et s'occuper d'elle ! Et, tel un soldat épuisé qui porterait un camarade blessé, il va s'obliger à dépasser le point où il laisserait tout tomber s'il ne s'occupait que de lui ou s'il y avait quelqu'un pour le soutenir.

JOHN. Oui, mais que deviennent sa dépression ou sa maladie à lui ? Pourquoi cela ne continue-t-il pas indéfiniment ?

ROBIN. Oh ! Le stress finira par disparaître, ou il trouvera un moyen d'y faire face, ou changera de travail, ou n'importe quoi d'autre. Si bien que, tôt ou tard, son « bébé » se réinstallera tranquillement derrière l'écran et cessera de menacer le système conjugal.

JOHN. Et à ce moment-là, elle pourra aller mieux ?

ROBIN. Oui, parce que le but de la maladie aura été atteint. Il est probable que le médecin à son grand soulagement, voie enfin les nouvelles pilules agir !

JOHN. Donc, dans un mariage du type « maison de poupée », même si de temps à autre un des partenaires est insatisfait, l'autre résistera toujours au changement, peut-être aidé en cela par le fait que celui qui essaye de changer ressent de toute façon un malaise.

ROBIN. Oui, c'est donc un mariage parfaitement stable, mais un peu étouffant.

JOHN. Bon ! Supposons que l'un d'entre eux soit déterminé à changer. La femme rejoint les rangs du MLF, l'homme refuse la loi de la jungle ?

ROBIN. Eh bien, le stress qui s'ensuivra dans la relation mènera vraisemblablement à l'éclatement.

JOHN. Il y a donc peu de chance pour qu'ils arrivent à une solution ?

ROBIN. Il y a peu de chance. A moins que le partenaire qui ne veut pas changer trouve une aide extérieure qui lui apprenne à le faire.

JOHN. D'accord. Alors maintenant, qu'en serait-il d'un mariage du type « maison de poupée » où les rôles seraient inversés, où la femme jouerait le rôle fort, celui d'adulte ? « moi John, toi Tarzan ».

ROBIN. Eh bien, l'exemple le plus classique c'est celui de l'homme « dont la femme porte la culotte », aux ressorts comiques inépuisables. Exactement comme pour la femme de la « Maison de poupée », il ne prend pas de responsabilité, il ne parle pas en son nom et ne sait pas s'occuper correctement de son épouse. En fait, il se comporte exactement comme un enfant. Mais il faut bien que dans la famille quelqu'un soit adulte et veille à ce que les choses soient faites, c'est donc la femme qui finit par assumer ce rôle. Elle devient sa mère en fait. Une partie d'elle-même va lui en vouloir, et c'est là que le port de la culotte rentre en ligne de compte.

JOHN. Elle a de l'assurance et de l'agressivité pour deux, parce qu'il ne veut pas assumer sa part. Et comme elle a maintenant une double charge, un peu de tout cela rejaillit sur lui, non ?

ROBIN. Oui.

JOHN. C'est quelque chose que j'ai remarqué dans mes relations avec les femmes. Quand je deviens trop passif, il semble que ça les rende plus agressives. Et si, délibérément, je montre plus d'agressivité, la femme, elle, en perd. C'est comme si un équilibre naturel avait été retrouvé.

ROBIN. Je vois ce jeu de bascule chez chacun des couples qui viennent me consulter et j'en ai certainement fait l'expérience dans mon couple. Je pense que c'est universel : si l'un ou l'autre des partenaires refuse d'assumer honnêtement sa part d'assurance et d'agressivité, cela force l'autre partenaire à hausser le ton à sa place.

JOHN. Donc, dans ce type de mariage, pourquoi la femme est-elle devenue Tarzan ?

ROBIN. Son expérience familiale l'a probablement conduite à redouter de devenir vulnérable et dépendante. Si bien que tout son côté enfant, ses besoins affectifs ont été occultés. Et dans ce type de mariage, cet état de chose pourra se maintenir parce qu'elle aura choisi un homme qui assumera tout ça pour elle.

JOHN. Donc, lui, c'est celui dont le côté adulte est masqué ; il a peur de prendre de l'assurance, de prendre le contrôle et elle le fait à sa place.

ROBIN. C'est une inversion exacte de la « maison de poupée ». Et le mariage est, là encore, tout à fait stable, mais ils étouffent parfois un

peu dans leurs rôles. Et là encore, il est très difficile pour l'un ou l'autre de changer.

JOHN. Bon, supposons qu'un beau matin de printemps, l'homme s'éveille en se sentant un peu plus sûr de lui, plus adulte. Qu'est-ce qui se passe ?

ROBIN. Eh bien, évidemment, elle lui reproche constamment de ne pas être fiable. Mais, si son côté plus responsable apparaît, elle sentira immédiatement qu'elle risque de devenir plus vulnérable et plus dépendante de lui. Elle va donc redoubler de vigilance.

JOHN. Et nier plus farouchement que d'habitude avoir besoin de soutien ou d'affection.

ROBIN. Et pour préserver plus sûrement son rôle familier, elle sapera à la base ses velleités de se montrer plus adulte en lui disant que ça ne vaut pas la peine, qu'il serait incapable de s'occuper d'elle, même s'il essayait, que ça ne pourrait jamais marcher.

JOHN. Elle a l'impression d'avoir déjà vécu tout ça et qu'en regardant bien les choses en face c'est sans espoir.

ROBIN. Et comme la nouvelle assurance du pauvre Untel n'est pas encore très affirmée, il va vite abandonner, baisser le rideau sur son côté adulte, le mettre en sécurité. Ça, c'est un scénario possible. Maintenant, à un autre moment, il se peut que ce soit elle qui se montre un peu vulnérable, s'en ouvrant à lui, lui montrant le besoin qu'elle a de lui, de son affection et de son soutien : ce qui le terrifie. Il se croit incapable de relever le défi.

JOHN. Donc, il affermit son écran et devient encore plus inefficace.

ROBIN. Et c'est lui qui, maintenant, sabote sa tentative en lui disant : « Tu joues à quoi ? Mais si c'est comme ça que tu le sens, alors d'accord c'est ça ! » Et comme sa capacité à s'ouvrir a tout de même des limites, elle abandonne en se demandant à quoi tout cela peut bien servir : « Je savais que ça ne vaudrait pas la peine. »

JOHN. Alors, ils se replient sur leurs positions. Même si ce n'est pas particulièrement satisfaisant, là au moins ils se sentent chez eux.

ROBIN. Exactement, parce que c'était comme ça chez eux, vous vous rappelez ? Et d'ailleurs, c'est la raison pour laquelle ils se sont épousés.

JOHN. Tout cela baigne dans une logique énorme, envahissante et folle, n'est-ce pas ? Et voyez-vous, j'ai été frappé par la contradiction suivante : dans le mauvais mariage à la Virginia Woolf, les partenaires ont la même chose en vitrine : les anges, et la même chose derrière l'écran : les démons. Mais avec la « maison de poupée » et « la femme qui porte la culotte », l'un a le bébé derrière l'écran et l'autre l'a devant. L'écran est à la même place, ils ont divisé les rôles de la même manière, mais au lieu d'être identiques, ils se complètent l'un l'autre. Alors, cela ne signifie-t-il pas que certains couples sont attirés l'un vers l'autre parce qu'ils ont fait le même genre d'expériences au sein de leur famille, et d'autres parce qu'elles étaient différentes ?

ROBIN. Assez bien vu. Vous vous êtes aperçu que l'explication que je vous ai donnée jusqu'ici est un peu trop simple. Il me faut donc faire état d'une légère complication : lorsque l'on masque une petite partie de sa personnalité, il peut s'ensuivre des problèmes avec toutes les autres émotions, lesquelles doivent à leur tour être camouflées. Prenez l'exemple de la personne qui a masqué sa colère pour faire plaisir à sa famille et qui, à prèsent, est incapable de se défendre, elle va en arriver à manquer de confiance en elle et à craindre les conflits. Sa famille maintenant critiquera sa faiblesse. Ce qui peut aussi se faire, c'est qu'elle cache aux autres, puis à elle-même, une peur bien naturelle et son besoin de soutien affectif. Et tout ça finit par se retrouver aussi derrière l'écran. Un thérapeute, parfois, peut être amené à aider un patient à écarter une série d'écrans successifs pour retrouver le tabou familial fondamental.

JOHN. Donc, si une personne cache une émotion X, puis cache sa peur de l'émotion X, elle pourra, en surface, se montrer relativement à l'aise avec ce sentiment. Mais quel rapport y a-t-il avec ce qui pousse les gens à s'épouser et dont vous parliez tout à l'heure ?

ROBIN. Eh bien, cela explique pourquoi on peut être fondé à dire que les contraires s'attirent, tout en maintenant l'idée que les couples ont tendance à se choisir sur la base de similitudes familiales dans le rapport aux émotions. Pour vous en donner un exemple, un couple du type « maison de poupée » m'a été adressé en thérapie parce que la femme se plaignait d'être malade en permanence. Elle était timide et craintive, tandis que son mari témoignait d'une certaine assurance et semblait solide. Mais il apparut bientôt qu'ils avaient tous deux souffert de la mort de leur père quand ils avaient six ans. A un niveau plus profond, ils étaient semblables. Et chacun avait refoulé ses sentiments de tristesse derrière l'écran. La différence était que les événements malheureux la rendaient malade, tandis que lui réagissait en se montrant « fort », et en étant aux petits soins pour elle.

JOHN. Donc, on peut expliquer les différences superficielles entre les partenaires dans ce type de mariage par le fait qu'ils peuvent jouer des rôles différents pour prendre en charge des problèmes similaires et cachés. Y a-t-il une différence essentielle entre les relations réellement destructrices et les mariages moyens ?

ROBIN. S'il y a une quantité massive de choses cachées derrière l'écran, et si la pression est si importante que l'écran explose, comme vous pouvez être amené à le constater chez les couples les moins bien équilibrés, les partenaires entreront vraisemblablement en conflit et en compétition l'un avec l'autre. Cela a moins de chances d'arriver lorsque les partenaires sont complémentaires l'un de l'autre et jouent des rôles opposés, ce qui leur permet de diviser le territoire en fonction de leurs différences et donc de mieux s'accorder, mais tout ça bien sûr est une question de degré.

JOHN. Bon, envisageons à présent une série de mariages moyens, ordinaires, normaux ; ils présenteront quand même quelques caractéristiques des couples du type « maison de poupée » ou de ceux où « la femme porte la culotte », non ?

ROBIN. C'est exact. Ils pourront en présenter de nombreux traits, bien qu'atténués.

JOHN. Je suis heureux que ce soit normal, parce qu'aucun d'eux ne m'est vraiment inconnu...

ROBIN. Lesquels, par exemple ?

JOHN. Eh bien, la première fois que je suis venu dans votre groupe, j'étais en plein dans le rôle de Tarzan. Je me voyais comme quelqu'un de « fort » et sans réel besoin de soutien ni d'affection. J'estimais pouvoir faire sans, vraiment ! ! Et je me souviens que vous m'avez délicatement fait remarquer qu'en réalité j'en avais besoin et qu'il m'a été difficile, ô combien, de l'admettre. Mais à force d'insistance, on arrive à en envisager la possibilité pour finir par l'admettre. On se surprend même à fixer la ligne bleue des Vosges quand il en est question.

ROBIN. C'est très étonnant au début, non ? Mais plus ça va, plus la curiosité est éveillée.

JOHN. Oui, petit à petit, on a l'impression de changer. Est-ce seulement dû au fait que l'on voit plus clair en soi ?

ROBIN. Oui, une fois que l'on a commencé à entrevoir la partie jusqu'à présent cachée, on peut la prendre ouvertement en compte et rééquilibrer ainsi sa personnalité.

JOHN. Une autre chose que je me rappelle, c'est que toute la période qui a précédé la découverte a été vraiment pénible. Admettre que j'avais besoin d'affection, ou encore pire la solliciter ouvertement et sans fard était pour moi, d'une certaine manière, un scandale, presque un signe de faiblesse ou d'inadaptation.

ROBIN. C'est probablement parce que vous associiez la demande d'affection à ce malaise qui vous avait fait repousser ce besoin derrière l'écran au départ. Lorsqu'il resurgit, les sentiments de honte qui lui sont associés à l'origine réapparaissent. C'est la raison pour laquelle la thérapie prend du temps. En fait, on est coupable de se sentir mieux.

JOHN. Et quand on change, on a une impression bizarre, non ? On a tout d'un coup le sentiment de n'avoir jamais été là où on est maintenant ; on se sent étranger à soi-même, désorienté, voire en danger.

ROBIN. Le bonheur requiert une longue pratique… !

JOHN. Bon. Jusqu'ici, nous avons vu deux exemples de mariages moyens. Qu'en est-il de ceux qui se trouvent à l'extrémité la plus positive de la gamme ?

Les mariages les plus réussis

ROBIN. Les mariages vraiment harmonieux ont ceci de curieux que les professionnels de la santé mentale ne s'y sont jamais vraiment intéressés. Si bien qu'il y a dix ans encore, on n'avait reçu aucune information. Et maintenant, bien qu'ils fassent l'objet de quelques études, on s'entête à ne pas en tenir compte.

JOHN. Oui, j'ai interrogé des « psy » à ce sujet, mais ils ne sont au courant de rien. Peut-être étouffent-ils ce qu'ils savent parce que ça pourrait les remettre en question. Quoi qu'il en soit, qu'a-t-on découvert ?

ROBIN. Pour dire la chose en deux mots, je dirai que : moins les partenaires ont de choses derrière leur écran, plus ils sont prêts à regarder ce qu'il y a derrière si l'un des deux se dévoile un peu, plus ils sont alors en mesure de développer leur individualité et plus leur relation s'enrichit.

JOHN. Vous voulez dire qu'ils ne sont plus limités par la nécessité d'affermir leur écran ? Et qu'ils n'ont pas à se soucier de maintenir l'équilibre habituel de leur relation.

ROBIN. Chacun dispose alors de plus d'espace pour grandir, pour explorer de nouvelles possibilités et pour s'accomplir. Bien sûr, ils ont plus à s'offrir mutuellement. Et en tant qu'individus, ils sont plus intéressants et donc profitent mieux l'un de l'autre. Ils sont pris dans une spirale ascendante.

JOHN. Qu'est-ce qui les distingue ?

ROBIN. Ils acceptent très facilement le changement. C'est une des découvertes fondamentales des études entreprises.

JOHN. Encore une fois, je suppose que c'est parce qu'ils ne redoutent pas de voir émerger les choses cachées derrière l'écran en cas de changement.

ROBIN. Ça, c'est certainement une des raisons. En fait, ils s'aident mutuellement à libérer leurs émotions. En d'autres termes, chacun accepte la critique de l'autre comme un mal nécessaire, encore qu'elle soit faite généralement de manière constructive et positive... et au bon moment.

JOHN. Toute critique a quelque chose de pénible, non, surtout si elle recèle un tant soit peu de vérité ?

ROBIN. Seulement si elle touche à quelque chose qui se trouve derrière l'écran.

JOHN. C'est vrai ?

ROBIN. Oui, parce qu'alors l'image que nous avons de nous-mêmes s'en trouve un peu gâtée. Et c'est ça qui est douloureux.

JOHN. Vous voulez dire que si nous avons conscience de ce qui ne va pas on peut attirer dessus notre attention sans que nous en souffrions ?

ROBIN. A condition que nous en ayons pris conscience sous tous ses aspects. C'est ce dont j'ai fait l'expérience, du moins.

JOHN. Ces couples « harmonieux » le sont-ils parce que, dès le départ, il n'y avait pas grand-chose derrière leur écran ou plutôt parce qu'ils étaient tous deux très désireux de voir ce qui se passait derrière ?

ROBIN. On peut envisager les deux cas de figure. Certaines personnes sont plus « ensemble » dès le début, parce qu'elles sont issues de familles véritablement heureuses, ce qui est la plus grande chance qui puisse échoir à quiconque. D'autres ont des départs moins parfaits dans la vie, et sont donc plus « en retrait » au début ; mais ils ont eu la chance de trouver un partenaire qui leur permette de contrôler un peu la peur que leur inspire la part cachée derrière l'écran : ils disposent alors du soutien et de l'amour nécessaires pour arriver à traverser cette période pénible où l'on prend conscience des parties cachées de soi-même et où on les laisse s'exprimer. Cela leur permet de changer et de se classer parmi les mariages les plus réussis.

Evoluer... ensemble

JOHN. Voulez-vous dire par là que l'idéal pour chacun c'est d'arriver à tout faire sortir de derrière l'écran ?

ROBIN. Eh bien, je suppose que c'est un idéal à suivre, une sorte d'étoile du berger, mais je ne pense pas qu'on puisse y arriver complétement et ce n'est certainement pas indispensable.

JOHN. Mais nous pouvons tous remporter quelques succès dans cette vie.

ROBIN. Certainement. Je pense que des tas de gens acquièrent une conscience plus aiguë d'eux-mêmes sans faire d'efforts particuliers. D'autres s'y attachent et petit à petit, réussissent ainsi à faire des progrès.

JOHN. Le couple formé par George et Martha dans « Qui a peur de Virginia Woolf » pourrait-il y arriver ?

ROBIN. En général, les relations véritablement destructrices, comme celles-ci, n'évoluent pas. Il y a tellement de choses camouflées, et qui font tellement peur, qu'il est généralement plus simple dans ce cas de maintenir l'écran en place le plus fermement possible. Il est plus sécurisant de s'en tenir là et de continuer à se bagarrer.

JOHN. Mais y a-t-il quand même un espoir de changement ?

ROBIN. Seulement si les partenaires trouvent une aide extérieure. Seuls, ils sont incapables de surmonter leurs peurs et leurs tabous.

JOHN. Et en supposant qu'ils voient un « psy » ?

ROBIN. Disons... qu'il y a tout de même des limites à ce que l'on peut entreprendre dans le cas d'une relation aussi mal engagée. On apportera parfois un peu d'aide lors des crises, mais la plupart du temps, on sent qu'il vaut mieux laisser l'écran en place.

JOHN. Que se passerait-il dans le cas contraire ?

ROBIN. Ça serait tout simplement insupportable pour eux. Trop douloureux. Et si on essayait de les forcer, ils se défendraient en faisant bloc contre le thérapeute et en ne revenant plus aux séances. On les plongerait pour rien dans un malaise profond. On perdrait soi-même toute chance de les aider, et s'ils étaient, par la suite, amenés à consulter quelqu'un d'autre, il est probable qu'ils se défieraient de lui. Ce serait donc une erreur thérapeutique que d'essayer de forcer le diagnostic.

JOHN. D'accord. Passons aux mariages moyens. Les couples, dans ce type de relation, peuvent changer ; ils peuvent laisser sortir des choses cachées derrière leurs écrans et se ranger ainsi parmi les mariages les plus réussis.

ROBIN. Oui, ils le pourraient. Tout dépend de leur attitude envers l'écran. Ils peuvent préférer laisser dormir le loup et éviter les désagréments qui accompagnent toujours la découverte. Rappelez-vous, ces mariages peuvent être parfaitement stables, même si les partenaires s'y sentent de temps à autre un peu à l'étroit.

JOHN. Supposons qu'ils se mettent à avoir des problèmes et consultent un « psy » ?

ROBIN. On pourra leur faire faire des progrès, les aider à regarder derrière leurs écrans... s'ils le veulent !

JOHN. Que pourrait-il se passer si un couple « maison-de-poupée » venait vous demander de l'aide ?

ROBIN. Imaginons qu'ils viennent parce que le mari s'est trouvé dans des conditions inhabituelles de stress et a réellement besoin de soutien, tout en ne pouvant en faire la demande puisque la partie infantile de lui-même est reléguée derrière l'écran. Le résultat, c'est que cette dernière s'agite de plus en plus, se lamente toujours plus fort, et qu'un peu de ce stress passe à travers l'écran et cherche à s'exprimer par des voies détournées.

JOHN. La femme, quant à elle, redoute d'avoir à se montrer plus responsable, parce qu'elle a masqué son côté plus adulte. Vous avez dit, je crois, que sa réponse consiste en une surenchère dans la détresse.

ROBIN. C'est exact. Maintenant, si un thérapeute comprend ce qui se passe, il peut rassurer le mari en lui disant qu'il est naturel, normal et tout à fait sain de laisser par moments libre cours à ce côté infantile et plus vulnérable de soi. Il lui dira même qu'il est étonnant, voire un peu ennuyeux qu'il ne s'exprime pas plus. Cela calme les peurs du mari, si bien que, petit à petit, il peut prendre progressivement conscience de ses besoins et permettre à sa femme de l'aider à son tour de temps à autre. En même temps, on peut montrer à l'épouse que, à long terme, elle l'aidera plus en acceptant ce qu'il cache derrière son écran qu'en le préservant d'une confrontation ; qu'il serait bon par conséquent qu'elle manifeste un peu de cette assurance qu'elle camoufle, quelque chose de cette part d'elle qui est compétente, capable de prendre des responsabilités.

JOHN. Et donc, en laissant entendre que ce qui est derrière l'écran est normal, le « psy » peut encourager chacun des partenaires à aider l'autre à grandir plutôt qu'à rester coincé ?

ROBIN. Oui et ce qui compte aussi, c'est que, passé un certain stade, ils sont en mesure de continuer par leurs propres moyens.

JOHN. En appliquant les mêmes principes aux couples dont la femme porte la culotte, le « psy » devra montrer à l'épouse sa peur de s'en remettre à son mari.

ROBIN. Et tout en l'aidant à prendre conscience de ce fait, il devra lui apporter suffisamment de soutien affectif pour qu'elle arrive à surmonter les émotions pénibles qu'elle connaîtra en réalisant à quel point elle a peur qu'il l'abandonne. Et si, en même temps, il réussit à montrer au mari qu'il a peur de prendre ses responsabilités... l'aidant par là même à voir la petite fille vulnérable que sa femme cache derrière son écran et à réaliser que la figure de mère dominatrice ne se manifeste que parce qu'il ne s'occupe pas suffisamment de la petite fille cachée, il pourra parvenir à les mettre sur le bon chemin.

JOHN. Ce faisant, vous leur faites toucher du doigt ce système dans lequel ils sont pris, consistant à se cacher la vérité l'un l'autre ?

ROBIN. Oui, mais il est beaucoup plus efficace d'en montrer seulement les côtés positifs. Le sacrifice de Jane, qui reste faible uniquement pour préserver la force de Tarzan ; ou de l'homme qui « laisse » sa femme porter la culotte pour qu'elle ne se sente ni faible ni vulnérable. Une fois que le scénario commence à leur apparaître, ils ne peuvent faire autrement que de voir le reste et de vouloir le transformer.

JOHN. Donc, d'un côté nous avons les George et les Martha maintenant désespérément leurs écrans baissés, tant il y a de choses fourrées derrière. De l'autre, nous avons ces couples qui lèvent leur écran en permanence, qui n'ont que peu de choses derrière et en diminuent progressivement le nombre, et au milieu il y a nous.

ROBIN. Oui. Rappelez-vous que les deux extrêmes représentent une très petite fraction de la population. La majorité des gens va se trouver

dans la zone médiane. De même que pour la plupart, nous sommes de taille moyenne et ne mesurons ni 1,40 m ni 1,95 m.

JOHN. Donc, de toute évidence, je suis dans la zone moyenne, alors que là-bas, à l'extrémité la plus positive et saine, bien sûr, il y a vous, les « psy » !

ROBIN. Changez un peu de refrain, John !

JOHN. D'accord. Ce que je veux dire, c'est qu'il est bien connu que les psychiatres sont fous. J'ai entendu plus de blagues encore sur le sujet que d'histoires écossaises. Vous n'êtes pas de cet avis ?

ROBIN. Je ne veux absolument pas dire que nous sommes fous. Mais je pense que la plupart d'entre nous se situe dans la moyenne.

JOHN. Vraiment ? Mais comment pouvez-vous alors aider les gens ?

ROBIN. Regardez les choses sous l'angle suivant : si vous n'avez jamais eu de problème sérieux, si vous n'avez jamais eu à faire la douloureuse expérience qui consiste à sortir des choses de derrière l'écran, je ne pense pas que vous puissiez valablement aider d'autres gens dans cette tâche. Vous ne sauriez jamais vraiment l'effet que ça fait. Votre intuition, votre intelligence ne pourraient s'appliquer à une expérience qui vous manque complètement. Je serais de même très surpris qu'une personne vraiment équilibrée s'intéresse à un métier comme celui-là. Bien sûr, elle pourrait sans doute se montrer amicale et compréhensive, mais elle ne voudrait probablement pas en faire sa profession.

JOHN. Ça, c'est assez inattendu !

ROBIN. Bon, prenons une image. Si vous tentez l'ascension d'une montagne, le guide qui vous aidera le mieux sera celui qui est juste avant vous, et qui pourra guider votre prochaine prise. Le type qui se trouve 3 000 mètres plus haut ne vous sera pas d'une grande utilité.

JOHN. Je me rappelle avoir déjà eu cette idée en écoutant Krishnamurti. Vous savez, je me suis soudain rendu compte que les gens qui sont là-bas, du côté de la grande santé me faisaient plutôt envie, même s'il est avéré que leur rôle thérapeutique est nul.

ROBIN. Bien sûr, c'est pareil pour moi.

JOHN. Je ne peux pas m'empêcher de me demander si ces études qui prouvent l'existence de la santé mentale n'ont pas été ignorées des « psy » à cause de leur jalousie pour ces gens parfaitement équilibrés qu'ils préféreraient ignorer. Puisqu'ils rappellent au « psy » et aux autres professionnels de la santé mentale le fait que, pour la plupart, nous appartenons à la catégorie moyenne, et ne sommes pas si éloignés les uns des autres.

ROBIN. C'est possible. Et si nous sommes dans la catégorie moyenne, nous aurons évidement les défauts habituels de cette catégorie, la jalousie par exemple. Pourquoi serions-nous différents ?

JOHN. Mais voyons, si la santé mentale consiste seulement à sortir des « trucs » de derrière l'écran, pourquoi ne le faisons-nous pas plus ?

ROBIN. A cause de la souffrance, rappelez-vous. C'est un processus douloureux. Et pis que ça, on a l'impression d'avoir tort. J'ai dit plus haut que si l'on masque les choses, c'est qu'il en allait ainsi dans notre famille. C'est un mode de fonctionnement qui s'est transmis simplement parce que, si quelqu'un dans la famille s'était hasardé à laisser paraître l'émotion interdite, le tabou, le reste de la famille se serait senti menacé.

JOHN. Et la famille se serait liguée contre lui.

ROBIN. Ou, bien pis, l'aurait ignoré, l'aurait rejeté, mis au ban. Et ce rejet par la famille est une expérience terrifiante, surtout pour un petit enfant.

JOHN. Donc, lorsque l'on va fouiller derrière l'écran, on réactive ces vieilles peurs ?

ROBIN. Oui, on a l'impression d'être désavoué par toute la famille, que l'on risque de perdre son amour et son soutien. C'est la raison pour laquelle on a besoin de quelqu'un pour nous aider.

JOHN. Vous voulez dire un « psy » ?

ROBIN. Dans les cas les plus sérieux, oui. Bien que ça puisse toujours aider les gens d'être « mis en selle », même s'ils n'ont pas de problème grave. Cependant, pour un long parcours, la personne idéale est quelqu'un qui ne soit pas de la famille, qui n'ait pas les mêmes « taches aveugles » mais soit quand même issu d'une famille semblable en suffisamment de points pour que la communication puisse se faire.

JOHN. N'êtes-vous pas en train de dire que nos partenaires peuvent être nos meilleurs « psy » ?

ROBIN. Peut-être. Mais il ne faut pas oublier ce que cela implique de douloureux.

JOHN. Que voulez-vous dire ?

ROBIN. Je veux dire que si l'on veut entendre la vérité, on aura mal, on aura l'impression d'être tout petit. Un « psy », en ce sens, c'est un véritable « réducteur de têtes ». Mais au fur et à mesure que nos « grosses têtes » diminuent de volume, nous grandissons en tant que personne.

Je suis Dieu
et restons-en là

Les changements ont du bon... mais pas seulement

JOHN. J'aimerais en savoir plus sur ces familles vraiment heureuses qui ont fait l'objet d'études. Qu'est-ce qui les distingue des autres familles ?

ROBIN. Plusieurs choses. Mais le principe de base, c'est qu'elles supportent bien le changement.

JOHN. Les changements désagréables ?

ROBIN. Pas seulement. Toutes sortes de changements.

JOHN. Qu'y a t-il de si intelligent à supporter les changements agréables ?

ROBIN. Vous serez surpris, mais les chercheurs ont montré que tout changement produit un stress. Regardez le tableau* ci-contre. Comme vous le voyez, le décès de l'époux(se) détient le score le plus élevé quant au stress (100). Plus on accumule de stress à une période donnée, plus élevée est la probabilité que l'on attrape une maladie quelconque.

JOHN. On conçoit fort bien que l'annonce d'une grossesse, la venue d'un enfant aient un côté stressant et agréable à la fois ; mais n'est-il pas extraordinaire qu'une réconciliation avec le conjoint après une période de séparation se monte jusqu'à 45 points ? Et je suis étonné de voir qu'une réduction du nombre de conflits conjugaux peut coûter 35 points. Je suppose que si ma vie devenait tout à coup parfaite, je craquerais. Comment est-ce possible, docteur ?

ROBIN. Quand il y a un changement dans notre environnement, qu'il soit bon ou mauvais, il nous faut nous y adapter.

JOHN. Oui, mais qu'est-ce qui nous arrive, en fait, lorsque nous nous « adaptons » ? Que se passe-t-il en nous ?

ROBIN. Ah oui ! Pour expliquer cela, il me faut introduire un nouveau concept.

JOHN. Je vous en prie.

ROBIN. Nous y reviendrons à l'occasion. Nous avons tous, dans nos têtes, un enregistrement ou un tableau du monde tel qu'il nous est donné à connaître, une carte mentale qui correspond à notre environnement extérieur comme une carte d'Angleterre correspond à l'Angle-

* Ce tableau est adapté de Thomas Homes et Richard H. Rahe. *Journal of Psychosomatic Research,* Vol. 11 (Pergamon Press, 1967).

Evénements	Valeur de stress
Mort du conjoint	100
Divorce	73
Séparation	65
Peine de prison	63
Décès d'un membre de la famille proche	63
Blessure ou maladie	53
Mariage	50
Licenciement	47
Réconciliation (dans le couple)	45
Mise à la retraite	45
Modification de l'état de santé d'un membre de la famille	44
Grossesse	40
Difficultés sexuelles	39
Naissance (au sein de la famille)	39
Changement dans la situation financière	38
Décès d'un ami	37
Changement du poste de travail	36
Modification du nombre de conflits avec le conjoint	35
Hypothèque de la maison (supérieure à 200 000 F)	31
Fin d'une hypothèque ou remboursement d'un prêt	30
Changement de responsabilité au travail	29
Départ d'un enfant (de la maison)	29
Difficultés avec la belle-famille	29
Succès personnel important	28
Début ou fin de la scolarisation	26
Changement dans les conditions d'habitat	25
Changement des habitudes personnelles	24
Difficultés avec son patron	23
Changement des horaires ou des conditions de travail	20
Changement de résidence	20
Changement d'école	20
Changement d'activité de loisir	19
Changement de pratique religieuse	19
Changement d'activité sociale	18
Prise d'une hypothèque ou d'un prêt (inférieurs à 200 000 F)	17
Changement dans les habitudes de sommeil	16
Changement dans le nombre des rencontres familiales	15
Changement des habitudes alimentaires	15
Vacances	13
Noël	13
Violation mineure de la Loi	11

terre, et nous utilisons cette carte pour nous guider dans notre comportement.

JOHN. Tout ce qui fait notre vie est sur cette carte ? Notre conjoint, nos enfants, nos parents, nos amis, la maison, les voisins, le bureau...

ROBIN. Tout ce qui touche à nos vies est inscrit sur cette carte ; elle nous sert à nous débrouiller dans l'existence.

JOHN. Nous n'en regardons qu'une partie chaque fois, mais tout est tout le temps disponible.

ROBIN. Exact. Donc, si votre épouse meurt, il va vous falloir passer d'une carte où votre épouse figure en très grand, plus grand même que n'importe quoi d'autre, à une carte sur laquelle elle n'apparaîtra plus. Et c'est ce passage d'une carte à l'autre que j'appelle « ajustement ».

JOHN. C'est une sorte de réorganisation de nos circuits mentaux.

ROBIN. Oui, et ce qu'il faut savoir, c'est que ce réajustement qui comprend le redessin de la carte... pompe de l'énergie.

JOHN. Même si le changement est « agréable ». Bon. Mais nous vivons tout le temps des changements. En fait là-bas, à Weston-super-Mare*, nous disons que le changement est aussi bon que le repos, mon cher !

ROBIN. Oui, le monde change tout le temps. En fait, nous avons besoin d'un certain degré de changement, de stimulation. S'il est insuffisant, nous nous ennuyons et avons l'impression d'être à moitié morts. Le changement n'est douloureux que lorsqu'il dépasse les capacités d'intégration de notre système, comme lorsqu'il y a un changement trop brusque et trop grave ou trop de petits changements à la suite qui ne nous laissent pas le temps de retrouver notre équilibre.

* NDT. Commune de naissance de John Cleese.

JOHN. Comme une maison qu'on salirait plus vite qu'on ne pourrait la nettoyer. Donc, quand nous subissons trop de changements en même temps, nous sommes stressés. Alors, qu'est-ce qui nous aide à faire face ?

ROBIN. Eh bien ! D'abord, il nous faut être dispensés des dépenses habituelles d'énergie, de manière à pouvoir la consacrer tout entière au problème du changement.

JOHN. Les médecins appellent ça le « repos », je crois.

ROBIN. Oui, mais je dois vous dire que, quand les médecins ne font rien, on appelle ça « l'inactivité magistrale ». Se reposer implique en général que quelqu'un nous préserve de la plupart des dépenses courantes d'énergie. Et puis, comme les changements provoquent en nous un peu d'anxiété, tout ce qui peut nous renseigner, nous rassurer sur notre capacité à faire face et nous montrer comment nous débrouiller est aussi très utile.

JOHN. L'énergie que l'on dépense à se faire du souci n'est pas disponible pour faire face aux changements.

ROBIN. C'est cela.

JOHN. Et il y a autre chose non ? Quelquefois, le seul fait d'être avec quelqu'un que nous aimons et en qui nous avons confiance peut nous aider, mais d'une manière légèrement différente de la prise de repos ou de la tranquillisation.

ROBIN. C'est vrai. Quand quelqu'un est stressé, on peut toujours aller lui faire les courses, lui ramener à manger ou partager son épreuve, mais on oublie parfois que le simple fait d'être là aide aussi énormément, même si, apparemment, on ne fait pas grand-chose.

JOHN. Mais alors, qu'est-ce qu'on fait ?

ROBIN. En étant simplement là ? C'est très difficile à dire et pourtant chacun de nous a déjà eu l'occasion de se rendre compte de l'importance que ça peut avoir. Appelons ça simplement, pour le moment, « soutien émotionnel ».

JOHN. Bon, alors en résumé, pour faire face aux changements, nous avons besoin dans un premier temps d'être préservés des demandes habituelles pour pouvoir nous ressourcer ; ensuite d'en discuter pour faire tomber l'anxiété et nous aider à faire face ; et, enfin, de soutien émotionnel.

ROBIN. Oui, c'est ça.

JOHN. Bon ! Maintenant replaçons tout cela dans le cadre des familles. Nous avons déjà abordé les raisons qui conduisent deux personnes à se mettre en couple. A présent, elles se marient. Cela va leur coûter 50 points parce qu'elles vont devoir redessiner leur carte pour s'inclure l'une l'autre sur une base permanente. Pendant la lune de miel, elles peuvent encore admirer leurs vitrines respectives, pour ainsi dire. Puis, elles commencent à vivre ensemble, et là, quelques-uns des « trucs » cachés derrière l'écran vont commencer à se dévoiler.

ROBIN. La relation devient plus réelle. Ça, c'est un changement de plus.

JOHN. On redessine un peu ici et là.

ROBIN. Et on est aidé par le fait que, la plupart du temps, on se donne l'un à l'autre beaucoup d'amour et de soutien, plus peut-être que l'on n'en a jamais eu auparavant.

JOHN. Alors, ensuite, quel est le premier grand changement ?

ROBIN. C'est le moment où l'on devient une vraie famille, avec l'arrivée du premier bébé.

JOHN. 39 points de moins, les gars !

ROBIN. Oh ! On gagne seulement 11 points sur le mariage.

JOHN. C'est bien sûr la raison pour laquelle il vaut mieux séparer ces événements.

ROBIN. Surtout aux approches de Noël...

JOHN. On avance, on avance, mais tout cela paraît tout à coup terriblement négatif.

ROBIN. Mais ce n'est négatif que dans le sens où il y a un énorme ajustement à opérer, un grand saut en avant vers plus de responsabilité, plus de maturité. C'est donc un stress important pendant un moment. Une fois que c'est fait, une fois que l'on a sauté l'obstacle, l'enfant sera une grande source de joie et de bonheur.

JOHN. Dans l'immédiat, ils ont perdu plus que leur simple liberté.

ROBIN. Oui. Le nouveau-né a besoin de tellement d'amour et d'attention que du coup ils en ont moins, beaucoup moins à se donner mutuellement. Et ça, ça peut être douloureux pour tous les deux.

JOHN. Donc, ce premier bébé est un « heureux événement » tout relatif.

ROBIN. Oui, et il est difficile de ne pas avoir l'impression que toute la société a conspiré à le rendre plus romantique. C'est bien sûr une période et une expérience merveilleuses, mais on ne devrait pas oublier qu'au début il y a un moment difficile à passer, surtout si le couple ne savait pas vraiment ce qui l'attendait. Et il faut savoir aussi que le stress qui accompagne la venue du premier enfant est habituellement bien plus important que celui provoqué par la venue des enfants suivants.

Urgence parentale

JOHN. Parfait. Le bébé est arrivé. Qu'est-ce qui attend les parents ?

ROBIN. Eh bien, regardons d'abord ce qui change de façon drastique dans l'équilibre de la famille. Avant que le bébé n'arrive, ils ont tout loisir de se donner l'un à l'autre « le plein » de soutien émotionnel, mais, dès la naissance, le bébé a besoin d'une énorme quantité de maternage. La demande vis-à-vis de la mère est considérable et cela veut dire qu'elle a besoin d'encore plus d'amour et de soutien que d'habitude de la part de son mari. Elle en donne tellement au bébé qu'il lui en reste souvent très peu à offrir à son époux. Si bien qu'il est,

lui, privé de son soutien émotionnel habituel au moment où elle en réclame davantage. S'il n'arrive pas à assumer cette situation nouvelle pour lui, elle risque de se sentir très isolée et très en manque.

JOHN. Ce qui, venant tout de suite après l'euphorie de la naissance, peut être un choc très désagréable.

ROBIN. Oui. Jusqu'alors la mère a focalisé l'attention. On s'est occupé d'elle, elle a été chérie comme jamais. Et puis, soudain, il y a ce bébé incroyablement vulnérable dont elle se sent totalement responsable 24 heures sur 24.

JOHN. Il semble tellement sans défense qu'on a l'impression qu'il pourrait s'arrêter de respirer à tout moment, n'est-ce pas ?

ROBIN. Je me souviens que j'avais du mal à croire que le nôtre pourrait continuer à respirer sans aide extérieure. Et pourtant j'étais en stage dans un service d'obstétrique ! Il n'est donc pas surprenant que cette nouvelle responsabilité semble terrifiante à la nouvelle maman. Ma femme Prue s'occupe d'un groupe de soutien pour primipares, et elles se plaignent presque toutes de ce que personne ne les avait préparées à un tel changement.

JOHN. La mère se sent responsable de la survie de quelqu'un, ce qui ne lui était jamais arrivé auparavant !

ROBIN. Et la plupart du temps, elle est épuisée, si bien qu'elle aura parfois l'impression de ne pas pouvoir faire face. Elle se sentira alors coupable et pensera qu'elle n'est pas « une bonne mère ». Elle va devoir cacher ses sentiments d'incapacité au monde extérieur et, cela constituera une tension supplémentaire. Bien sûr, le gros problème de nos jours où la famille élargie disparaît, c'est qu'elle bénéficiera de très peu de soutien pour s'en sortir. Ça se passe parfois bien pendant les premières semaines. Sa mère à elle, ou la mère de son mari peuvent venir vivre à la maison pour l'aider, et le mari peut prendre un congé parental d'une semaine. Mais, après ça, elle se sent souvent terriblement novice et abandonnée.

JOHN. En effet, elle est certainement privée du soutien habituel de ses amis, mais le père est là pour l'aider un peu non ?

ROBIN. Au début oui, mais au bout d'un certain temps, il a l'impression d'être mis de côté.

JOHN. Oui, j'ai le souvenir de m'être senti totalement exclu des événements !

ROBIN. Eh bien ça, c'est très banal. En fait, Prue, ma femme, éprouve parfois un peu de compassion pour moi parce que la mère, elle, a au moins la satisfaction considérable que lui apporte sa relation très intime avec le bébé. Elle éprouve de nouvelles sensations d'une intensité merveilleuse, même si c'est exténuant. Mais le père, lui, est censé se montrer beaucoup plus attentionné envers sa femme.

JOHN. L'atmosphère peut devenir tendue.

ROBIN. Oui. Il revient fatigué du travail ; il est, d'ailleurs, probablement parti fatigué en raison de ses nuits perturbées ; sa femme ne s'est occupée de rien d'autre que du bébé pendant la journée. Or le bébé a des coliques juste à ce moment-là et hurle, le père est assis dans un coin, il se sent négligé et a envie de dîner : et la mère est terriblement mal à l'aise. « Coupée en deux », c'est le terme utilisé.

JOHN. Stop ! C'est affreux. On dirait une scène de Strindberg ou des « Misérables ».

ROBIN. C'est possible, mais il faut savoir que ce sont les moments les plus durs à vivre avec le premier enfant. Et puis ça s'arrange.

JOHN. Qu'est-ce qui fait que ça s'arrange ?

ROBIN. Le temps, tout simplement. La situation finit par sembler moins désespérée. La mère prend de l'assurance, elle a plus confiance en elle.

JOHN. Elle commence à s'adapter à tous ces changements.

ROBIN. C'est cela. Elle se repose plus, les tétées s'espacent. Et puis elle va régulièrement à la PMI *, où elle a l'occasion de parler avec d'autres mères, ce qui est une source de soutien fantastique. A chaque fois, elle se sent un peu plus capable de s'occuper de son enfant.

JOHN. En vous écoutant, je me souviens d'un psychologue américain du nom de Guttman, qui appelle l'arrivée de l'enfant « l'urgence parentale ».

ROBIN. Oui, pour lui, les différences psychologiques entre les hommes et les femmes tiennent essentiellement à la lutte qu'ils doivent mener pour élever correctement leurs enfants. Il pense qu'après la naissance nous prenons les rôles d'homme et de femme un peu comme des soldats vont au front. Bien sûr, la société nous forme à cela depuis toujours, mais jusqu'à ce que l'enfant arrive, nous sommes un peu « en réserve », avec la possibilité de prendre l'un ou l'autre rôle, à notre gré.

JOHN. Quand le bébé arrive, nous sommes « mobilisés ».

ROBIN. Et nous nous polarisons en une maman-chaleureuse-et-maternante et un papa-dur-et-responsable. Parce que l'on nous a programmés comme ça.

JOHN. Existe-t-il des études tendant à démontrer que, lorsque les enfants grandissent et quittent la maison, les pères et les mères redeviennent à nouveau des êtres humains ?

ROBIN. Question très intéressante ; il semble évident que les mécanismes de compensation entrent alors en jeu, les hommes deviennent plus doux, moins actifs, plus prompts à se relaxer et à goûter les bonnes choses de la vie, tandis que les femmes commencent souvent à devenir

* P.M.I. : Protection maternelle et infantile.

plus actives, à organiser des choses, à prendre plus d'assurance et généralement à rattraper le temps perdu. Je crois qu'il faut attendre que les enfants quittent la maison pour commencer à comprendre la signification de toute cette « bataille ».

JOHN. Que pensez-vous des différents rôles que nous jouons quand les enfants sont encore à la maison ?

ROBIN. Il y a de plus en plus de gens pour clamer que chacun des parents peut faire le travail de la mère. Il est sûr que les pères le peuvent, et parfois mieux que certaines mères. En outre, c'est certainement bon pour l'enfant qu'ils partagent cette tâche jusqu'à un certain point. Mais, si les corps des hommes et des femmes sont construits si différemment pour faire un enfant, il me semble peu probable qu'il n'y ait pas quelques différences psychologiques innées qui font que les femmes sont plus douées pour certaines tâches utiles aux enfants, et

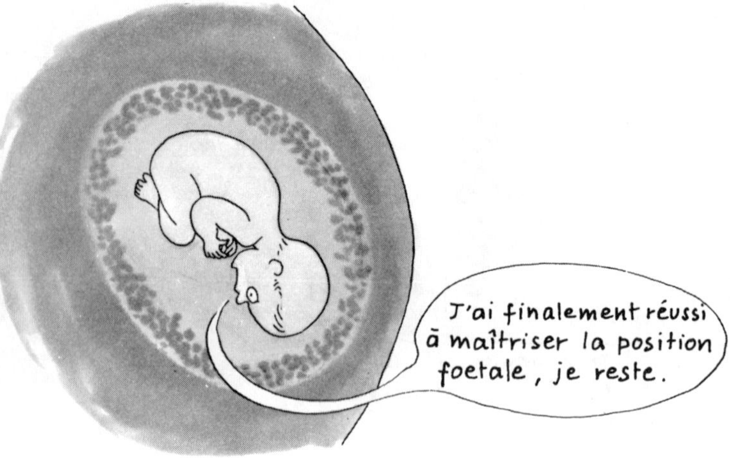

les hommes plus doués pour d'autres. En général. Mais la controverse n'est pas terminée.

JOHN. De toute façon, pour les nouveaux parents, la question de savoir si la différence est génétique ou due au conditionnement est un peu stérile, non ? Même si elle n'est pas génétique, le conditionnement a eu lieu.

ROBIN. Non, je ne suis pas d'accord. Des changements très profonds dans ces rôles surviennent en ce moment et je suis sûr que ça va continuer. Les deux, homme et femme, s'enferment moins dans les vieux stéréotypes et sont plus riches et plus intéressants en raison de la plus grande liberté et de la plus grande compréhension qu'ils y gagnent. Ça a certainement joué pour moi. Je suis très heureux de vivre une période aussi intéressante.

JOHN. Est-ce que vous connaissez ce vœu chinois : « Puissiez-vous vivre des temps peu intéressants ! » Ça veut dire : « Puissiez-vous avoir une vie de paix ! ». Quoiqu'il en soit, nous en avons entendu assez sur l'urgence parentale. Qu'en est-il du point de vue du bébé ? Naître correspond à un changement très net dans le style de vie, non ?

ROBIN. Ce doit être écrasant. Jusqu'alors, la mère faisait beaucoup de choses à la place du bébé, telles que respirer et digérer la nourriture. Et maintenant, il lui faut tout faire par lui-même. A l'intérieur du corps de la mère, il était complètement en sécurité, protégé, au chaud, à l'ombre, tranquille ; et, brutalement, il devient vulnérable, n'a plus de protection et chacun des éléments de son environnement est nouveau et étrange. Et tout ce qui est nouveau et étrange est effrayant. En outre, il se développe avec une rapidité considérable par rapport à sa taille.

JOHN. Si je me réfère à notre tableau d'évaluation du stress, je remarque que naître n'est pas sur la liste.

ROBIN. Ce serait probablement tout en haut, si c'était mesurable.

JOHN. J'imagine que ça vaudrait quelque chose comme seize réconciliations et un accident de voiture. C'est la raison pour laquelle l'enfant a besoin de tant de soins. C'est-à-dire de repos, de protection contre tous les stress supplémentaires non nécessaires, d'amour, de soutien émotionnel, et... évidemment, de quelque chose qu'il ne peut obtenir : des informations rassurantes.

ROBIN. Et, ça, c'est un problème avec un nouveau-né ; si quelque chose le gêne, il n'a aucun moyen de savoir que ça ira mieux plus tard. Ce qui explique qu'il plonge dans une telle détresse.

JOHN. Donc, avant que l'idée puisse lui venir que ses malaises sont plus ou moins temporaires, il va avoir besoin d'encore plus de soutien et de repos.

ROBIN. Oui, les parents vont devoir le protéger des perturbations extérieures, le maintenir au chaud et dans des conditions satisfaisantes de confort, s'assurer qu'il n'ait pas trop faim, lui éviter d'avoir trop de bruit et d'être trop dérangé. Ils vont lui apporter des petits changements bien sûr, mais ils vont faire attention à ce qu'ils soient simples et progressifs : suffisants pour stimuler le bébé, mais pas supérieurs à ce qu'il pourra tolérer sans malaise. Il est complètement dépendant, et la nature nous a heureusement programmés — comme d'ailleurs tous les autres animaux — de manière que la mère et l'enfant restent instinctivement ensemble et cherchent à se retrouver s'ils sont séparés.

JOHN. Est-ce ce que l'on nomme « attachement » ?

ROBIN. Oui, c'est ça. Ça veut simplement dire qu'un poulain, par exemple, bien qu'il puisse se tenir debout dans les minutes qui suivent sa naissance, va instinctivement rester près de sa mère pendant des années. Je me souviens avoir essayé de m'interposer entre un poulain et sa mère dans un de nos champs, au Pays de Galles, et je me rappelle combien ça les avait perturbés. En fait, je n'ai jamais réussi. Ce comportement d'attachement a, de toute évidence, un avantage pour l'évolution, car il permet de s'assurer que les jeunes sont protégés des prédateurs au moment où ils sont le plus vulnérables. Nous avons tous vu, dans des documentaires sur la nature, ces jeunes animaux isolés attaqués par les prédateurs.

JOHN. C'est juste. Mais est-ce qu'il n'y a pas plus que de la protection dans ce comportement d'attachement ? Qu'en est-il des besoins d'amour ?

ROBIN. Beaucoup d'experts se disputeraient avec vous sur cette manière de voir les choses. Bien que je ne sois pas tellement sûr que les deux choses dont nous parlons soient vraiment si différentes. Je parle de ce à quoi ce comportement d'attachement semble aboutir, pour l'individu et pour l'espèce, vu de l'extérieur. Et vous, vous parlez de ce que l'on ressent lorsque l'on y est impliqué.

JOHN. De l'intérieur. Parlons plutôt de cela. Du soutien émotionnel, comme vous l'appelez. Je veux dire que, quand nous parlons d'une mère qui aime son bébé, je me demande tout d'un coup ce que le bébé reçoit ?

Le bébé et l'amour maternel

JOHN. Alors docteur, du point de vue du bébé, l'amour maternel c'est quoi ?

ROBIN. Il faut que je vous parle d'études fascinantes faites par un psychologue du nom de Harlow. Il a élevé des petits singes selon des modalités très différentes : quelques-uns avec leur mère comme d'habitude, d'autres dans des cages vides et séparés de leur mère, un troisième lot toujours en cage mais avec une mère faite de fil de fer et équipée de petites tétines à la place normale des mamelons et desquelles l'enfant pouvait obtenir de la nourriture ; et un quatrième groupe avec une mère en fil de fer, mais recouverte de fourrure.

JOHN. Un groupe « normal », un groupe « sans mère », un groupe « mère-en-fil-de-fer » et un dernier groupe « mère-en-fourrure ».

ROBIN. C'est ça. Les bébés-singes « normaux » passaient leur temps à explorer le monde environnant, puis retournaient s'accrocher à leur mère, et puis repartaient... et ainsi de suite. Mais Harlow découvrit que les singes du deuxième groupe, élevés loin de leur mère dans des cages nues, se tenaient très en retrait, étaient inhibés. Ils ne jouaient pas et n'exploraient pas leur environnement, mais se tapissaient dans un coin et paraissaient terrifiés. Et quand ils grandissaient, ils semblaient incapables d'affronter les différentes situations sociales : ils ne pouvaient pas copuler, et même s'ils réussissaient à faire des petits, ça ne les intéressait pas de s'en occuper.

JOHN. Et ceux qui avaient une mère en fil de fer ?

ROBIN. Ils étaient très semblables aux groupes sans mère. En revanche, ceux qui avaient eu une mère avec fourrure semblaient en meilleure santé, plus équilibrés.

JOHN. Donc la mère de fourrure arrivait en fait à atténuer la blessure causée par l'absence de la vraie mère ?

ROBIN. Oui ! Les petits singes passaient beaucoup de temps accrochés à elle comme il le font normalement au corps de leur mère. Quand ils s'en détachaient ils étaient tout à fait capables d'explorer, de jouer. De même, quand ils devenaient adultes, ils étaient plus capables que les autres de se mêler normalement au groupe.

JOHN. Donc le contact physique, fût-ce avec une mère de fourrure, apportait quelque chose à l'enfant. Mais quoi ?

ROBIN. Harlow a appelé ça « courage ». Je préfère le terme de confiance, qui véhicule la même idée, mais qui signifie littéralement « avec foi », c'est-à-dire agissant avec la conviction que tout va bien se passer. On peut penser que le réconfort apporté par la mère de fourrure apaise le bébé-singe, calme son agitation lorsqu'il revient d'une exploration au cours de laquelle il a vécu plus de changement qu'il n'en peut supporter.

JOHN. Cela procure sans doute au bébé-singe un entracte de stabilité, une oasis de calme pour l'aider à retrouver son équilibre.

ROBIN. C'est ce qu'il semblerait. Les scientifiques appelleraient probablement cela de la « néguentropie », une réduction du désordre. Bien sûr, un simple mannequin de fourrure ne pourra pas faire des prodiges dans ce sens, mais ça aide.

JOHN. Et vous pensez que c'est ça que l'on appelle l'amour maternel ?

ROBIN. Je dirais que c'est l'effet que ça a sur le bébé. Donner de « l'amour » signifie être capable de procurer cet effet à quelqu'un lorsqu'il en a besoin.

JOHN. Et, sans cet amour, le bébé sera trop craintif pour s'aventurer à l'extérieur ?

ROBIN. Oui. Il ne peut devenir adulte, en d'autres termes plus indépendant, que s'il possède cette assurance que procure la certitude du réconfort et de la sécurité.

JOHN. Les gosses, sur un terrain de jeu, peuvent tout oublier de leur mère... jusqu'à ce qu'ils tombent ! Le choc de la chute les renvoie chercher une nouvelle injection d'amour et d'assurance.

ROBIN. Vous pouvez le voir comme ça, mais, comme je viens de le dire, ce qu'ils y trouvent, c'est plus la possibilité de reprendre leur équilibre après de trop nombreux changements que quelque chose qui passerait de leur mère à eux, comme s'il s'agissait de « refaire le plein ».

JOHN. Je vois. Et, bien sûr, au fur et à mesure que nous grandissons, cet attachement décroît.

ROBIN. C'est exact. Plus nous prenons d'assurance et apprenons des choses sur le monde et sur la manière de nous y prendre, plus nous pouvons assumer de stress sans soutien. Mais le besoin potentiel de

soutien persiste toute notre vie. Chacun d'entre nous aura besoin qu'on s'occupe de lui s'il est soumis à une trop grande pression. Et cette « prise en charge » correspond tout à fait à ce que les bébés et les enfants reçoivent : le maternage.

JOHN. Oui. Après une catastrophe naturelle, tremblement de terre, éruption, ou un bombardement, la réaction instinctive de tous les survivants est de chercher d'autres gens.

ROBIN. C'est un automatisme inné. Nous sommes programmés pour rechercher le soutien des autres lorsque c'est nécessaire et pour répondre à cette demande lorsqu'elle nous est faite.

JOHN. Revenons au bébé. Comment la mère sait-elle de quoi il a besoin ? Comment peut-elle comprendre les signaux de cette petite créature ?

ROBIN. Eh bien, une mère normale perçoit ce qu'il ressent et ce dont il a besoin en retrouvant volontairement ses propres émotions de bébé, c'est-à-dire en revivant sa prime enfance.

JOHN. Vous voulez dire qu'elle va s'abandonner à ses souvenirs...

ROBIN. D'une manière réceptive et intuitive. Elle va y prendre un réel plaisir, se mettre au diapason et trouver l'empathie nécessaire requise pour communiquer avec sa petite créature, dont elle saisit les signaux et auxquels elle répond. Ce faisant, elle donne progressivement de l'assurance au bébé et c'est cette confiance en soi qui lui permettra d'explorer le monde extérieur.

Le bébé trace sa carte du monde

JOHN. La mère donne donc au bébé l'assurance dont il a besoin pour explorer ce monde nouveau, bruyant dans lequel il vient d'arriver. Mais il est pratiquement sans défense ; que peut-il faire ?

ROBIN. Le plus important pour lui, au début, c'est de chercher à savoir de quoi le monde est fait.

JOHN. Vous voulez dire qu'il va dessiner sa propre carte mentale du monde ?

ROBIN. Oui, et d'un monde dans lequel il est inclu, bien sûr.

JOHN. Mais comment fait-il pour se mettre lui-même sur la carte ?

ROBIN. Eh bien, quelle est la première chose que vous faites quand vous dessinez une carte de l'Angleterre ?

JOHN. Je dessine les frontières.

ROBIN. Exactement. Vous allez commencer par les contours, là où ça commence et là où ça finit, pas les détails. Le bébé dessinera lui aussi ses propres contours. Il doit découvrir ce qui est en lui et ce qui est en dehors. En d'autres termes, il lui faut trouver ce qui est « lui » et ce qui ne l'est pas. Et pour commencer, et pour des raisons pratiques, ce qui n'est pas lui, c'est sa maman.

JOHN. Ça, c'est plutôt bizarre !

ROBIN. Il faut le voir du point de vue du bébé. Le cerveau d'un nouveau-né reçoit des messages de l'extérieur et de l'intérieur de son corps, mais au début il n'a aucune raison de comprendre que les messages qui viennent de l'intérieur lui appartiennent et que ceux qui proviennent de l'extérieur ne lui appartiennent pas. Tout ce qu'il sait, c'est qu'ils pourraient tous le prendre pour objet.

JOHN. Vous voulez dire qu'il pense qu'il est tout. Ou que « tout » est lui.

ROBIN. Il n'a aucune raison de penser autrement. Et jusqu'à ce que quelque chose se produise qui change cette vision, sa mère n'est pour lui qu'une extension de lui-même. Une sorte de membre particulièrement actif.

JOHN. Et qu'est-ce qui fait éclater la vérité ?

ROBIN. C'est la découverte très progressive que l'extérieur ne peut être contrôlé aussi facilement que l'intérieur.

JOHN. Je pense ne pas avoir encore bien compris. Je ne saisis pas bien…

ROBIN. Regardez : je sais que ça, ce sont mes doigts parce que je peux les bouger. Et donc, je sais qu'ils font partie de moi. Mais si j'essaie de bouger vos doigts, ils ne vont pas bouger et je saurai alors qu'ils ne font pas partie de moi ; qu'ils doivent donc être à l'extérieur de moi. J'apprends par là où sont mes limites, où je finis et où les autres commencent. Les bébés apprennent de la même manière.

JOHN. Et ça veut dire que le bébé n'arrive à se « délimiter » que lorsque sa mère ne fait pas ce qu'il veut.

ROBIN. Exact.

JOHN. Donc, si elle arrivait à être une mère parfaite qui aille toujours au-devant des besoins du bébé, le bébé ne percevrait pas la différence entre lui et elle ?

ROBIN. C'est ça ; il resterait dans une confusion totale, incapable d'opérer le partage entre lui et sa mère. Il lui serait donc difficile de grandir et de devenir un être libre.

JOHN. Mais, n'êtes-vous pas en train de dire que la frustration est bonne pour l'enfant ?

ROBIN. Oui et non. Au cours de la première année de sa vie au moins — et à un degré moindre après — le bébé va devoir mettre au maximum à contribution sa capacité à affronter les émotions fortes suscitées par les changements et le stress, quand bien même ses parents font tout leur possible pour satisfaire ses besoins. Même s'ils essaient de lui procurer toute la stabilité et la sécurité nécessaires, les occasions de frustration ne manquent pas et il ne sera pas nécessaire d'en créer artificiellement. Les « ratés » du fonctionnement humain ordinaire y pourvoiront sans qu'il soit besoin d'intervenir. Que ce soit parce qu'elle ne se réveille pas immédiatement lorsque l'enfant pleure ou parce que le téléphone sonne, ou parce qu'il y a quelqu'un à la porte, la mère n'apparaîtra pas toujours immédiatement lorsque l'enfant le voudra. Le bébé va donc être amené à comprendre que sa mère est une personne distincte, extérieure à lui, qu'elle fait partie du « non-moi » plutôt que du « moi ».

JOHN. Donc, si le bébé doit dessiner sa carte, il faut qu'il y ait un bon équilibre entre d'un côté les frustrations qui lui apportent des informations nouvelles sur le monde, et de l'autre, le soutien émotionnel qui lui permet de faire face à ces frustrations ?

ROBIN. Oui, et il a besoin de beaucoup de soutien, parce que les frustrations sont très douloureuses et ce pour la raison suivante. Comme nous l'avons vu, au début de sa vie, avant que l'expérience de l'échec et de la frustration ne lui permette de trouver ses limites, le bébé a toutes raisons de penser qu'il est « tout », « partout », « omnipotent ». Et maintenant, chaque fois qu'il découvre quelque chose qui fait partie du « non-moi », cela entame un peu l'image de « Dieu-Tout-Puissant » qu'il a de lui.

JOHN. Vous voulez dire que, de même que personne n'aime vraiment la critique parce qu'elle fait fondre un peu l'ego, ce pauvre vieux bébé va apprendre non seulement qu'il n'est pas Dieu, mais qu'il est en fait petit et sans défense. Et une déflation de cet ordre est particulièrement douloureuse. C'est comme si Mussolini se découvrait dans la peau d'un perroquet !

ROBIN. Oui, au fil du temps, donc, il est nécessaire qu'il y ait une progression continue et régulière des défaillances de la mère ; pour que, petit à petit, l'enfant apprenne à prendre ses responsabilités. Au début la mère devra interrompre son travail, afin que les frustrations

restent minimes. Les frustrations accidentelles seront largement suffisantes.

JOHN. D'accord. Mais ça ne m'a pas l'air facile, de prendre conscience de tout cela.

ROBIN. Ne vous inquiétez pas. C'est naturel. On a tous du mal à se mettre à la place du bébé, surtout quand on fait appel à son imagination au lieu de réfléchir de manière logique et posée. Bien que ce soit un sujet qui occupe fréquemment le centre de mes réflexions et de mes lectures, il me semble toujours extrêmement difficile de penser ce stade de développement. Ç'est sans doute parce que le monde du bébé est, pour les raisons que nous évoquions plus haut, très confus à cette période de sa vie et que, si nous tentons de nous y replonger, nous risquons de nous embrouiller un peu.

JOHN. Et pourtant, vous dites que c'est précisément ce que la mère doit faire pour comprendre les épreuves que traverse le bébé, pour se mettre au diapason de ses besoins et lui offrir le soutien émotionnel qui l'aidera à faire face au stress. Alors, comment y arrive-t-elle ?

ROBIN. Une mère équilibrée, qui a été elle-même un bébé heureux, va s'adapter naturellement et automatiquement aux émotions du nourrisson. Elle n'aura pas à y penser. Elle sentira ses réactions, qu'il soit comblé ou insatisfait.

JOHN. Elle le nourrira quand il aura faim et elle arrêtera quand il sera rassasié. Elle le prendra lorsqu'il aura besoin d'être réveillé ou calmé, et ne l'ennuiera pas lorsqu'il aura besoin de dormir. Il y aura ainsi un minimum de frustrations pour le bébé.

ROBIN. Oui, mais il s'agit de plus que de simplement répondre aux besoins physiques du bébé. Il y a le contact social, le jeu émotionnel, qui sont une véritable source de plaisir pour une mère épanouie. Vous avez déjà observé une mère et son enfant jouer ensemble une sorte de danse des yeux. Le bébé regarde sa mère et fait une grimace. La mère va essayer de répondre et fera une grimace en retour qui, en fait, aura tendance à imiter l'expression du bébé, comme un miroir. Et le bébé fait une nouvelle grimace et ainsi de suite...

JOHN. Quelle importance cela a-t-il pour le bébé ?

ROBIN. Par certains côtés, il semble que cela soit au moins aussi important pour lui que la satisfaction des besoins physiques. Il est difficile d'exprimer le désarroi d'un bébé auquel sa mère ne répond pas, avec lequel elle ne joue pas le jeu. De fait, un psychologue a demandé une fois à un groupe de mères de participer à l'expérience suivante : éviter de répondre, comme elles le faisaient d'habitude, à leur bébé, et ce pendant trois minutes seulement. La détresse provoquée chez les bébés fut si grande que les mères ne purent terminer l'expérience.

JOHN. Et si la mère, pour une raison ou une autre, ne pouvait pas entrer dans cette « danse des yeux » avec son bébé, si elle n'était pas capable d'établir ce genre de contact émotionnel, quelles en seraient les conséquences ?

Si la mère ne peut répondre

ROBIN. Si ce contact émotionnel étroit entre la mère et son bébé ne s'établit pas à un stade précoce de développement, en d'autres termes, s'ils n'arrivent pas à se mettre en phase, et je parle là d'un trouble profond de la complémentarité des réponses, très peu probable chez une mère qui se fie à son instinct, on pourra se trouver en présence de ce que j'appellerai un enfant « déphasé ». Le problème peut commencer chez l'un ou chez l'autre, le bébé ou la mère. Du côté de la mère, souvenez-vous qu'elle met son « empathie » à contribution en s'autorisant à « retomber » en enfance et à revivre ses émotions d'alors. Supposons que la mère ait eu elle-même une enfance malheureuse...

JOHN. Vous voulez dire qu'il sera douloureux pour elle de s'y replonger ?

ROBIN. Si on a médiocrement pris soin d'elle lorsqu'elle était bébé, chaque tentative qu'elle fera pour se rappeler ses sensations d'alors la fera souffrir. En cessant d'y faire retour, elle évitera une nouvelle source de souffrances.

JOHN. Mais alors, puisqu'elle ne retourne pas aux émotions de son enfance, elle ne pourra pas être en « empathie », en symbiose, avec son enfant. Elle ne pourra pas établir de relations intimes avec lui.

ROBIN. Et bien sûr, à un niveau très profond, l'enfant le sentira.

JOHN. Il sentira qu'il n'est pas en parfaite communication avec sa mère, que quelque chose coince.

ROBIN. Oui et vous vous rappelez l'expérience au cours de laquelle les mères s'empêchaient de communiquer trois minutes avec leur bébé et la douleur qui s'ensuivait ? Bon, eh, bien ! Vous pouvez imaginer ce que c'est si la mère ne peut pas répondre du tout, et ignore même qu'il lui faut répondre. Il se peut que l'enfant trouve ça si douloureux qu'il « se coupe d'elle » et cesse d'essayer ; ce qui va, bien sûr, faire empirer les choses, parce que la mère se sentira rejetée et qu'il lui sera encore plus difficile d'être naturelle, spontanée et de mener les choses à bien.

JOHN. Je suppose que le même processus s'instaurera quand quelque chose n'ira pas bien chez le bébé et qu'il ne produira pas les signaux nécessaires pour se mettre en phase avec sa mère, même si elle, de son côté, a tout l'instinct requis, est prête et attend la réplique ? J'ai observé que les bébés en général sont programmés très tôt pour sourire à la vue du visage maternel, avant même, probablement, de savoir de qui il s'agit, et que le sourire du bébé provoque l'émotion de la mère, si bien qu'elle aime encore plus le bébé et prend encore plus de plaisir à être avec lui.

ROBIN. C'est juste. Un bébé anormal risque de ne pas éveiller les sentiments de sa mère, son instinct maternel. Elle devra alors se servir essentiellement de sa tête, de ce qu'elle prendra dans les livres, qu'elle le veuille ou non.

JOHN. Donc, le problème peut surgir d'un côté comme de l'autre ?

ROBIN. Oui. Quelques spécialistes pensent que c'est toujours du bébé que ça vient, mais, d'après ce que j'ai observé, il me paraît évident qu'il y a toute une gamme de possibilités, d'un extrême où les parents paraissent très « coupés » de leurs sentiments, à l'autre où l'on comprend mal comment ils ont pu avoir un enfant aussi déconnecté. Il est évident aussi que, quel que soit le point de départ, ça peut devenir un cercle vicieux. Si le bébé ne se développe pas bien, la mère se décourage et se déprime, ce qui signifie que l'enfant obtient encore moins de complicité, de réponses, etc.

JOHN. Si ce cercle vicieux s'instaure, le bébé se sentira de moins en moins soutenu sur le plan affectif et donc, dans un sens, sera frustré beaucoup trop tôt ?

ROBIN. Et d'une manière beaucoup trop grave. Si la mère ne peut pas se mettre en « phase » avec son enfant, quelle qu'en soit la raison, ce dernier va devoir faire un immense effort d'ajustement au lieu du contraire. Il va devoir grandir à toute vitesse pour s'adapter au comportement de sa mère, au lieu de le faire progressivement, comme il en aurait besoin.

JOHN. Mais c'est impossible pour lui...

ROBIN. Bien sûr. La seule chose qu'il puisse faire, c'est de laisser tomber, de se couper du monde et de nier son existence, tout au moins l'existence de ce qui lui cause tant de peine et de détresse. Il fera comme si une partie du monde extérieur n'existait pas.

JOHN. Et à quoi ressemblera sa carte du monde ?

ROBIN. Ce sera une carte sans personne d'autre dessus. L'enfant se comporte comme s'il n'y avait personne autour de lui, comme si le monde était une île déserte.

JOHN. Vous voulez dire qu'en ce qui concerne les autres, l'enfant conserve sa carte de départ, celle qu'il avait lorsqu'il était tout bébé ?

ROBIN. Oui, il occupe tout l'espace. Il est seul. C'est difficile à exprimer, tellement c'est dément.

JOHN. C'est de la folie !

ROBIN. Une sorte de folie, en tout cas. Les exemples les plus extrêmes d'enfants déconnectés sont les enfants dits « autistiques ». Kenner, un pédopsychiatre, le premier qui les a décrits, a découvert que leurs parents étaient dans une forte proportion des gens très cultivés, très sensibles, mais qui avaient tendance à vivre dans leur tête, avec leurs idées et leurs abstractions, et étaient beaucoup moins préoccupés de leurs sentiments. Des gens auxquels il était beaucoup plus difficile qu'à d'autres d'assumer la confusion émotionnelle résultant de la tentative de pénétrer l'univers du bébé. De nos jours, on croit d'une manière générale qu'il s'agit chez l'enfant d'une sorte d'anomalie qui lèse sa capacité à répondre aux attentions de ses parents. On ne sait pas encore bien où se trouve la vérité. Mais, heureusement, cette situation est extrêmement rare. Bien qu'en fait nous ayons eu une petite épidémie de cas très semblables à ceux-là chez des enfants d'immigrés récents. Ces enfants, dont les parents devaient travailler, étaient laissés à la charge de gens qui se contentaient de les nourrir sans leur accorder trop d'attention.

JOHN. A quoi ressemblent les enfants autistiques ? Comment se comportent-ils ?

ROBIN. La chose la plus frappante, c'est leur incapacité totale à s'engager dans le circuit social d'échanges. On dira d'eux qu'ils sont comme « coupés du monde », enfermés « dans une carapace », vivant dans un univers qui leur est propre. En leur présence, on a tout à fait conscience d'être exclu, balayé même de leur esprit, comme si on n'existait pas.

JOHN. Mais ils ont pourtant conscience que l'on est là, avec eux ?

ROBIN. Bien sûr ! Ils tourneront autour de vous ou vous utiliseront pour obtenir quelque chose dont ils ont envie, mais c'est comme si vous étiez un meuble. Et cela est particulièrement évident dans la manière dont ils se comportent pour éviter le contact visuel. En général, on les repère immédiatement à la façon dont leur regard fuit. Ils donnent l'impression d'avoir une conscience très aiguë de la présence d'autrui, qu'ils rayent de la carte dans le même temps. C'est très étrange.

JOHN. C'est comme s'ils vous rayaient des vivants ?

ROBIN. C'est l'impression que cela donne, en beaucoup plus poussé.

JOHN. Ils font cela avec leurs parents ?

ROBIN. Oui. Ils ne présentent aucun comportement habituel d'attachement. Ils ne veulent ni être touchés, ni câlinés, ils ne s'accrochent pas à leurs parents lorsque ceux-ci les quittent, ils ne montrent aucun plaisir à les voir revenir. Cela, bien sûr, plonge les parents dans une terrible détresse.

JOHN. Peuvent-ils connaître d'autres sources de soutien ?

ROBIN. Ils marquent souvent un attachement intense à des objets particuliers, comme une pierre ou un vêtement. Plus tard, ils se montrent très dépendants de l'information en général, des horaires de trains, des cartes, des plans d'autobus ou de métro. Ils ont besoin d'uniformité, de routine et ne supportent pas qu'on change les meubles de place par exemple, ou que certaines choses ne soient pas toujours effectuées selon un certain rituel.

JOHN. Cela paraît sensé, non ? Ils ne supportent pas le changement parce que leur système de soutien automatique par la mère ne fonctionne pas. Ils vont donc réduire au minimum les changements de leur environnement, afin de diminuer le stress. Ils s'attacheront à des objets inanimés qui leur fourniront un minimum de soutien. C'est ça, docteur ?

ROBIN. C'est tout à fait ainsi que moi et beaucoup d'autres l'imaginons, encore que je doive vous dire qu'un grand nombre de spécialistes sont d'un avis différent. Ils auraient tendance à n'accorder aucune signification à vos propos.

JOHN. Tant pis. Maintenant, vous dites que l'autisme véritable est très rare. Qu'est-ce à dire ?

ROBIN. Que cela concerne un enfant sur deux milles environ.

JOHN. Alors pourquoi faire tout ce foin sur le sujet ?

ROBIN. Parce que ces cas extrêmes illustrent très clairement les raisons pour lesquelles un bébé est amené à se déconnecter et à vivre seul dans son monde, la vie devenant trop stressante et trop perturbante pour lui.

JOHN. Et parce qu'ils nous aident à comprendre les cas plus ordinaires, plus bénins, que nous sommes amenés à rencontrer ?.

ROBIN. Oui, c'est vrai. J'aurais tendance à considérer que ces enfants autistiques se trouvent à l'extrémité d'un spectre à l'autre bout duquel se trouvent les gens normaux, ou presque.

JOHN. Ou presque ?

ROBIN. Oui, ces gens que nous considérons comme normaux, mais qui sont très détachés, distants, effacés, très gauches en société, qui consacrent tout leur temps libre à un hobby, se coupent des autres et vivent dans leur tour d'ivoire.

JOHN. Mais si la mère et l'enfant sont en étroite communication, comme ils le sont dans 99 % des cas, le bébé n'aura pas besoin de se couper du monde ?

ROBIN. Non. Une mère normale saura retrouver les émotions de sa propre enfance et se fiera à son instinct. Et comme elle sera sur la même longueur d'onde que son bébé, elle pourra se laisser émouvoir par lui. Elle connaîtra d'instinct ses émotions et ses besoins. Et elle trouvera ça merveilleux.

Les limites se précisent...

JOHN. Donc si la mère se met sur la bonne longueur d'onde, le bébé pourra recevoir le contact émotionnel profond dont il a besoin. Et cela est vital pour l'aider à supporter la découverte choquante, affreuse qu'il n'est pas tout-puissant, et qu'un nombre toujours croissant de choses, à l'extérieur, échappent à son contrôle.

ROBIN. Oui, si sa mère lui donne les réponses qu'il attend, il pourra explorer ses limites, ses confins, et, plus tard, lorsque sa conscience du monde se sera élargie, avoir la juste notion d'autres frontières.

JOHN. Mais, au fait, il me vient à l'esprit que, lorsque la mère joue avec son enfant et noue ce contact profondément émotionnel dont vous parliez, elle fait plus que renvoyer au bébé son image ; elle ajoute toujours quelque chose de nouveau, une petite différence supplémentaire.

ROBIN. C'est exact. Je pense que lorsque nous pratiquons cette merveilleuse activité spontanée nommée « jeu », nous improvisons, nous inventons et nous ajoutons toujours quelque chose de nouveau. Et donc, lorsqu'une mère classique joue avec son bébé, lui rend ses grimaces, parle, mime son comportement, elle le soutient et le réconforte en le suivant de près. Il n'arrive rien d'inattendu, rien de nouveau, et le bébé apprend progressivement à se découvrir comme dans un miroir. Mais la mère peut aussi, en jouant avec son bébé, modifier discrètement les choses : ses réponses ne seront pas seulement des copies conformes de ce que fait son bébé. Elles contiendront un peu d'elle-même, en temps qu'individu, différent, séparé. Le bébé va être informé qu'il existe d'autres gens, à l'extérieur, parce que sa mère ne répond pas complètement à ses attentes et que ce n'est pas lui qui est aux commandes. Il recevra cette information dans un contexte de soutien, de plaisir et à la vitesse qui lui convient.

JOHN. Le bébé reçoit soutien émotionnel et affectif, stabilité, ressemblance, et, en même temps, un peu de distance, de dépaysement, de différence.

ROBIN. Oui. Si donc la « connexion » a bien eu lieu et si la réponse de la mère a totalement sécurisé l'enfant, alors, très très doucement, les représentations de la mère et de l'enfant vont se séparer sur la carte mentale du bébé. Depuis le stade où les images se chevauchaient presque complètement :

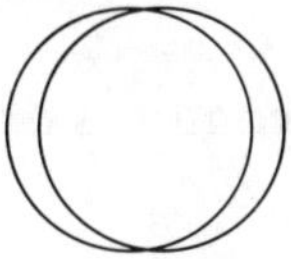

jusqu'à

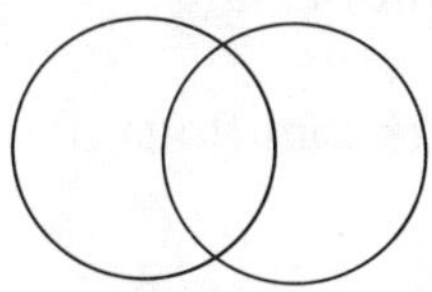

jusqu'à

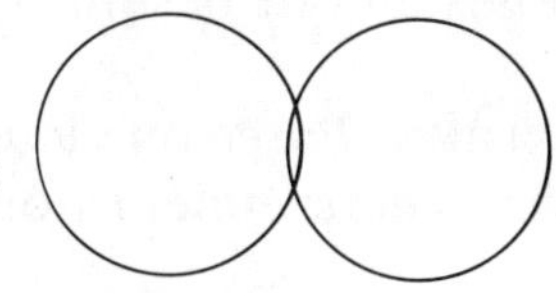

et, vers l'âge de cinq ou six mois, jusqu'à

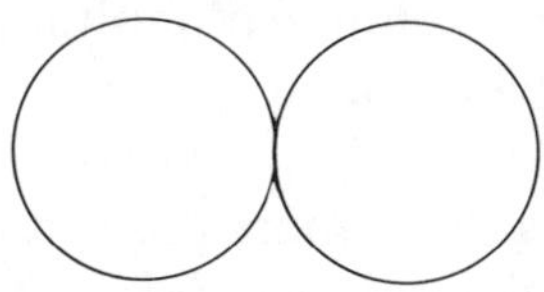

celui où le bébé réalise pour la première fois que la mère est quelqu'un de distinct, de différent !

JOHN. Ce processus s'accomplit plus ou moins naturellement dans les conditions normales de soutien.

ROBIN. A condition que la mère fasse savoir à l'enfant qu'elle est différente de lui.

JOHN. Comment le contraire est-il possible ?

ROBIN. C'est le cas où la mère ne peut pas se séparer de l'enfant.

JOHN. Je ne comprends pas.

... ou restent floues

ROBIN. Pour se mettre en phase avec l'enfant, la mère doit laisser de côté sa manière de penser d'adulte, et s'abandonner à ses souvenirs et à ses émotions d'enfance ; certaines mères y réussissent si bien qu'elles ne peuvent plus en sortir.

JOHN. Elles ne peuvent plus récupérer leurs frontières d'adultes quand elles en ont besoin ? Et pourquoi cela ?

ROBIN. Parce que leurs contours sont flous. Parce que les contours de leur mère étaient flous.

JOHN. Parce que les contours de leur grand-mère étaient flous ?

ROBIN. Et ainsi de suite. Comme d'habitude, ce n'est la faute de personne. C'est le cycle bien connu.

JOHN. Donc, si les limites de la mère sont floues, elle ne peut pas se séparer de l'enfant lorsqu'elle doit le faire...

ROBIN. Et alors, le bébé aura le contrôle sur elle, beaucoup trop et beaucoup trop longtemps. Ce qui signifie que le bébé ne recevra pas l'information dont il a besoin, et qui est que sa mère est différente de lui. Si bien qu'il aura du mal à percevoir ses propres limites et à se distinguer de sa mère. Jusqu'à un certain point ils resteront mêlés, confondus.

JOHN. Les limites du bébé restent floues comme celles de la mère. Mais, quelles en sont les conséquences pour le bébé, ou, plutôt : que devient le bébé en grandissant ? Quels problèmes cela entraîne-t-il ?

ROBIN. Eh bien, les problèmes sont fonction du flou des limites. De nombreux psychiatres sont d'avis que, dans les cas les plus sérieux, le manque de limites constitue un des facteurs fondamentaux de ce trouble mental grave que l'on appelle la schizophrénie, bien qu'il ne fasse maintenant plus de doute que le facteur héréditaire y joue aussi un grand rôle. Les cas les plus légers sont constitués par des familles qui traversent correctement l'existence, mais dont les membres restent extrêmement imbriqués toute leur vie.

JOHN. Ils ne réussissent pas à acquérir une indépendance normale d'adulte ?

ROBIN. Non, ils n'arrivent pas à se séparer sur le plan émotionnel, ou alors, ils n'y arrivent qu'en vivant très loin les uns des autres, chacun des membres de la famille vivant parfois même dans un pays différent.

JOHN. Et dans les cas moyens ?

ROBIN. Il y a des tas de cas, que l'on pourrait dire « limites », où l'on ne constate pas de dépression véritable ni de besoin de prise en charge hospitalière, mais où la personne semble aux autres bizarre et excentrique.

JOHN. Comment les cas les plus sévères sont-ils perçus par l'entourage ?

ROBIN. Les sujets les plus atteints paraissent fous. Voyez-vous, le flou de ces limites entretient chez la personne la confusion entre elle et les autres, ce qui est à l'intérieur d'elle-même et ce qui est à l'extérieur. Elle pourra avoir des hallucinations, sera incapable de distinguer ses rêves, ou ses rêves éveillés, du monde sensible. Elle aura l'impression d'agir sur les autres simplement par la pensée ou les sentiments et que les autres agissent sur elle par des voies supranaturelles. Son comportement semble donc très étrange à l'homme de la rue. Et, en fait, insensé, jusqu'à ce que sa confusion mentale soit avérée.

JOHN. Son comportement semble insensé parce qu'il n'a rien à voir avec celui d'une personne normale.

ROBIN. Plus qu'insensé. Ce comportement est aussi en grande partie contradictoire, parce que pris dans un réseau de « doubles contraintes ».

JOHN. Attendez. Il y a « double contrainte » lorsque les parents délivrent un message double. C'est ça ? Lorsqu'ils donnent à l'enfant deux injonctions contradictoires sur la manière de se comporter.

ROBIN. C'est à peu près ça, sauf que, bien sûr, ce n'est pas délibéré et ce n'est même pas comme si une partie de la famille « agissait contre » l'autre partie, même accidentellement. Le système est tel qu'ils y sont tous pris ensemble, chacun en réaction à la réaction des autres. En fait, dans une famille comme celle-là, tous ont plus ou moins de difficultés et souffrent beaucoup.

JOHN. Il y a deux choses que je ne saisis pas. Tout d'abord, la « souffrance » est-elle quelque chose de plus que la simple confusion due au flou des limites ? Ensuite pourquoi les gens envoient-ils ou reçoivent-ils des messages contradictoires ?

ROBIN. Rappelez-vous que les limites de la mère sont plutôt évanescentes, et selon l'un des premiers principes que nous avons établis, elle aura probablement épousé quelqu'un aux contours au moins aussi flous.

JOHN. Ah, vous voulez dire que le père et la mère, d'une certaine manière, sont coincés au même niveau que l'enfant lui-même ?.

ROBIN. Exactement. Ils peuvent certes l'avoir caché derrière une façade fragile ce qui, l'habitude aidant, leur permet de faire face et peut d'ailleurs abuser l'entourage ; mais sous tout cela, les fondations ne sont pas très solides et leur fonctionnement émotionnel de toute manière est resté à ce stade infantile. Rappelez-vous : pour autant qu'il sache, le bébé est tout et tout-puissant ; chaque fois qu'il fait un pas en avant pour définir ses propres limites, ses frontières, il souffre de la perte de son sentiment divin d'omnipotence.

JOHN. Ah bon ! Vous voulez dire que les parents n'ont pas, eux-mêmes, dépassé ce sentiment infantile d'omnipotence.

ROBIN. C'est cela ! Leurs limites sont floues parce qu'ils n'ont pas été capables de se différencier de leur mère, de leur famille. Ce sentiment est donc toujours présent, ce qui les amène inévitablement à entrer en compétition les uns avec les autres pour éviter de perdre cette toute-puissance. C'est automatique et involontaire.

JOHN. Alors, comment une famille comme celle-là se comporte-t-elle ?

ROBIN. Imaginez une boîte et, dans cette boîte, un certain nombre de ballons de baudruche qui peuvent être, d'une manière ou d'une autre, gonflés de l'extérieur. Les ballons représentent les membres de la famille ou, plutôt, les cartes peu réalistes qu'ils ont d'eux-mêmes, et la boîte c'est le monde. Bien. Si chaque ballon-membre de la famille croit qu'il est tout-puissant, c'est comme si chacun d'entre eux essayait de remplir la totalité de la boîte. Et il ne peut le faire sans écraser tous les autres ballons qui vivent avec lui ; donc, tous les ballons, tous les membres de la famille ont tendance à ne faire que ça et à balayer les autres. Il s'ensuit une lutte interminable, parfois ponctuée de périodes d'armistice assez instables.

JOHN. Voilà pourquoi c'est si douloureux. Pourquoi cette lutte est sans fin et pourquoi il n'y en a pas un qui gagne ?

ROBIN. Ils sont tous coincés à ce stade de développement. Donc ils sont tous conscients qu'ils ne peuvent être autonomes. Chacun d'entre eux a désespérément besoin des autres. Et ils se trouvent donc dans ce dilemne d'avoir besoin de l'amour des autres, tout en risquant néanmoins, à tout moment, d'entrer dans un terrible conflit avec eux.

JOHN. Si l'un d'entre eux enfle un peu trop, il réalise qu'il risque de balayer ceux dont il dépend.

ROBIN. Mais, s'il diminuait par trop de volume, il perdrait cette sensation vitale d'omnipotence. Si bien que, quoi qu'il fasse, il se sent mal à l'aise. C'est une situation terriblement douloureuse pour tout le monde. En fait, on peut avoir une petite idée de ce type de conflit, dans la vie de tous les jours avec des gens qui ont entre eux des relations infantiles. Des amoureux, par exemple, pratiquant le langage « bébé » ou des adultes s'adressant à de très petits enfants « je vais te manger ». Cela exprime amour et besoin, mais c'est aussi une façon de se gonfler d'importance, comme un ballon, en remplissant tout l'espace des autres et en les balayant. Les gens normaux disent ça en jouant, pour rire, et ça ajoute un peu de piquant aux caresses, un délicieux petit frisson de peur. Mais les familles vraiment perturbées ont un comportement très proche de celui-là, et ce jeu les met mal à l'aise. Elles ont l'impression que la faim émotionnelle des autres pourrait les engloutir, les dévorer, si elles n'y prenaient garde.

JOHN. Que peut faire un thérapeute pour aider ce genre de famille ?

ROBIN. Pour les cas bénins, le thérapeute peut beaucoup. Il les aide à préciser leurs contours en les recevant ensemble et en se comportant avec eux d'une manière très claire et très ferme. La clarté s'acquiert par l'exemple. Il ne s'agira pas seulement d'être ferme, mais aussi et en même temps d'être très présent sur le plan affectif et émotionnel.

JOHN. Parce que, lorsque leurs limites se clarifient, il leur faut affronter la fonte de leur *ego* de bébé.

ROBIN. C'est pour toutes ces raisons qu'il nous faut les soutenir. Mais il est très étonnant de voir l'effet produit lorsque le thérapeute établit ainsi des limites très claires et dit à l'avance ce qu'il fera et ce qu'il ne fera pas, évitant de se laisser manipuler et de revenir sur ses décisions, tout en restant très amical et encourageant au cours du processus.

JOHN. Et qu'en est-il des familles les plus touchées ?

ROBIN. Là, il est très difficile de changer vraiment les choses. La seule chose que l'on puisse faire, généralement, c'est de soutenir la famille en période de stress, parce que ces familles ne s'en sortent la plupart du temps pas sans faire de dépression grave et elles peuvent continuer ainsi, même en cas de stress, à condition qu'on leur apporte du soutien. Le membre le plus vulnérable, c'est-à-dire celui dont les limites sont les plus floues, qui, en conséquence, « craque » le plus vite et devient « le » patient, pourra trouver de l'aide dans certains médicaments qui atténueront la surcharge émotionnelle provoquée par la fragilité de ses barrières, le franchissement de ses faibles limites. Si cela ne marche pas, il conviendra peut-être, pendant un certain temps de le mettre en situation protégée, loin de la pression familiale, dans un lieu comme un hôpital ou une communauté thérapeutique, jusqu'à ce qu'il ait retrouvé le calme et que ses frontières soient affermies.

JOHN. Et s'il retourne dans la famille, est-ce qu'il risque à nouveau de craquer ?

ROBIN. C'est envisageable, si le stress familial s'accroît à nouveau et qu'il ne puisse pas trouver de soutien. Mais, récemment, on a constaté qu'en réduisant simplement le temps que certains individus vulnérables passent au contact des autres membres de la famille — en se débrouillant pour qu'ils passent à l'extérieur quelques heures de la journée — on abaissait grandement le nombre de dépressions. On obtient aussi des résultats très intéressants en rencontrant les familles pour encourager leurs membres à s'accorder les uns aux autres un peu plus d'espace émotionnel — par exemple en s'impliquant de façon un peu moins intense ou en critiquant d'une façon un peu moins destructrice.

JOHN. Essayons de récapituler... A condition qu'il ait suffisamment de soutien émotionnel, l'enfant pourra engranger des informations sur le monde et commencer ainsi à tracer ses propres contours. Si ceux de la mère sont peu solides, si elle-même n'est pas quelqu'un de suffisamment distinct, le bébé ne sera pas capable de faire ce travail et risque de rester, en grandissant, à ce stade infantile premier, indifférencié et aux contours flous.

ROBIN. A moins que quelqu'un, plus tard, ne lui donne l'occasion de faire l'expérience manquée de l'apprentissage des limites de manière suffisamment gratifiante.

JOHN. Et si la personne reste à ce niveau, dans le pire des cas, cela peut évoluer jusqu'à la schizophrénie.

ROBIN. Oui, qu'il s'agisse d'une vulnérabilité héréditaire, d'un flou familial ou des deux. Rappelez-vous que j'en donne une définition très large. C'est surtout ma vision personnelle d'un sujet dont les données sont encore extrêmement confuses et contradictoires. Et pourtant il y a plus de concordance qu'on ne le pense sur quelques-uns des principes fondamentaux ; et j'essaie de les rassembler de façon à donner sens à mon expérience professionnelle personnelle et à guider ma pratique.

JOHN. Continuons. Si les limites de sa mère sont o.k., je présume que le bébé progressera et se définira lui-même de manière toujours plus précise sur sa carte en trouvant les frontières qui le séparent de son père, de ses frères et sœurs et du monde plus vaste à l'extérieur de la famille.

ROBIN. C'est comme ça que je vois les choses. Mais je dois dire qu'il y a encore un obstacle à négocier avant de pouvoir tracer les contours.

JOHN. C'eût été bien naïf de croire qu'il pourrait en être autrement ! Alors, quel est cet obstacle ?

ROBIN. La réaction paranoïaque au stress...

Nous sommes tous paranoïaques

JOHN. En avons-nous fini avec la « délimitation des frontières ? » S'agit-il d'une phase nouvelle ?

ROBIN. Pas vraiment. Ce mode paranoïaque de fonctionnement ne peut se mettre en place en l'absence totale de limites, mais il n'est possible que parce que ces dernières sont encore un peu floues. Voyez-vous, le bébé tire certains avantages de limites floues. Il peut utiliser cette confusion des contours pour se protéger lorsque le stress et la douleur deviennent trop importants pour qu'il les assume. C'est une soupape de sécurité, en quelque sorte, une bonde. Le bébé peut se décharger des sentiments douloureux lorsqu'ils le dérangent trop. C'est important, parce que cela explique quelques-unes des différences entre les enfants et les adultes ainsi que — pour utiliser des termes techniques — le comportement « paranoïaque » !

JOHN. « Paranoïaque » au sens où vous ne voulez pas aller au match de foot parce que les avants « conspirent » contre vous ?

ROBIN. C'est le même principe oui. Poussé à l'extrême, c'est la paranoïa clinique, ce que les gens appellent souvent un « complexe de persécution ». Dans la vie de tous les jours, il est à l'origine de tout un tas d'ennuis, causés en grande partie par les accusations portées sur autrui.

JOHN. Pourquoi cela est-il si important pour le bébé, à ce stade ?

ROBIN. Parce qu'à ce stade précoce de la vie, alors même que les connexions du cerveau sont loin d'être achevées, les émotions sont ressenties avec beaucoup d'acuité par le bébé, car elles ne sont pas encore reliées par la mémoire, elles ne sont pas intégrées, ne s'équilibrent pas l'une l'autre.

JOHN. On peut en effet aisément se rendre compte de leur intensité. Et l'entendre d'ailleurs. Peu de sons font autant grincer des dents que des hurlements de bébé.

ROBIN. Oui, la vie est pure félicité après la tétée, et rage et angoisses pures en cas de retard de la suivante. Il semble pourtant que, lorsque cette rage et cette douleur sont trop dures à supporter, le bébé peut choisir de déplacer la frontière de façon à éprouver ces sentiments plutôt comme des phénomènes extérieurs à lui. Ils sont devenus du « non-moi ».

JOHN. Un instant. Tous cela me semble un peu spécieux. Ça voudrait dire que, si je suis un bébé, je peux bouger mes frontières sur ma carte mentale de telle manière que ces sentiments désagréables deviennent du « non-moi », au lieu de rester une partie de « moi » ?

ROBIN. Exactement. Pensez aux limites comme à ces cônes mobiles que l'on utilise pour indiquer les voies ouvertes à la circulation sur les autoroutes en travaux, plutôt que comme à des rails de sécurité. Ainsi, ce qui est « l'autoroute » et ce qui n'est « pas l'autoroute » peut être modifié, comme peut l'être, dans le cas des bébés, la démarcation entre ce qui est vécu comme « moi » et ce qui l'est comme « non-moi ».

JOHN. Et donc, le bébé peut, d'une certaine manière, « faire comme si » une partie de lui-même, une partie de ses propres sentiments ne lui appartenait pas.

ROBIN. C'est ça. S'il ne peut pas les supporter, il peut les désavouer.

JOHN. Et alors il se sent mieux ?

ROBIN. Oui et non. Il faut que je vous explique ce qui arrive ensuite. Le bébé éprouvait ces sentiments désagréables, et maintenant il prétend qu'ils ne sont pas à lui. Bien sûr, ils n'ont pas disparu comme par enchantement. Il sent qu'ils sont toujours proches. Mais s'ils ne sont pas en lui...

JOHN. C'est qu'ils viennent du dehors ?

ROBIN. C'est ça.

JOHN. Est-ce que c'est cela que l'on appelle « projection » ?

ROBIN. Oui, ça c'est le terme technique. Je récapitule. Elle survient quand le bébé a des sentiments désagréables et effrayants, qu'il prétend ne pas être en lui. Et cela, il ne peut le supporter qu'en déformant un peu sa frontière, afin de laisser les sentiments douloureux en dehors de lui. Ces sentiments douloureux ne disparaissent pas, bien sûr, mais il a maintenant l'impression qu'ils viennent de l'extérieur.

JOHN. Il les a « projetés » sur le monde extérieur ?

ROBIN. Oui, c'est ça, et donc le monde lui-même va maintenant lui paraître plus agressif et plus cruel qu'il ne l'est en réalité. Et lorsque vous demandez si le bébé se sent mieux... oui, parce qu'il ne se sent pas si mal lui-même... et non, parce que le monde autour de lui est devenu plus dangereux. Et bien sûr, à ce stade, le monde c'est plus ou moins sa mère. Si bien que, plutôt que de se sentir prêt à mettre sa mère en pièces et à l'avaler quand il est furieux, le bébé va projeter ces sentiments sur la mère elle-même. Voilà ce que ça donne au ralenti...

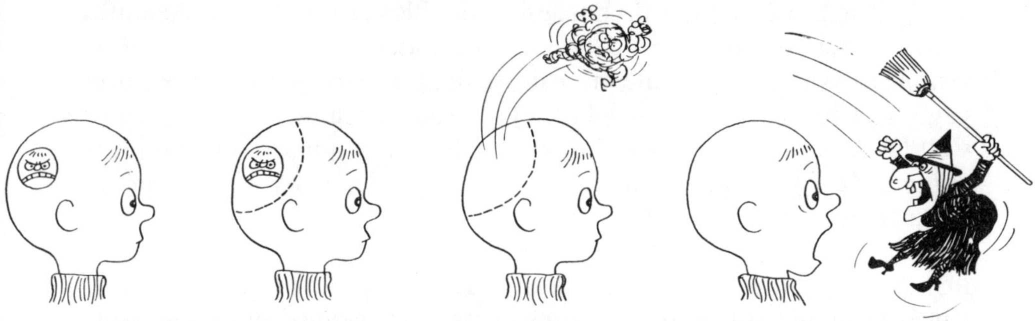

Donc la mère elle-même apparaît au bébé comme une sorcière terrifiante qui risque de le manger tout cru.

JOHN. Il n'est donc plus en rage, mais il a mortellement peur.

ROBIN. Il tombe de Charybde en Scylla !

JOHN. Je suppose que cela explique pourquoi les contes de fées sont aussi effrayants, peuplés de hordes d'horribles femmes, de méchantes belles-mères, de sorcières, de sœurs très laides et ainsi de suite ; il ne semble pas y avoir une seule mère normale. Les pères sont des créatures vagues et ternes à l'arrière plan, et les seules femmes à être bonnes sont les fées-marraines, absolument parfaites, et qui arrivent toujours comme Zorro au bon moment pour arranger les choses, au moment de la tétée suivante, je présume.

ROBIN. N'oubliez pas que l'on a toute latitude pour projeter les mauvais sentiments envers papa sur les ogres et les géants, et que les rois, les princes et les magiciens sont là, eux aussi, pour remettre les choses en place.

JOHN. Si ces histoires ont tant fasciné les petits enfants depuis si longtemps, c'est sans doute qu'elles sont un reflet de tous leurs fantasmes, de toutes leurs projections.

ROBIN. Oui, parce que tous les sentiments s'y cristallisent de manière extrême, amour ou haine, à la façon dont il semble que le bébé le vive et que les enfants en restent encore très proches. Mettre la frontière au bon endroit entre le « moi » et le « non-moi », et être capable de faire un peu contre poids à la haine lorsqu'elle survient, en se rappelant l'amour passé, c'est un travail qui se poursuit dans la petite enfance et, en fait, n'est jamais complètement terminé. Tout au cours de notre vie, bien qu'à un moindre degré, les sentiments extrêmes vont nous amener à utiliser cette méthode comme soupape de sécurité.

JOHN. Est-ce que ces contes de fées aident les enfants dans cette tâche ?

ROBIN. Oui, ce genre d'histoire les encourage en fait à projeter sur les sorcières et les ogres tous les sentiments qu'ils ne peuvent intégrer, si bien que lorsque ce sont leurs parents ou bien d'autres adultes qu'ils aiment qui leur lisent ces histoires, les enfants sont rassurés de voir que les adultes eux, arrivent à négocier ce genre de sentiments.

JOHN. S'ils constatent que leurs parents ne sont pas effrayés par ces sentiments, ils sentiront qu'ils n'ont pas à en avoir peur eux-mêmes ?

ROBIN. C'est cela, et moins ces sentiments semblent dangereux, moins ils ont besoin d'être projetés. Donc, les enfants peuvent commencer à les « posséder », à se les approprier, ce qui implique que toutes ces émotions vont être rattachées les unes aux autres, qu'elles s'équilibreront mieux et perdront donc de leur force. Ainsi, elles seront moins effrayantes et il sera de moins en moins nécessaire de nier leur existence et de redessiner la frontière pour les mettre à l'extérieur. La tendance à la paranoïa diminue.

JOHN. Ça, c'est intéressant. Donc, les gens qui croient que les enfants devraient être protégés de la violence de ces contes de fées traditionnels pourraient bien transmettre aux enfants un mauvais message, à savoir qu'il y a quelque chose dans ces histoires qui effraie les parents.

ROBIN. Oui. Quand je rencontre une famille dont les parents veulent protéger les enfants de ce genre de contes, je m'attends à trouver un enfant très craintif. Les histoires aident l'enfant à assumer sa propre violence de bébé, à condition que les parents dispensent confiance en soi et amour et qu'ils ne soient pas effrayés eux-mêmes des sentiments de violence et de haine de l'enfant.

JOHN. Donc, au total, à ce stade du développement, le bébé n'est pas capable de connecter et d'équilibrer ses émotions, ce qui rend certains sentiments très effrayants. Le bébé les « projette », ce qui lui permet de se sentir mieux. Mais le monde autour de lui devient alors beaucoup plus effrayant.

ROBIN. Voilà ! Et, bien sûr, si le bébé obtient suffisamment de soutien et de maternage pendant cette phase, cela atténuera sa douleur, sa rage et sa frustration. Il n'aura donc plus besoin de faire comme si ces émotions étaient à l'extérieur de lui, et elles deviendront suffisamment « praticables » pour qu'il puisse se les attribuer à nouveau. Ainsi, il peut redresser ses frontières.

JOHN. Et poursuivre avec bonheur l'élaboration de sa carte du monde. D'accord. Que se passe-t-il maintenant s'il n'obtient pas suffisamment de soutien ni de maternage ?

ROBIN. Dans ce cas, il aura tendance à rester coincé à cette phase.

JOHN. C'est-à-dire qu'il continuera à projeter ses « mauvais » sentiments... A propos... ne s'agit-il pas en général de la colère et de la haine ?

ROBIN. Chez un bébé, ce sont probablement les sentiments les plus problématiques. Mais avec l'âge, et pour une personne coincée à ce stade, il peut s'agir de n'importe quel sentiment trop douloureux ou trop dangereux à assumer : les désirs sexuels, la jalousie, l'envie, la tristesse...

JOHN. Mais, de quoi qu'il s'agisse, il y a toujours projection sur le monde extérieur, lequel devient donc un lieu très hostile et très menaçant. Mais dites-moi, quel est le lien entre les processus que nous venons d'évoquer et une personnalité paranoïaque affectée d'un complexe de persécution ?

ROBIN. Bon. Un paranoïaque clinique représente le cas extrême de quelqu'un qui n'a pas dépassé ce stade. Je voudrais dire au passage que nous sommes tous un peu paranoïaques de temps à autre.

JOHN. Bien, si je n'étais pas d'accord, je donnerais l'impression d'en faire une affaire personnelle, et ça prouverait que je suis paranoïaque. Donc... Je suis d'accord !

ROBIN. Je veux simplement dire que presque tout le monde manifeste des tendances paranoïaques de temps à autre. En d'autres termes, très très peu de personnes arrivent à sortir de ce stade. Un exemple : n'avez-vous jamais essayé de reprocher à quelqu'un d'autre quelque chose dont vous étiez partiellement responsable ?

JOHN. Ça, c'est profondément sain. Et normal.

ROBIN. Et paranoïaque.

JOHN. Bon, qu'est-ce que vous voulez dire par paranoïaque ?

ROBIN. Que lorsque l'on est dans une situation où il y a désaccord ou affrontement, quelle qu'en soit la gravité, et que vous adoptez la position de l'innocence outragée, et que vous essayez d'incriminer l'autre en le prétendant totalement « mauvais », vous avez là un comportement paranoïaque. Et il est significatif que vous qualifierez ce comportement de « sain », parce qu'effectivement il permet de se sentir mieux.

JOHN. Mieux ou meilleur ?

ROBIN. Mieux et meilleur. Tout est simple à partir du moment où l'on pense avoir raison. L'autre est dans son tort, on se sent mieux moralement et, en plus, on n'a pas à assumer sa culpabilité, ce qui n'est jamais agréable. C'est la motivation principale du bébé, souvenez-vous, se sentir mieux.

JOHN. Mais pour quiconque vous observe, vour paraissez aller moins bien, parce que vous êtes incapable de tenir compte du point de vue de l'autre, d'admettre votre erreur ou de faire des compromis.

ROBIN. C'est ça.

JOHN. J'ai remarqué, par exemple, que quand je conduis, il m'arrive d'être très irrité par les autres conducteurs qui oublient de mettre leur clignotant à temps ; mais si c'est moi qui oublie de le mettre et que

quelqu'un klaxonne, j'ai tendance à penser que j'étais tout à fait fondé à ne pas me signaler, parce qu'il était évident, même pour le pire crétin, que j'allais tourner. C'est ça, être paranoïaque ?

ROBIN. Oui. Ça ne veut pas dire que vous êtes un paranoïaque clinique, un psychotique, car vous ne le faites pas vraiment sérieusement et que, cinq minutes après, ce sentiment cesse et que vous acceptez la réalité sans autre gêne. Mais c'est un « comportement paranoïaque ».

JOHN. Et si je me cogne le tibia contre un pied de table et que je « pique » une crise de colère... en essayant d'en rendre la table responsable j'essaie d'éviter d'admettre que j'ai fait une bêtise.

ROBIN. En voilà un autre exemple. C'est comme quelqu'un qui se plaindrait de tout le monde et qui, bien qu'ayant effectivement quelques difficultés à croire qu'ils sont tous stupides et écervelés, arriverait néanmoins à garder une image moralement parfaite de lui-même.

JOHN. Je suppose que si vous voulez voir une démonstration de paranoïa organisée, il vous suffit d'assister à un match de football. Si l'un de leurs joueurs donne un coup de pied à l'un des nôtres, il l'a fait exprès ; mais si un de nos joueurs donne un coup de pied à un des leurs, il cherchait à atteindre le ballon. Notre équipe est dure mais juste, la leur est infâme et l'arbitre est partial.

ROBIN. Ça fait partie du jeu, n'est-ce pas ?

JOHN. Pourquoi agissons-nous ainsi ? C'est simplificateur, non ? Comme d'habiller de noir les « méchants » dans les westerns, pour nous signaler qu'il ne faut pas nous lamenter s'ils sont descendus.

ROBIN. Oui. En divisant tout en compartiments bien nets, en « bons et en méchants », on se sent mieux dans tous les cas. Tout d'abord, ça permet de se sentir du bon côté et, ça, c'est réconfortant. Deuxièmement, on peut s'autoriser quelques écarts de comportement sans être obligé d'en passer par les affres de la délibération morale. Et, troisièmement, on peut faire baisser la pression en se déchargeant de ses « mauvais » sentiments sur les « méchants ».

JOHN. Vous voulez dire se débarrasser des frustrations qui se sont accumulées dans la semaine avec l'obligation de se comporter correctement ? Et les refiler aux « méchants », qui les méritent bien sûr, ce qui nous permet de ne pas avoir mauvaise conscience.

ROBIN. Eh oui ! Je pense que c'est la raison pour laquelle la plupart des gens prennent plaisir à la compétition. En fait l'un des constats les plus frappants d'une étude de santé mentale, c'est que les gens « sains » aiment beaucoup les sports de compétition. Les autres, les moins « sains », les plus mal adaptés, n'aiment pas ça. Et, bien sûr, les gens sains savent qu'ils s'agit d'un jeu et ils savent ce qu'ils font. Ils peuvent adopter délibérément une mentalité très compétitive, puis couper court à tout et retourner à la normale, dès la fin du jeu. C'est juste pour jouer. Ils ont passé un bon moment. Mais ils ne prennent pas ça trop au sérieux.

JOHN. Mais alors ceux qui prennent ça au sérieux ? Les hooligans ?

Les gens qui écrivent des lettres de menace aux joueurs ?

ROBIN. Ceux-là se situent quelque part entre les gens sains et normaux et les paranoïaques cliniques. Ils ont très réellement besoin de projeter leurs mauvais sentiments sur les autres — de même que les individus ou les familles paranoïaques doivent, pour garder leur équilibre, croire que le monde extérieur est mauvais et qu'il les persécute.

JOHN. Ils ont besoin de le croire parce que, s'ils réalisaient que la mauvaise part est en réalité de leur fait, ils pourraient craquer ?

ROBIN. Oui. Plus les gens sont coincés à ce niveau, plus ils ont besoin d'incriminer le monde extérieur pour se sentir bien. Et moins ils sont en contact avec la réalité et plus ils sont proches de la paranoïa clinique ou du délire de persécution.

JOHN. Donc, s'ils sont réellement coincés à ce stade, c'est que bébés ou enfants, ils n'ont pas connu une évolution normale. Sans doute parce que leurs parents ne leur ont pas prodigué suffisamment d'amour, ne les ont pas maternés suffisamment et peut-être aussi parce qu'ils étaient eux-mêmes terriblement effrayés par les « mauvais sentiments ». En d'autres termes, leurs parents aussi étaient coincés à ce stade.

ROBIN. C'est mon avis. Les enfants ne peuvent pas vraiment dépasser le niveau de leurs parents, en tout cas pas s'ils ne sont pas un maximum en contact avec l'extérieur.

JOHN. Donc, quelqu'un qui frôlera la paranoïa clinique sera sûrement issu d'une famille paranoïaque. Comment fonctionne une telle famille ?

ROBIN. Eh bien, comme vous le savez, une famille où chacun est coincé à ce stade infantile avec des frontières « ajustables », tente en permanence d'évacuer les sentiments désagréables.

JOHN. Par des projections réciproques ? On « joue au furet » avec les mauvais sentiments.

ROBIN. Oui, mais personne n'en veut et les membres de la famille se « refilent le bébé », les mauvais sentiments en l'occurrence.

JOHN. Chacun est à son tour « attrapé » et doit se décharger sur quelqu'un d'autre.

ROBIN. Au lieu de prendre conscience que c'est bien lui qui est concerné. Et comme personne ne les supporte, ces mauvais sentiments, l'enfant en grandissant comprend vite qu'ils sont dangereux et entre à son tour dans le jeu.

JOHN. Et le « paquet » encombrant continue à passer de main en main, indéfiniment ?

ROBIN. C'est ce qui peut se produire. Mais il y a des circonstances où cela n'est plus possible, où des expériences douloureuses, tel un décès, viennent perturber l'équilibre de la famille, qui se trouve alors dans l'impossibilité de poursuivre le jeu. Elle jettera alors son dévolu sur un de ses membres et l'accusera de tous les maux. Elle choisira un « bouc émissaire ».

JOHN. Un bouc émissaire qui assumera tous les mauvais sentiments de la famille ?

ROBIN. Oui. Il suffit pour s'en rendre compte de les regarder retracer les frontières familiales de telle sorte que le bouc émissaire soit maintenant exclu. Tout le monde dans la famille est maintenant « bon », tandis que le bouc émissaire représente à lui seul la « mauvaise part » et est responsable de tous les problèmes familiaux. Et, bien sûr, comme le bouc émissaire est devenu un « méchant » il permet à chacun d'exprimer tous ses « mauvais » sentiments, avec l'excuse que c'est sa faute s'ils se comportent si mal envers lui.

JOHN. Le bouc émissaire ne craque-t-il pas sous une telle pression ?

ROBIN. Pas nécessairement. Mais si le stress familial est important, si les membres de la famille l'accablent par trop, il peut très bien finir à l'hôpital.

JOHN. Et quand cela arrive... il est difficile de trouver un traitement, à moins que l'on ne puisse persuader les membres de la famille de reprendre à leur compte tous ces mauvais sentiments qui l'écrasent.

ROBIN. Exact ! Voilà l'important ! Mais, malheureusement, beaucoup de professionnels qui n'ont pas conscience de ce qui se passe — et c'est encore aujourd'hui le cas de nombre d'entre eux — acceptent la demande familiale d'exclure le bouc émissaire de la famille pour le guérir. En d'autres termes, ils tombent d'accord avec la famille pour penser que le bouc émissaire relève de l'hôpital psychiatrique.

JOHN. Autrement dit, ils traitent le bouc émissaire comme s'il était vraiment coupable. Ils prennent en fait le parti de la famille. Alors, maintenant que le bouc émissaire est parti, que devient-elle ?

ROBIN. Eh bien, pendant un certain temps, tous auront l'impression d'aller mieux. Et puis, bien sûr, les vieux schémas ressortent, ils sont à nouveau en proie aux sentiments bien connus, et, le pire de tout, c'est que le bouc émissaire n'est plus là pour qu'on s'en prenne à lui.

JOHN. Que se passe-t-il, alors ?

ROBIN. A ce stade, ils peuvent essayer de récupérer le bouc émissaire.

JOHN. Pour pouvoir continuer à se décharger sur lui ?

ROBIN. Oui.

JOHN. Je nage complétement. Il me semble qu'ils pourraient essayer d'utiliser à cette fin un autre membre de la famille.

ROBIN. C'est ce qui se produit au bout de quelque temps. Je l'ai souvent constaté dans les familles où on s'était occupé d'un enfant à « problèmes » en l'envoyant dans un pensionnat, alors que cet enfant servait à éponger les problèmes de toute la famille. Quelqu'un d'autre reprenant le rôle par la suite.

JOHN. Et si vous n'arrivez pas à faire comprendre aux membres de la famille le fondement de leur attitude envers le bouc émissaire, ni à leur faire reprendre à leur compte leurs mauvais sentiments, il vous faudra sans doute les prendre tous en thérapie.

ROBIN. C'est souvent très difficile de les avoir tous ensemble. Les parents vont venir, mais ils rechigneront à amener les autres enfants, ils voudront n'amener que le bouc émissaire.

JOHN. Pourquoi ?

ROBIN. Comme nous l'avons vu, une donnée importante du mode de fonctionnement des paranoïaques consiste à séparer les « mauvais » sentiments des « bons ». De manière que les uns ne puissent contaminer les autres. Ils veulent donc maintenir les « bons enfants » à l'écart du « mauvais » sujet.

JOHN. De manière que la pomme pourrie n'affecte pas les autres.

ROBIN. C'est comme ça qu'ils le voient. Au fond, je pense qu'ils sentent que ça risquerait d'une manière ou d'une autre de faire s'effondrer toute l'histoire. Mais ils seraient très choqués si vous le leur suggériez, et je suis sûr qu'ils n'en ont pas conscience. Bien plus, tout le monde est impliqué, car, voyez-vous, le bouc émissaire est toujours et jusqu'à un certain point volontaire.

JOHN. Vous voulez rire !

ROBIN. Non, c'est un point sur lequel la plupart des thérapeutes familiaux sont d'accord. Le bouc émissaire est certainement poussé dans ce rôle par les autres ; mais il sait toujours que d'une certaine manière il aide la famille en prenant les coups. Quand on est tout petit, on préfère en général avoir des parents qui au moins restent ensemble pour s'occuper de vous et que cela n'affecte pas trop quand même, ne déprime pas, ne désespère pas, plutôt que d'avoir des parents qui s'entredéchirent, se suicident ou vous abandonnent.

JOHN. Mais l'enfant n'a pas vraiment conscience de tout cela.

ROBIN. Non, disons simplement qu'il remarque assez vite que les choses se stabilisent quand il accepte le mauvais rôle.

JOHN. Alors l'enfant accepte ce rôle pour aider la famille et devient son vide-ordures. Ce qui, je suppose, veut dire de manière assez perverse qu'il est pour le moins l'objet de beaucoup d'attention.

ROBIN. Oui, c'est ça. Et, bien sûr, l'enfant sent qu'il a un rôle très important dans la famille.

JOHN. Ça, c'est extraordinaire ! Vous voulez dire que le bouc émissaire sent qu'on a besoin de lui ?

ROBIN. Exactement ; la famille a besoin de lui aussi longtemps qu'il accepte le rôle de poubelle, ce qui est pour lui, et de manière assez folle, un gage de sécurité.

JOHN. Et quand vous traitez une famille de ce genre, vous devez, je suppose, les voir tous ensemble et éviter de prendre le parti de la famille ?

ROBIN. Ou celui du bouc émissaire. Vous ne devez prendre le parti de personne, sinon vous entreriez dans le cycle des accusations, vous adopteriez un comportement paranoïaque. C'est en ce sens que les idées de Cooper et Laing ont fait, je crois, tant de mal. Il est naturel d'un point de vue émotionnel de prendre le parti du bouc émissaire, mais le thérapeute doit éviter de le faire parce que ça ne marche pas.

Si l'on soutient le seul bouc émissaire, le reste de la famille s'en trouve déstabilisé et ses membres devenant plus anxieux, plus paranoïaques, sont encore moins capables de reprendre à leur compte leurs mauvais sentiments. Ils risquent donc de les projeter avec encore plus de force sur le bouc émissaire lorsqu'il rentrera à la maison. Vous devez traiter la famille comme un système, sans accuser quiconque. En effet, pour des raisons qui vont devenir évidentes, il faut que vous fassiez en sorte que tous se sentent soutenus, afin qu'ils se servent moins des accusations comme soupapes de sécurité.

JOHN. O.K. Alors pour résumer, avant l'âge de six mois, le bébé passe par une phase paranoïaque, ce qui signifie qu'il évacue ses mauvais sentiments en les projetant sur le monde extérieur. Cela ne marche pas très bien, parce que le monde autour de lui devient plus désagréable qu'il n'est en réalité. Cependant, le bébé corrigera ses frontières et appréhendera correctement la réalité s'il reçoit le soutien dont il a besoin ; cela lui permettra de supporter et d'admettre ces mauvais sentiments, qui perdront de leur force. Et le bébé dépassera la phase paranoïaque, à moins que sa famille n'y soit complètement coincée. Auquel cas, ils joueront tous au furet avec leurs mauvais sentiments, jusqu'au moment où ils les déchargeront sur un membre de la famille, le bouc émissaire, lequel les accepte pour aider tous les autres. Très peu d'entre nous se libèrent totalement de ces tendances paranoïaques, si bien que, même dans les familles les plus normales, un individu qui se trouve dans une période de stress peut avoir des phases légèrement paranoïaques et dire des choses comme : « Je n'y suis absolument pour rien, vous êtes entièrement responsables ». La différence cruciale, c'est que cette personne retrouvera bientôt ses frontières et réalisera qu'il s'agissait d'une erreur passagère, tandis que le paranoïaque clinique ne peut jamais sortir de son univers, et peut ne pas être du tout capable de voir le monde sous un jour correct.

Où l'on reconnaît maman

JOHN. Alors, l'amour et le maternage aidant, à quel âge le bébé sort-il de cette phase paranoïaque ? Six mois ?

ROBIN. Dans ces eaux-là. C'est un processus progressif, bien sûr, il n'y a pas de changement brutal.

JOHN. Et qu'apprend-il ensuite ?

ROBIN. Eh bien, ce qui caractérise la phase paranoïaque, c'est que les perceptions et les émotions du bébé ne sont pas liées les unes aux autres, et ne sont donc pas unifiées ou équilibrées.

JOHN. Les sensations restent isolées.

ROBIN. Pas seulement les sensations. Jusqu'au cinquième mois environ, la mère est probablement encore constituée de seins, d'une voix, d'yeux, de bras, d'un visage qui n'ont pas de liens entre eux.

JOHN. Mais le bébé la reconnaît bien avant…

ROBIN. Oui, bien sûr. J'essaie de vous donner un aperçu d'une foule d'informations venues d'horizons différents, mais la plupart des gens sont d'accord pour dire que des réponses sociales bien définies s'établissent entre la mère et l'enfant dès l'âge de un mois, ou à peu près. Le bébé commence alors, par exemple, à reconnaître la voix de sa mère ; vers l'âge de trois mois, il réagit plus vivement à sa mère qu'aux autres personnes et vers l'âge de cinq mois, il la reconnaît très clairement.

JOHN. Et après ?

ROBIN. De six mois à un an, le bébé devient capable d'assembler les divers morceaux ; la figure, les seins, les mains, et d'en faire une personne !

JOHN. Et s'il perçoit sa mère comme une entité, il fera vraisemblablement de même pour lui ?

ROBIN. Oui. Il a un sens plus grand de sa propre continuité. Il est donc moins à la merci de ses émotions extrêmes. C'est toujours effroyable qu'on vous laisse crier quand vous avez faim, mais ça l'est moins si le bébé peut se rappeler, même faiblement au début, combien il était heureux la dernière fois qu'on la nourri et s'il peut pressentir que cela se renouvellera sans doute bientôt.

JOHN. Les sentiments, les sensations commencent à se coordonner et à s'équilibrer les uns les autres, ce qui crée la possibilité d'un auto-contrôle accru.

ROBIN. C'est cela. Mais revenons à la conscience qu'à le bébé de sa mère. A l'instant où il réunit les différentes parties de son corps, il commence à réaliser que la mère qui vient pour le nourrir et qui lui donne tant de bonheur... est la même personne que celle qui parfois n'est pas là ou qui le laisse délibérément crier en lui causant tant de souffrance.

JOHN. Vous voulez dire qu'il avait, avant cela, deux mères séparées ? Une mère bonne comme une marraine de conte de fées, et une mère aussi mauvaise qu'une sorcière ?

ROBIN. Il semblerait. Dès l'âge de six mois, ces deux figures totalement opposées commencent à ne faire plus qu'une dans l'esprit du bébé.

JOHN. Et ces sentiments extrêmes et totalement opposés qu'il éprouve à son égard deviennent plus proches. Tout cela doit être pour le moins confondant.

ROBIN. Et douloureux. C'est très pénible de découvrir que l'on hait quelqu'un que l'on aime.

JOHN. Surtout pendant cette période où l'on en dépend si complètement.

ROBIN. Mais il y a aussi un aspect très positif dans tout cela. C'est le début d'une nouvelle forme d'amour, le début de l'intérêt, du « tendre souci » que l'on éprouve pour quelqu'un dont on est proche en espérant pour lui que tout va bien.

JOHN. Cela s'oppose à l'amour « intéressé », vous savez, celui où vous ne vous intéressez au gens qu'à cause de ce que vous pouvez obtenir d'eux.

ROBIN. Oui. Le bébé commence à se montrer un peu plus capable de vivre une forme d'amour plus adulte, plus égal, où les gens font attention les uns aux autres. Les gens qui n'atteignent jamais ce stade traitent les autres comme des seins ou des biberons qu'il faut vider. Les alcooliques sévères fonctionnent comme ça. Ils sont bloqués au même niveau que l'enfant de moins de six mois ; ou encore les schizophrènes qui ne peuvent traiter les autres que comme des objets, c'est-à-dire des choses déconnectées, des voix, des lèvres, des corps, des esprits, des seins, des organes génitaux. De toute évidence, on ne peut être intéressé de la même manière par le sein d'une mère et par une mère entière, réelle et vivante.

JOHN. Bon. La carte mentale du bébé s'améliore, sa mère et lui forment à présent des entités dans son esprit. Il est en mesure de s'intéresser réellement à un autre être humain. Le prix à payer c'est qu'il doit à présent intégrer tout un tas d'émotions conflictuelles qu'il avait mises à l'écart dans la phase paranoïaque. Ce qui l'angoisse, particulièrement lorsqu'il découvre qu'il éprouve de la haine pour l'objet même qu'il aime et dont il dépend complètement : sa mère.

ROBIN. Un autre phénomène vient accroître son anxiété. Voyez-vous, lorsque le bébé commence à percevoir sa mère et lui comme des entités, il réalise ce qu'est la séparation d'avec elle. Jusqu'à maintenant, ils étaient confondus.

JOHN. Vous voulez dire que lorsque, sur sa carte mentale, il délimite ses contours ainsi que ceux de sa mère, il comprend qu'il y a une ligne de démarcation entre eux.

ROBIN. Oui. La ligne définit ce qu'il y a à la fois à l'intérieur et à l'extérieur. La langue elle-même en témoigne : être « un seul », c'est être « seul ». Au fur et à mesure que le bébé prend conscience de la séparation, son insécurité croît. Lorsque les frontières se chevauchaient, il se sentait plus en sécurité. En réalisant que sa mère est séparée de lui, le bébé comprend qu'il peut la perdre, qu'il peut perdre ses repères. Et c'est ce qui se passe réellement au cours de la phase suivante, quand il passe de

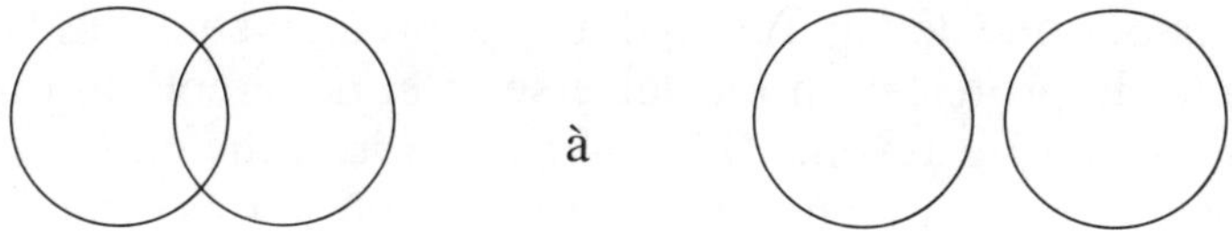

JOHN. Quand il se rend compte que lui et son système de soutien vital, ça fait deux et qu'il peut, par conséquent, le perdre à tout moment, il doit avoir des sueurs froides ! Combien de temps dure le processus de séparation ?

ROBIN. Il se poursuit tout au cours de l'enfance, et, dans un sens, pendant toute notre vie, en particulier au moment où nous sommes face à la mort. Mais en ce qui concerne le jeune enfant, la période la plus dure du processus de séparation ira de l'âge de six mois jusqu'à l'âge de trois ans. C'est alors que l'enfant est le plus anxieux à l'idée qu'il pourrait perdre sa mère, et qu'il a le plus besoin d'être rassuré sur le fait qu'elle ne vas pas disparaître.

JOHN. Est-ce que l'anxiété suscitée chez le bébé par sa prise de conscience qu'il est une personne distincte survient subitement ou, au contraire, graduellement ?

ROBIN. Peu après l'âge de six mois, il réalise brutalement que sa mère est une personne distincte. Et, à ce moment-là, l'anxiété est à son comble ; elle décroît ensuite progressivement. Donc, pendant cette période qui va de six mois à trois ans, l'enfant est excessivement vulnérable à toute séparation prolongée d'avec sa mère. Et à cause de cela, et parce que maintenant il reconnaît sa mère, l'attachement est très fort.

JOHN. Que se passe-t-il s'il y a une longue séparation pendant cette période ?

ROBIN. Les spécialistes britanniques James et Joyce Robertson, ainsi que John Bowlby ont étudié des enfants qui avaient été séparés de leur famille et ils ont décrit trois stades traversés successivement par l'enfant lorsque la période de séparation dure. Le premier stade, ils l'on appelé le « stade de protestation » : détresse, pleurs de colère, quête de la mère pour la faire revenir. L'enfant qui la retrouve à ce stade — et c'est assez intéressant à noter — sera en général très difficile pendant un certain temps. Comme s'il punissait la mère de s'être éloignée. Lorsqu'il s'est soulagé le cœur de ces émotions-là, il redevient normal. Il retrouve son assurance, encore qu'il puisse rester très sensible, et pendant longtemps, à toute nouvelle séparation.

JOHN. Il est très intéressant de noter que l'enfant cherche à punir sa mère, non ? J'avais déjà constaté ces choses, mais d'un autre point de vue. Lorsqu'un enfant disparaît et que sa mère le retrouve, elle récompense souvent ce retour d'une terrible raclée pour le punir des peurs qu'il lui a causées.

ROBIN. Il est facile d'oublier que ce comportement d'attachement fonctionne à double sens, de même que l'anxiété causée par la séparation.

JOHN. Et qu'ont constaté Bowlby et Robertson lorsque la séparation se prolonge plus longtemps ?

ROBIN. L'enfant peut alors passer au stade connu sous le nom de « stade de désespoir ». Il est très calme, en retrait, malheureux et apathique. Il s'arrête de jouer et semble ne plus avoir d'intérêt à rien. Avant de comprendre correctement ce qui se passait, le personnel hospitalier pensait que l'enfant avait cessé de faire des histoires et était en train de se calmer. Mais, en fait, ce que l'enfant craint alors, c'est que sa mère ne revienne jamais. Lorsqu'il rentrera à la maison, il mettra beaucoup plus de temps à surmonter l'expérience. Il s'accrochera encore plus à sa mère. Ce sera comme si il avait perdu la confiance et la joie de vivre, et pendant un certain temps, il paraîtra déprimé. Avant d'aller mieux à nouveau, il devra traverser la phase de protestation, au cours d'une période où il sera très difficile. Cela peut paraître étrange, mais c'est un très bon signe.

JOHN. Tout se passe comme s'il devait retrouver sa confiance en lui, avant de pouvoir trouver le courage d'exprimer sa colère.

ROBIN. Et enfin, le troisième stade, le stade de « détachement », le plus grave. Après le stade de désespoir, si la mère ne se montre toujours pas, l'enfant semble guérir. Il s'anime à nouveau, il paraît avoir surmonté son malheur ; il recommence à jouer et à répondre aux autres. Autrefois encore, le personnel médical hospitalier pensait qu'il était revenu à la normale. Maintenant nous savons qu'en fait ce n'est qu'une apparence, car cela s'opère au prix de la destruction de son amour pour sa mère.

JOHN. Il a besoin de tuer son amour pour supporter la perte. Perdre maman n'est pas si grave, si on ne l'aime pas.

ROBIN. Oui, c'est ça. Si mère et enfant sont à nouveau réunis après la phase de détachement, ce peut être très angoissant pour toute la famille. L'enfant peut paraître complètement transformé, se montrer superficiel et froid. Tout cela parce que son amour pour la mère est mort, ou plutôt gelé. C'est le stade sur lequel il est le plus difficile de revenir.

JOHN. Mais supposons qu'il ait bénéficié d'un substitut maternel fiable et bienveillant ?

ROBIN. Dans ce cas, l'enfant peut toujours connaître les premier et deuxième stades, ceux de la protestation puis du désespoir : et, ce, de façon transitoire, mais le troisième stade, le pire, sera généralement évité.

JOHN. Ça paraît vraiment terrible.

ROBIN. C'est un problème important. Heureusement, maintenant que ce processus est mieux appréhendé, les hôpitaux facilitent les visites des parents ou leur séjour à l'hôpital avec les plus jeunes enfants, si bien que les deux derniers stades sont beaucoup moins souvent rencontrés.

JOHN. Pourquoi l'enfant n'est-il pas vulnérable avant l'âge de six mois ?

ROBIN. L'enfant n'est pas complètement conscient de ce que sa mère est une personne à part entière jusqu'à l'âge de cinq ou six mois. Tout cela paraît très étonnant à beaucoup de mères, mais le fait est qu'une mère de substitution peut être fournie pendant cette période sans grand dommage, parce que l'enfant n'est pas encore complètement conscient de la différence.

JOHN. Cela m'explique quelque chose que je n'avais jamais compris auparavant, à savoir la raison pour laquelle le recours à des mères nourricières pendant des siècles, en Angleterre, n'a pas abouti à des carences terribles chez les enfants. Vous dites aussi qu'à la fin de cette période, vers deux ans et demi, l'enfant n'est plus si gravement affecté par une longue séparation. Pourquoi ?

ROBIN. Dès l'âge de deux ans et demi, trois ans, l'enfant est bien plus capable de se souvenir de sa mère, et même d'emporter avec lui toute sa famille dans sa tête. Même s'ils ne peuvent être là avec l'enfant, il comprend qu'ils sont toujours vivants et qu'ils seront bientôt réunis.

JOHN. O.K. Maintenant revenons en arrière. Je vous ai demandé ce qui se passait lorsque pour une raison ou une autre, l'enfant ne pouvait bénéficier du soutien de sa mère. Vous m'avez expliqué le travail de Bowlby et Robertson, et vous avez dit aussi quelque chose d'autre. Vous avez, au moins implicitement, affirmé que la mère, tout en étant présente, pouvait néanmoins ne pas être capable de donner au bébé le ...quoi ? approprié.

ROBIN. Appelez ça comme vous voulez : maternage, soutien, amour maternel...

JOHN. Soyons sérieux : toutes les mères désirent aimer leur bébé, non ?

ROBIN. Très probablement.

JOHN. Alors, qu'est-ce qui fait que... comment dirai-je... l'amour d'une mère n'est pas aussi... efficace que celui d'une autre ?

ROBIN. C'est très intéressant que vous ayez hésité, là. C'est parce que nous abordons un domaine très épineux, très sensible. D'une part, les gens semblent réagir très vivement lorsqu'ils sentent qu'une mère ne traite pas correctement son enfant. Une des pires insultes du vocabulaire humain consiste à traiter une femme de mauvaise mère. D'un autre côté, très peu de gens, à l'exception de la mère, comprennent l'énormité de la demande de l'enfant, et elle doit souvent faire face sans tout le soutien nécessaire. Néanmoins, il y a effectivement des femmes qui ne sont pas capables de donner à l'enfant autant d'amour — au sens de contact émotionnel — qu'il en a besoin. Mais l'on aurait tort de trop insister là-dessus, ce serait une faute grave que d'en accuser la mère.

JOHN. Vous avez dit tout à l'heure que la raison pour laquelle elle ne peut pas être en empathie avec l'enfant, c'est que ses propres expériences de bébé ont été douloureuses. Ce qui signifie que sa propre mère n'avait pas pu « se mettre en phase » avec elle.

ROBIN. Parce que sa mère à elle ne lui avait pas donné assez, et ainsi de suite de génération en génération. Ça s'appelle un « cycle de déprivation ». Vous vous rappelez Harlow et ses expériences avec les petits singes.

JOHN. Ils préféraient les mannequins à fourrure aux formes en fil de fer et tout ça...

ROBIN. Oui. Eh bien ! Harlow a démontré très clairement le fonctionnement de ce cycle de « déprivation ». Les bébés femelles élevées loin de leur mère devenaient elles-mêmes des mères incapables en grandissant. En général, elles ignoraient leurs bébés, ne se donnaient pas la peine de les nourrir, et essayaient souvent de les repousser lorsqu'ils cherchaient un câlin ; ou, dans les pires des cas, elles les attaquaient, si bien qu'ils étaient en danger de mort et devaient leur être retirés.

JOHN. Est-ce que celles à qui l'on avait donné des mannequins en fourrure se sont révélées plus aptes au maternage que celles qui avaient eu des formes en fil de fer ou avaient été complètement isolées ?

ROBIN. Les résultats des études iraient dans ce sens, et si une mère qui n'avait pas eu de mère avait quand même eu des compagnons de jeu, elle se révélait davantage capable de prendre soin de son bébé.

JOHN. D'accord. Attendez un moment, j'arrive à saturation... Essayons de récapituler. Nous avons parlé du changement. Si nous subissons trop de changements dans un laps de temps trop court, nous risquons de nous écrouler. Nous avons évoqué nos besoins pour faire face au changement : protection contre le stress pour nous reposer l'esprit, réconfort, et soutien émotionnel. Bon. Nous notons au passage l'importance du stress subi par les nouveaux parents et nous nous étonnons de la rapidité des changements subis par le bébé, qui explique pourquoi il a tant besoin d'être protégé et aimé. D'accord. Nous avons vu que cette protection et cet amour proviennent habituellement de la mère, et que dans cette optique, la nature a développé un mécanisme comportemental appelé « comportement d'attachement ». Ce dernier consolide l'intimité de la mère et de l'enfant et ce, pas simplement en vue de la survie physique, mais aussi pour que l'enfant obtienne de sa mère l'amour qui lui permettra de grandir, de devenir lui-même petit à petit, avec toujours plus d'assurance et d'indépendance. Qu'est-ce qui venait après ?

ROBIN. Après, nous avons vu que le petit d'homme ne s'attache pas complètement à une personne particulière avant l'âge de cinq ou six mois, âge auquel il peut identifier sa mère avec certitude.

JOHN. Tandis que pour les animaux, ce comportement d'attachement peut se mettre en place bien plus tôt ?

ROBIN. Oui. Vous rappelez-vous de Konrad Lorenz et de ses oies ? Il avait découvert qu'elles paraissaient s'attacher à la première chose qu'elles voyaient bouger...

JOHN. Oui, la première chose qu'une de ses couvées d'oisons avait vu en sortant de l'œuf, c'était Konrad Lorenz lui-même. Ils l'avaient donc adopté comme mère.

ROBIN. Et si vous vous souvenez bien, les petits yeux d'un autre oison étaient d'abord tombés sur un gros ballon jaune, et il l'avait suivi... jusqu'à ce qu'il éclate, je pense.

JOHN. Ça doit être affreusement inquiétant de voir sa mère exploser... Quelque part en Allemagne, il doit y avoir une oie particulièrement détachée de tout. Quoiqu'il en soit, de l'âge de six mois jusqu'à deux ou trois ans, l'enfant normal est très fortement attaché à sa mère et si, pendant cette période, l'enfant est séparé de sa mère et qu'on ne lui fournit pas énormément de soutien pour compenser, il connaîtra probablement une période très difficile. Et si la séparation se prolonge vraiment, comme lors d'une hospitalisation, il traversera les trois stades décrits par Bowlby : le stade de « protestation », puis de « désespoir » et enfin de « détachement ».

JOHN. Vous avez aussi souligné le fait que même si la mère est avec l'enfant de façon continue, il peut y avoir un problème lorsqu'elle n'est pas capable de communiquer correctement avec son enfant ; c'est-à-dire lorsqu'elle ne peut établir une certaine forme d'empathie en faisant retour à la période où elle était bébé ou aux émotions de son enfance pour la simple raison que ces souvenirs sont douloureux. L'enfant sentira cela, et sentira aussi que, d'une certaine manière, il n'est pas complètement aimé, malgré tout ce qu'on lui donne. Mais ce serait de la folie que de se mettre à reprocher à la mère d'avoir — selon toute vraisemblance — eu une enfance difficile. Vous ne pouvez pas non plus le reprocher à la grand-mère, à cause de l'arrière-grand-mère, et ainsi de suite.

ROBIN. Oui, laissons les accusations aux hommes politiques !

JOHN. D'accord. Eh bien, ensuite, j'aimerais que vous me parliez un peu de ce que vous appelez la « carence affective » ou « déprivation ».

Soins à donner au bébé qui est en nous.

ROBIN. Eh bien ! que ressentez-vous quand vous êtes en manque affectif ?

JOHN. Quand le stress me gagne ?

ROBIN. Oui.

JOHN. La première chose que je remarque, c'est que certains de mes muscles se raidissent, particulièrement au niveau des épaules et du cou. En fait, mes épaules finissent par remonter jusqu'aux oreilles ! Les maxillaires durcissent, ainsi que les muscles des tempes et du front.

ROBIN. Et sur le plan psychologique ?

JOHN. Je suis plein de ressentiment. J'ai l'impression de donner beaucoup et de ne rien obtenir en retour. Je suis irritable, bien que j'aie plutôt tendance à le cacher. D'une certaine manière, le ressentiment sous-jacent finit par émerger. Comme si j'avais choisi une manière non-verbale de me plaindre. Puis, je commence à devenir un peu paranoïaque, c'est-à-dire que j'ai l'impression que les gens cherchent à m'avoir, qu'ils ont vis-à-vis de moi des exigences insensées. Je sais que c'est absurde, mais mon esprit semble ne pas être capable d'envoyer mes émotions se faire voir. J'ai l'impression d'être le Grincheux de Blanche-Neige. Et je n'aime pas du tout cet état d'esprit chez moi.

ROBIN. Avez-vous envie de hurler ?

JOHN. Non, plus maintenant ; mais il y a cinq ans j'aurais répondu oui. Vous savez... Il me vient à l'esprit que c'est comme si j'avais un bébé furieux à l'intérieur de moi. Est-ce que c'est bizarre de dire ça ?

ROBIN. Non. Je pense qu'il s'agit là d'une expérience assez banale, bien que les gens ne la décrivent pas souvent aussi clairement. Mais je suis très intrigué par l'expression que vous avez utilisée : « Un bébé à l'intérieur de moi ». On peut voir la chose ainsi : nous avons tous un bébé à l'intérieur de nous. Quand cela va bien, il se repose, et lorsque survient un stress, il se met à brailler. Et si nous ne prenons pas soin de lui, si nous ne le maternons pas suffisamment, si nous ne nous débrouillons pas pour que les autres nous maternent aussi... nous pourrions bien finir à l'hôpital. Nous craquons. Le manque de maternage émotionnel peut avoir des conséquences somatiques aussi graves que cela.

JOHN. Vous avez dit « nous avons tous ». Croyez-vous que chacun d'entre nous a un bébé en lui ?

ROBIN. C'est sûr. Lorsque j'ai lu les articles de Bowlby la première fois, j'ai pensé qu'il avait une araignée au plafond quand il parlait de l'importance du maternage. Et plus j'ai acquis d'expérience, plus j'ai été amené à me rallier à ses arguments.

JOHN. Donc, il y a des gens qui ont un gros bébé à l'intérieur d'eux-mêmes, et d'autres un tout petit.

ROBIN. Disons plutôt que quelques bébés « intérieurs » sont plus malheureux que d'autres.

JOHN. Et les vrais durs ? Ont-ils seulement un bébé ?

ROBIN. J'en ai interviewé de toutes sortes et je n'ai jamais rencontré quelqu'un qui n'en ait pas un.

JOHN. Mais même si le bébé intérieur est très tranquille, il poussera néanmoins des cris stridents s'il est soumis à trop de stress.

ROBIN. Oui. En fait, il est très instructif d'examiner de plus près ce que nous voulons dire par « vrais durs ». Si nous faisons allusion par là au « macho » pur et dur, c'est sûr qu'il essaiera de faire croire qu'il n'a aucun bébé à l'intérieur. Et donc qu'il n'a pas à s'en occuper. C'est la raison pour laquelle ce type d'individu n'a rien à donner aux autres et, en fait, a tendance à avoir mauvais caractère. Il assumera le stress jusqu'à un certain point, et puis, tout d'un coup, il craquera. Un vrai de vrai, quant à lui, reconnaît qu'il a un bébé à l'intérieur, et sait comment s'en occuper. Des gens de ce genre étaient capables de résister à tout ce que la Gestapo pouvait entreprendre contre eux, et, dans le même temps, de soutenir et de materner leurs camarades.

JOHN. D'une certaine manière, les techniques d'interrogatoire sont conçues pour faire sortir le bébé intérieur, non ? En provoquant le maximum de stress et en supprimant toute possibilité de soutien émotionnel.

ROBIN. Oui. C'est délibérément que les prisonniers sont amenés à perdre la notion du temps, qu'on leur met même des cagoules et qu'on les soumet à des bruits incessants de telle manière qu'ils ne puissent pas entrer en contact avec le monde extérieur, supprimant de ce fait cette source de soutien.

JOHN. L'expression « prendre soin de soi » est très révélatrice, non ? Un dur est quelqu'un qui peut prendre soin de lui. Les mères prennent soin de vous. Donc, ce qui fait que quelqu'un est solide et indépendant, c'est sa capacité à se materner lui-même.

ROBIN. C'est exact. Sa capacité à se donner ce dont il a besoin. Les gens qui sont capables de faire ça avec régularité comme une chose qui va de soi sont, bien entendu, ceux qui paraissent très solides et très indépendants.

JOHN. Ils satisfont leur bébé intérieur en permanence. Revenons donc à la mère et à son bébé. Ou plutôt aux bébés, le vrai et celui qui est à l'intérieur d'elle. Elle doit donc prendre soin des deux ?

ROBIN. Exactement. Une chose qui peut peut-être vous surprendre par exemple, c'est que les « bonnes mères », celles qui ont été maternées, celles qui ont eu des enfances heureuses, arrêteront probablement l'alimentation au sein plus tôt que les autres pour mettre leur enfant au biberon.

JOHN. Pourquoi ?

ROBIN. Parce que, comme ça, elles peuvent passer de temps en temps le bébé à d'autres. Le mari peut s'en charger un peu. Quelqu'un d'autre peut s'occuper du bébé pendant qu'elles vont prendre l'air !

JOHN. N'êtes-vous pas en train de dire que les mères équilibrées, celles qui sont capables de bien materner, donnent moins à leur bébé ?

ROBIN. Non. Au total, non. Mais elles savent quand elles peuvent s'arrêter. En d'autres termes, elles savent satisfaire aussi leurs propres besoins. Il peut quand même se faire qu'elles nourrissent au sein toute une année ou plus.

JOHN. Pourquoi ?

ROBIN. Parce que ça leur plaît. Elles en obtiennent beaucoup de satisfactions. Donc, c'est la même chose. Elles peuvent se donner à elles-mêmes, s'occuper d'elles. Et ainsi, quand elles sont avec l'enfant, elles prennent plaisir à lui consacrer toute leur attention. Si vous ne vous aimez pas vous-même, ça déteint sur les autres, non ?

JOHN. C'est ce que disent les bouddhistes. J'ai un ami qui ressentait le besoin de donner plus aux autres, il est donc allé à un week-end organisé par les bouddhistes sur le thème : « Amour et bonté ». Ils lui ont montré pendant tout le week-end comment aimer plus et être meilleur avec soi. Pour eux c'est un point de départ. Donc ma...

« bonne » mère peut prendre plaisir à donner au bébé toute son attention parce qu'elle prend aussi soin du bébé qui est à l'intérieur d'elle.

ROBIN. C'est ça. Mais je n'aime pas beaucoup cette expression la « bonne mère ». Winnicott, le grand pédiatre et psychanalyste que l'on sait, préférait le terme de « mère suffisamment bonne ». En fait, si une mère était parfaite, c'est-à-dire, si elle arrivait toujours au moment où l'enfant avait besoin d'elle et si elle lui donnait exactement ce qu'il voulait, nous avons vu que ça créerait des problèmes chez l'enfant.

JOHN. Des limites floues en permanence.

ROBIN. Donc, nous ne parlons pas d'un maternage parfait de type 24-carats-médaille-d'or-olympique. Nous parlons des mères qui donnent au bébé beaucoup d'attention pendant un certain temps. Le maternage suffisant.

JOHN. Maintenant, parlez-moi de ces mères qui en sont incapables, celles qui sont le plus « en manque ».

ROBIN. Celles qui n'ont pas reçu d'amour ? Eh bien, elles auront beaucoup de mal à donner leur bébé à quiconque pour s'en occuper. Elles se sentiront coupables. Et donc, elles resteront pratiquement tout le temps avec lui. Il leur sera très difficile, même pour des périodes de temps très courtes, d'accorder à leur enfant une attention parfaite. Elles auront tendance à avoir l'esprit ailleurs ; il leur sera donc impossible de se mettre sur la même longueur d'onde que le bébé, tout simplement parce qu'elles évitent de se mettre sur la longueur d'onde de leur « bébé intérieur ». Et, bien sûr, elles vont se sentir affreusement mal. Le bébé en elles hurlera pour attirer l'attention sur lui, parce qu'il se sentira délaissé en faveur de l'enfant, mais elles n'auront absolument aucune idée de la manière de se donner à elles-mêmes ce dont elles ont besoin.

JOHN. Et, bien sûr, elles sentent qu'elles ne sont pas à la hauteur.

ROBIN. Oh oui ! Elles sentent très bien que, d'une certaine manière elles sont en train d'échouer, bien qu'elles fassent tout leur possible et même plus, apparemment, que les mères « suffisamment bonnes », dont les bébés poussent bien. Et, bien sûr, elles pensent que toutes les autres autour d'elles se débrouillent parfaitement et qu'elles sont les seules à ne pas être capables de faire face.

JOHN. Mais que se passerait-il si elles regardaient vraiment à l'intérieur d'elles-mêmes ?

ROBIN. Mais c'est là tout le problème : elles ne le font pas.

JOHN. Et qu'est-ce qui ne va pas, d'après elles ?

ROBIN. Ce dont elles peuvent généralement se rendre compte, c'est qu'elles ont des bébés très difficiles. Et leurs bébés sont vraiment difficiles... ils les réveillent la nuit, ils ont souvent des coliques, ils pleurent beaucoup.

JOHN. Comme le bébé qui est à l'intérieur d'elles.

ROBIN. Absolument. Le bébé qui est à l'intérieur d'elles hurle parce qu'on l'ignore complètement. Ce qu'elles s'infligent à elles-mêmes, c'est comme de fermer la porte sur un vrai bébé pour ne pas l'entendre crier au lieu de le prendre et de le réconforter. Donc, le bébé qui hurle (dehors) dans le berceau, c'est l'image en miroir de ce bébé qui hurle à l'intérieur. Le bébé est tendu et malheureux parce que la mère est tendue et malheureuse.

JOHN. Ça, c'est fascinant, parce que ça nous ramène directement à la première leçon importante du début de ce livre ; ce ne sont pas les émotions pénibles qui sont au cœur du problème, mais bien leur négation. Et vous le niez parce qu'elles sont une source de malaise pour votre famille tout entière. Cela vous oblige à les mettre derrière l'écran. Ici, l'émotion pénible, c'est quoi ? La frustration, la détresse... en d'autres termes, un bébé hurlant et fermement remisé derrière l'écran.

Donc, la seule manière de résoudre le problème, c'est de faire en sorte que la personne se sente moins frustrée. C'est donc de sortir le bébé au grand jour, de le reconnaître et de s'occuper de lui.

ROBIN. Bon ; vous rappelez-vous la raison qui fait que cela, en général, ne se produit pas ?

JOHN. Le désaveu de la famille. Si la famille désavoue cette émotion, pour les raisons qui l'ont fait la remiser derrière l'écran dès le départ, lorsque vous essaierez de la mettre au jour, même des années après, vous aurez la même sensation de désaveu.

ROBIN. Et comme vous étiez jeune et dépendant quand tout cela est arrivé, les sensations sont très fortes. Il n'est donc pas facile de revenir dessus.

JOHN. Non, c'est vrai. J'en ai d'ailleurs des souvenirs personnels. Etant un bon élève à l'école, j'avais l'habitude de me prendre pour quelqu'un d'indépendant, d'assez dur et, par-dessus tout, de suprêmement normal. Je n'avais certainement pas besoin d'affection, car à mon avis c'était « gnangnan ». Et je me suis mis à gratifier d'un solide mépris quiconque semblait avoir besoin d'être materné. Ce ne fut qu'en rentrant dans votre groupe, à l'âge de trente-cinq ans, que je commençai à réaliser combien j'avais besoin de chaleur et d'affection, et aussi combien il m'était difficile de montrer que j'en avais besoin.

ROBIN. Qu'est-ce que vous ressentiez lorsque vous essayiez d'en demander ?

JOHN. J'avais honte, j'avais l'impression d'être inadapté. Après tout, j'étais dans mon esprit quelqu'un de viril, donc ma première réaction était que les gens me traiteraient avec mépris si je leur disais que j'avais besoin d'affection. Bref, je me suis aperçu que je ne me sentais pas le droit d'en demander. Et puis, j'ai fait l'étonnante découverte que, si, en fait, je montrais à une femme que j'avais besoin d'affection, cela suffisait pour qu'elle m'aime bien ! Au lieu, comme je pense l'avoir

toujours craint inconsciemment, de me faire mettre dehors avec un coup de pied aux fesses à cause de mon air pathétique ! Mais j'ai mis longtemps à réaliser que je pouvais en prendre le risque !

ROBIN. Il y avait eu une longue période de « conditionnement », et il n'est donc pas surprenant que vous ayez mis un certain temps à modifier votre comportement sur ce point. Mais, ce sont des sentiments comme la honte, la peur d'être, la peur de demander, qui font que les mères ont du mal à accepter le bébé qui se trouve derrière l'écran, une fois qu'elles l'ont coincé là. On ne leur demande pas d'être « viriles », mais cela les ennuie d'avoir l'impression de retomber en enfance. C'est en ce sens qu'il est difficile de composer avec ces besoins, même si nous les avons tous.

JOHN. Attendez Robin ! Supposons qu'elles aient raison, je ne veux pas dire raison de prétendre qu'elles n'ont pas ces besoins, mais, supposons qu'elles aient raison de penser qu'elles ne trouveront pas d'amour. S'il n'y a pas d'affection dans l'entourage, il se peut que ce soit mieux pour elles, plus sûr, de garder leurs distances et de ne pas prendre le risque de réveiller des émotions douloureuses, puisqu'elles n'obtiendront pas le soutien nécessaire pour les négocier.

ROBIN. En tout cas, l'expérience que j'ai acquise en tentant d'aider les gens qui pensent ainsi m'enseigne qu'il y a toujours du soutien disponible.

JOHN. Ça n'est pas toujours vrai pour tout le monde.

ROBIN. Je vais essayer de vous convaincre.

Sources de soutien

JOHN. Vous pensez qu'il est presque toujours possible d'obtenir de l'affection et de l'attention, à condition d'en demander ?

ROBIN. Oui, il faut cesser de se censurer. C'est l'attitude que l'on adopte qui empêche d'obtenir de l'affection. De la même façon que l'on relègue son bébé derrière l'écran, on envoie aussi des signaux : l'expression du visage, les mouvements, les postures, qui intimeront aux autres de garder leurs distances.

JOHN. C'est comme si l'on envoyait des messages pour dire que l'on n'a pas de bébé derrière l'écran. Afin que personne ne se comporte comme si l'on en avait un.

ROBIN. Oui, bien sûr. On ne réalise pas. On apparaîtra aux autres fier et discrètement renfermé, si bien qu'il leur semblerait idiot d'offrir chaleur et encouragements.

JOHN. Je me souviens d'une fille qui avait rejoint notre groupe et qui avait passé les trois premières sessions à embêter tout le monde, ce à quoi, d'ailleurs, elle prenait visiblement du plaisir. Et que les gens l'agressent en retour semblait lui plaire encore plus. Puis, vers la troisième session, vous avez ignoré tous ses signaux de colère et vous lui avez parlé pendant peut-être une minute très chaleureusement, lui témoignant soutien et affection. Et, à notre étonnement général, elle a fondu en larmes et a pleuré pendant environ dix minutes. Elle est revenue à la session suivante presque rayonnante.

ROBIN. Oui, c'est ça. Les conflits qu'elle aimait susciter étaient pour elle un simple moyen de faire taire ses propres besoins.

JOHN. C'est aussi un bon exemple de la manière dont marche une thérapie de groupe. Les gens ont souvent tendance à penser qu'il s'agit d'un processus d'analyse intellectuel et affreusement sec ; en fait, ça n'en constitue qu'une infime partie.

ROBIN. Oui. Ce que le thérapeute essaie de faire, c'est d'attendre le moment propice où son patient est prêt à assumer un affect pénible pour lui en proposer une approche graduelle et l'aider à s'y confronter. Comme vous le dites, tout cela a très peu à voir avec une analyse. Il n'y a pas de « thérapie analytique » réussie sans un certain modelage. Tant que l'analyste se comporte d'une manière ouverte et naturelle et qu'il est lui-même à l'aise avec ses sentiments, cela permet aux autres de l'imiter, sans pour autant qu'ils comprennent comment ça marche.

JOHN. Pour en revenir à ces mères frustrées. Vous dites qu'elles trouveront de l'affection si elles émettent les signaux adéquats. Mais ces mères en manque viennent de familles elles-mêmes en manque, si bien que leurs parents, leurs frères, leurs sœurs vont avoir un problème similaire. Et la mère se sera très probablement mariée à quelqu'un qui est aussi coincé au même stade. Et, selon toute vraisemblance, quelques-uns de leurs amis seront faits sur le même moule.

ROBIN. Pourtant, il y aura encore plein d'autres gens, des voisins, par exemple, qui seront capables d'apporter du soutien. Et même s'ils sont tous coincés, n'oubliez pas qu'il en existe une autre source importante. Au fur et à mesure que la famille s'élargit, il est intéressant de constater combien, souvent, les enfant apportent aux parents l'amour dont ils ont besoin.

JOHN. Les enfants ?

ROBIN. Eh oui !

JOHN. Ça ne doit pas être toujours bon pour les enfants, si ?

ROBIN. Pourquoi pas ? Tant que cet amour est offert librement et ouvertement. Les enfants sont naturellement généreux et ils aiment bien donner à leurs parents, à condition que les parents le veuillent bien. Si les parents n'ont pas été trop possessifs ni trop jaloux, les enfants sauront trouver d'autres sources d'amour auprès des relations, des voisins, des amis, à l'école, etc. Ils peuvent, d'un certain côté, être plus adultes que les parents ! En d'autres termes, ils vont avoir quelque chose à donner. Et ça va leur faire plaisir de le donner. Et, qui plus est, c'est en jouant à inverser les rôles de parents et d'enfants que, parfois, les enfants s'exercent à devenir plus tard eux-mêmes parents et apprennent à prendre soin d'autres personnes.

JOHN. Vous croyez donc vraiment qu'il y a suffisamment de sources de soutien pour tout un chacun, à condition d'émettre les signaux adéquats.

ROBIN. Oui. Prenez par exemple le père d'un nouveau-né. Il se sent un peu mis de côté, n'est-ce pas ? Il est supposé donner à la mère beaucoup de soutien tout en obtenant très peu de sa part, et il n'obtient pas grand-chose non plus de son intimité avec le bébé. Il va donc rechercher d'autres sources d'affection, sa famille, ses camarades de travail, ses amis et se reposer un peu sur eux pendant cette période où il « alimente » la « ligne énergétique » de sa femme et de son enfant. En général, s'il demande un peu d'aide, il en trouvera. Les gens sont programmés comme ça.

JOHN. Oui. Donc, si les premières années de la vie de quelqu'un ne se sont pas bien passées, il a encore la possibilité de se rattraper et de vivre quelques belles expériences, à condition de réaliser qu'il en a besoin et d'envoyer les signaux appropriés. Il faut être prêt à affronter des émotions très pénibles, telle la honte, et à vivre dans la crainte d'être rejeté si quelqu'un découvre notre vraie nature et notre insuffisance.

ROBIN. Je ne veux pas trop insister sur ces sentiments pénibles. Certains peuvent avoir pleinement conscience qu'ils ont besoin d'un peu d'amour et d'attention de temps à autre, mais doivent encore apprendre que leur besoin est supérieur de 20 % à ce qu'ils obtiennent. Ils s'en rendront compte sans trop de difficultés. Et puis, il y en aura d'autres qui auront plus qu'un gros bébé caché derrière l'écran. Mais il se peut qu'ils ne trouvent pas cela tellement dur non plus. Par exemple, en ce qui concerne le groupe des mères que Prue a pris en charge, elle dit que les mères en manque voient bien que, souvent, les mères qui s'en sortent ont aussi des problèmes avec leurs enfants et leurs propres besoins, mais également, qu'elles n'hésitent pas à le reconnaître et à satisfaire leurs besoins. Cela soulage les plus anxieuses et leur permet d'être plus décontractées et plus naturelles. Elles ne se sentent plus obligées de prétendre que tout est parfait et, dès lors qu'elles peuvent s'ouvrir et demander de l'aide, il semble que les gens se proposent automatiquement.

JOHN. Tout cela est plutôt encourageant. Mais je voudrais maintenant vous poser une question au sujet des cas les plus sévères de frustration affective, de déprivation. Je pense à ces faits divers qui nous font tous tiquer un peu, comme les enfants battus. Qu'avez-vous à dire à ce sujet ?

Cas graves de carences affectives

ROBIN. En étudiant ces familles où il y a un enfant battu, nous trouvons à nouveau un cycle de frustration. Les parents qui battent leur enfant ont été, en général, extrêmement négligés pendant leur jeunesse ; ou ils ont été menacés de punitions terribles, et même parfois battus par leurs parents. Il est tout à fait instructif à cet égard de prendre connaissance de quelques-unes des conclusions de Harlow dans son étude sur les singes privés de leur mère. Comme je l'ai dit plus haut, les petits singes orphelins, une fois en âge de procréer, étaient plus capables de prendre soin de leur progéniture si on les avait laissé jouer avec d'autres petits singes au cours de leur enfance, ou même, semble-t-il, si on leur avait fourni une mère en fourrure avec laquelle échanger des câlins lorsqu'ils étaient petits.

JOHN. Cela suffisait pour les aider à se reconnecter ?

ROBIN. Et, plus surprenant encore, quelques-unes des femelles singes les plus carencées, celles qui avaient rejeté et blessé leur premier-né et parfois, dans un ou deux cas, l'avaient tué, étaient souvent capables de s'occuper — tant bien que mal — des deuxième et troisième petits.

JOHN. Qu'est-ce qui les faisait changer ?

ROBIN. Harlow pense que les mères avaient été transformées par leur premier petit.

JOHN. Celui qu'elles avaient traité si méchamment ?

ROBIN. Oui, parce que les petits eux-mêmes avaient toujours fait de tels efforts pour câliner et pour aimer leur mère, quelle que soit l'ampleur de la punition ou du rejet, que les mères avaient reçu au moins un peu d'amour de leur premier petit, même malgré elles. Et il semble que cela avait été suffisant pour qu'elles commencent à changer.

JOHN. Que peut-on donc faire, face aux cas humains les plus difficiles ?

ROBIN. Il est surprenant de constater que les parents les plus carencés sont, en dernière analyse, très sensibles. Mais il est extrêmement difficile de les atteindre, de les toucher au début.

JOHN. Alors, quelle est la première chose que vous faites lorsque vous avez en face de vous des gens qui ont derrière leur écran un bébé particulièrement exigeant ? Comment pouvez-vous les aidez à en prendre conscience ?

ROBIN. Il nous faut trouver une manière délicate d'exprimer les choses qui leur permette d'accepter le soutien sans les confronter trop brutalement à l'immense besoin qu'ils en ont. Se montrer par exemple amical, les complimenter de leur efforts dans leur tâche de parents.

JOHN. Quoi ! Même les parents d'enfants battus ?

ROBIN. Oui, même eux. Même dans ce cas, vous pouvez dire : « Je vois très bien le mal que vous vous donnez tous les deux pour élever correctement votre enfant. » Ce qui en fait est vrai. L'intention est toujours bonne, bien que la violence et la punition soient la seule manière qu'ils connaissent. Donc, au lieu de les critiquer, ce qui ne ferait qu'empirer les choses, vous offrez de les aider à trouver une meilleure voie, et vous pouvez aussi la leur montrer par la manière dont vous les traitez vous-même. Dans d'autres cas moins sérieux, vous pouvez être plus direct. Dans un des premiers cas que j'ai traités en famille, le problème semblait venir de la fille. Mais elle n'était que le bouc émissaire. Il devint bientôt évident qu'elle portait les problèmes de toute la famille. L'histoire voulait qu'elle ait perturbé ses parents de l'âge de deux ans jusqu'à celui de quatorze ans, date à laquelle elle me fut envoyée. Sa mère avait effectivement fait plusieurs séjours en hôpital psychiatrique ainsi que plusieurs tentatives de suicide. Après quatre sessions de thérapie familiale, la mère se montra capable de reconnaître son désir ardent et profond d'amour et d'affection. Dès cet instant, la fille mit un terme à sa mauvaise conduite et donna à la mère l'amour qu'elle n'avait jamais reçu. Et la mère n'eut plus jamais besoin de retourner à l'hôpital.

JOHN. Mais cela ne fut possible qu'après que vous lui eûtes fait prendre conscience de ses besoins insatisfaits.

ROBIN. Oui, après s'être rendu compte de l'existence du bébé derrière l'écran, et encouragée par nous, elle fut en mesure de permettre au reste de la famille d'en prendre soin.

JOHN. Mais il avait fallu l'aide d'un psy.

ROBIN. Oui. Mais il s'agissait d'un problème très grave qui avait traîné plus de douze ans et qui avait été à l'origine chez la mère de plusieurs tentatives de suicide. Or dans la vaste majorité des cas, il suffit de dire que tout le monde peut aider tout le monde, à condition bien sûr que chacun reconnaisse son besoin d'affection et de soutien. Si nous pouvions obliger toutes les familles de France et de Navarre à y penser pendant dix minutes, je pense qu'en trois semaines il y aurait un tas de gens beaucoup plus heureux dans les parages !

JOHN. Vous savez, il y a encore une question que je voudrais vous poser. Nous avons parlé de soutien émotionnel, d'affection, de soins, d'amour, d'attention, nous avons utilisé tous les noms possibles et imaginables sauf celui de mystérieux ingrédients X.

Élargissement du cercle affectif

ROBIN. A votre avis ?

JOHN. Jolie pirouette... Eh bien, au sens de soutien émotionnel, ça a certainement quelque chose à voir avec l'acte physique de se toucher. Se prendre par la main, se caresser, se prendre dans les bras, toutes ces choses que l'on a coutume d'appeler des « câlins ». Si l'on est stressé, cela permettra de se sentir mieux, plus décontracté et donnera une sensation de calme intérieur. Il semble que ces gestes nous aident à remettre les choses en place. Mais l'amour est plus que cela. Si quelque chose me tracasse, il suffit que je m'asseye et que je parle avec quelqu'un que j'aime et en qui j'ai confiance pour retrouver mon calme et me sentir mieux. Même lorsqu'il n'y a aucun contact physique, et si la personne avec laquelle je parle ne peut pas vraiment me donner

de conseil et me rassurer de façon traditionnelle. Il suffit d'être avec quelqu'un qui possède un certain calme intérieur. Je me rappelle Koestler parlant de ces Indiens qui se rassemblaient dans un village pour écouter une de leurs grandes figures religieuses. Il fut surpris au début de voir qu'ils ne semblaient pas être attentifs. Ils se contentaient d'écouter par intermittence et, le reste du temps, jouaient avec les enfants qu'ils avaient amenés avec eux. Il réalisa soudain que c'était la présence du gourou qui leur apportait quelque chose, et non pas le contenu de son discours.

ROBIN. Mais ne voyez-vous pas que cela concorde parfaitement avec nos conclusions sur les effets du réconfort physique ? Rappelez-vous ; lorsque vous me demandiez tout à l'heure quelle était ma définition de l'amour et la nature de ce que le petit singe retirait du contact de la mère de fourrure, nous sommes tombés d'accord pour dire que c'était comparable à ces plages de réconfort, de tranquillité, de calme qui nous permettent de recouvrer notre équilibre, de reprendre pied et de nous réorganiser après une période de changements un peu déstabilisante, de nous retrouver, de nous reconstruire, de « rassembler les morceaux ». Le besoin de réconfort sera fonction du stress subi. Quand on y pense, lorsque l'on est sous pression, on ressent le besoin de changer de vitesse pour se mettre en prise avec un système plus vaste. Lorsque le bébé est sous pression, il a besoin de se brancher sur sa mère pour obtenir de la stabilité et du soutien. La mère peut avoir besoin de se brancher sur le père, le père sur sa famille, son travail, et ainsi de suite. En d'autres termes, quand le stress est trop fort pour l'individu, ce dernier peut avoir à faire appel à un groupe capable de négocier le changement. Et plus le changement est important, plus important pourra être le groupe.

JOHN. Notre cercle affectif s'élargit.

ROBIN. C'est ça. Une coupure au genou peut nécessiter un pansement et un câlin de maman. Quelque chose de plus grave peut nécessiter la venue du médecin ; et si la blessure est trop importante pour que le médecin puisse s'en occuper, l'enfant devra aller à l'hôpital.

JOHN. Je suppose que si l'on se connecte sur le plus grand système possible, on tombe alors dans le domaine des sentiments religieux, de quelque chose qui a à avoir avec Dieu.

ROBIN. Disons en tout cas que, pour l'individu, l'univers s'ordonne et que toute chose prend un sens et une fin. Quelles que soient les épreuves qu'il pourra traverser, il aura toujours le sentiment que l'univers est solide sur ses bases.

JOHN. En parallèle, je constate avec une surprise toujours renouvelée les effets extraordinairement bénéfiques de la méditation.

ROBIN. Je pense que c'est pour la même raison. Quiconque se sent relié à un système cosmique cohérent reçoit en échange un équilibre psychologique et une stabilité plus grands. Qu'il croie ou non qu'il y ait une figure divine aux leviers de commande. C'est un sentiment éprouvé par beaucoup de gens pour leur plus grand bien, même s'ils ne pratiquent pas régulièrement une religion.

JOHN. J'ai toujours trouvé impressionnante l'énergie de ces grandes figures de l'époque victorienne. Je suppose que ça avait quelque chose à voir avec la foi profonde qui animait nombre d'entre eux. Ils semblaient capables de négocier des catastrophes et de se remettre en selle avec une facilité déconcertante.

ROBIN. J'ai dû parler auparavant des études faites à Timberlawn, à Dallas, sur les familles heureuses. Une de leurs découvertes les plus intrigantes, c'est que les familles les plus équilibrées semblent souscrire à un système de valeurs transcendant, quelque chose qui les dépasse. Je suis sûr que le fait qu'elles soient ainsi reliées au plus grand des systèmes possibles les aide à trouver cette stabilité psychologique et cette capacité d'adaptation si remarquables. J'ai toujours été frappé de ce que beaucoup de patients, qui tirent un réel profit de la thérapie, s'intéressent de plus en plus au sens et au but de la vie.

JOHN. C'est plutôt sympathique, non ? On commence par parler du stress occasionné par les changements ; on continue par un débat sur l'importance de l'attachement — la capacité de l'enfant à se connecter, parfois à 100 %, avec sa mère, dans le but de négocier ses propres bouleversements — et on finit en découvrant que les familles les plus heureuses, celles qui se caractérisent principalement par leur capacité à assumer les changements, ont aussi en commun leur attachement à des croyances transcendantes.

ROBIN. Il est peut-être temps que nous changions de sujet.

Post-scriptum

PARANOÏA ET POLITIQUE...

JOHN. Vous savez, depuis que vous avez démonté les mécanismes de la paranoïa et les mécanismes de projection, il me semble en voir de plus en plus d'exemples autour de moi.

ROBIN. De plus en plus de gens qui complotent contre vous dans votre dos ? C'est cela ?

JOHN. Merci d'être si compréhensif, docteur. Mais il ne s'agit pas vraiment de ça, en fait. Pas encore, en tout cas. Vous avez dit que chaque fois que nous nous prenons à penser que nous avons été irréprochables sur un point donné, et que la responsabilité des problèmes qui ont surgi incombe entièrement aux autres, nous sommes paranoïaques, pas au sens clinique du terme, mais dans le sens où notre mode de pensée l'est, lui.

ROBIN. Oui. Si nous partageons nos sentiments en bons et mauvais ou en amour et haine et que nous projetons les mauvais sur quelqu'un d'autre ou sur un groupe, nous adoptons un mode de fonctionnement paranoïaque.

JOHN. Mais il n'y a pas de mal à s'y laisser aller de temps à autre, par exemple, pendant un match de football ?

ROBIN. Non. Ça nous sert de soupape de sécurité, nous permet de nous relaxer et confirme notre appartenance de groupe.

JOHN. Chez les gens normaux, ces sentiments s'estompent tout naturellement après coup.

ROBIN. Oui. Ils débranchent à la fin du jeu. Ils se sont bien amusés, c'est tout.

JOHN. Mais le vrai paranoïaque continue ?

ROBIN. Oui. Il en a besoin pour projeter ses « mauvais sentiments » sur les autres.

JOHN. Donc, si on aborde le domaine politique, se justifier, accuser les autres est devenu un art, on peut observer tout un tas de comportements paranoïaques, non ?

ROBIN. Je pense que les gens ordinaires, les gens sains et équilibrés s'impliquent dans la polémique politique de la même manière qu'ils le font en jouant au foot ou en regardant un match. Ils peuvent se mettre en colère et se disputer avec des gens qui ont des opinions différentes, mais, après coup, ils sont capables de cesser les hostilités, et de regarder à nouveau l'adversaire comme un être humain. Pour me résumer, je crois que la plupart des gens sont d'avis, au fond, que la politique est une sorte de jeu, une manière de gérer les conflits entre groupes d'intérêts, selon certaines règles reconnues et acceptées.

JOHN. Donc, en examinant rapidement les grands courants de la politique britannique, on peut trouver tout à fait normal que les différents partis s'affrontent avec force invectives au cours d'un débat ou d'une élection, car ils sont capables ensuite de laisser les sentiments au vestiaire et de se parler sur des bases amicales.

ROBIN. Oui. Après tout la politique c'est l'art du possible, non ? Personne n'aura jamais exactement les mêmes vues, et l'on doit donc respecter les différences de chacun et tenter d'atteindre un compromis raisonnable, si l'on peut.

JOHN. Mais ça, c'est très difficile pour les vrais extrémistes, non ? Ils ne me semblent pas capables de considérer leurs opposants comme des gens qui ont tout simplement des opinions différentes. Pour eux ils sont réellement mauvais.

ROBIN. Les gens comme ça ont besoin d'utiliser leurs opposants comme des poubelles, un endroit où ils peuvent larguer toutes ces parties d'eux-mêmes qu'ils ne peuvent accepter. Exactement comme le bouc émissaire dans une famille malade. Ils ont besoin de haïr leurs opposants afin de rester eux-mêmes en bonne santé.

JOHN. Vous voulez dire que, tant qu'ils haïssent, ils peuvent maintenir leurs écrans en place et éviter de voir leurs propres défauts.

ROBIN. Oui c'est ça. Un intérêt intense pour la politique est en général une façon de se distancier de conflits personnels douloureux, de s'en défaire.

JOHN. Que se passerait-il s'ils commençaient à s'intéresser aux opinions de leurs opposants ?

ROBIN. Cela pourrait devenir dangereux pour eux, parce qu'il leur faudrait alors se confronter à leurs propres défauts ou faiblesses. Leurs écrans pourraient se dissiper, et ils verraient alors en eux les choses terribles qu'ils attribuent à l'autre parti. Donc, à la moindre alerte, ils se débrouillent pour prononcer rapidement un discours enflammé accusant les autres de vouloir faire couler des fleuves de sang ou de chercher à fonder une dictature fasciste dans le pays et, ce faisant, ajournent pour quelque temps la survenue d'une dépression, ou tout au moins la réduisent à des proportions acceptables pour paraître normaux à la Chambre des députés.

JOHN. Vous voulez dire qu'ils risqueraient de ne pas pouvoir assumer les défauts qu'ils seraient amenés à découvrir en eux ?

ROBIN. Oui c'est ça. Ils protègent leur santé mentale précaire en accusant les autres.

JOHN. C'est peut-être la raison pour laquelle les extrémistes sont si actifs politiquement. Ils en ont besoin ! S'ils s'arrêtaient pour prendre du bon temps, ils pourraient devenir fous. La bataille politique préserve leur santé mentale.

ROBIN. En fait, il est très difficile de soigner un activiste politique, sinon peut-être au moyen de médicaments qui soulageront les symptômes. C'est comme de la paranoïa. En fait, c'est de la paranoïa, mais adaptée de façon à coller parfaitement à la vie politique, si bien que les gens ne la voient pas pour ce qu'elle est. Mais, lorsqu'un patient en psychothérapie en prend conscience, il fait un pas en avant considérable. Une patiente étrangère qui participait à l'un de mes groupes de thérapie, gauchiste militante dans son pays d'origine et qui résistait à toute tentative d'analyse de cet aspect de sa vie, revint récemment de vacances absolument rayonnante, pleine de vie et de confiance en elle. Tout le monde lui en fit la remarque. Elle raconta alors ce qui s'était passé ; elle avait réalisé en rentrant chez elle que son attachement au communisme avait été une manière d'assumer des sentiments douloureux à l'égard de sa mère, et, comprenant cela, elle s'était aussitôt libérée des deux.

JOHN. En quoi cela a-t-il affecté ses vues politiques ?

ROBIN. Cela n'a pas changé son orientation politique, mais elle peut maintenant émettre ses points de vue sans se sentir menacée par les points de vue opposés. Elle est capable d'écouter, là où auparavant elle était complètement fermée et rigide. Il est intéressant aussi de remarquer que, lorsque je lui demandai si elle était devenue moins ou plus efficace qu'avant dans ses activités politiques, elle répondit immédiatement « plus efficace ». Ce qui, j'en suis sûr, est exact, parce qu'elle est devenue plus réaliste, beaucoup plus pragmatique et qu'elle est moins sous l'emprise de ses propres besoins psychologiques. Elle serait capable maintenant de former des alliances et de faire des compromis pour obtenir un consensus sur l'élaboration d'une stratégie.

JOHN. Ce qu'il y a de vraiment comique dans les groupuscules extrémistes, c'est leur incapacité à s'entendre entre eux. Ils se divisent tout le temps en groupuscules distincts, lesquels se divisent eux-mêmes au bout de quelque temps. J'ai prêté récemment attention à la scène politique anglaise et abouti à la liste des partis d'extrême gauche et d'extrême droite suivante. A l'extrème gauche, le Parti communiste de Grande-Bretagne (marxiste-léniniste), le Nouveau parti communiste, le groupe Vanguard, le Parti des travailleurs socialistes, le Parti trotskiste, le Parti socialiste de Grande-Bretagne (marxiste), le Groupe marxiste international, Jeunesse révolutionnaire, le Parti des travailleurs révolutionnaires (trotskiste), le Parti communiste révolutionnaire, la Ligue spartakiste (trotskiste), l'Organisation des travailleurs communistes, la Grande flamme (maoïste à l'origine), les Chartistes, la Tendance marxiste révolutionnaire, le Parti des travailleurs, l'Institut pour le contrôle par les travailleurs, la Ligue antinazie, la Ligue communiste internationale, le Parti des travailleurs révolutionnaires, le Parti des travailleurs socialistes révolutionnaires, le Groupe du pouvoir des travailleurs (trotskiste), le Combat des travailleurs, la Ligue des travailleurs, le Parti communiste révolutionnaire de Grande Bretagne (marxiste-léniniste fortement pro-albanais), le Parti communiste d'Angleterre, l'Association des travailleurs communistes, l'Union socialiste internationale, le Mouvement des travailleurs communistes, la Ligue des jeunes communistes de Grande-Bretagne, Solidarité pour une révolution sociale, la Ligue communiste révolutionnaire de Grande-Bretagne (maoïste), le Démocratie du peuple (marxiste-léniniste), Révolution mondiale, Socialisme alternatif, les Jeunes socialistes, la Tendance des militants, la Ligue des travailleurs socialistes, le Courant marxiste révolutionnaire (trotskiste), la Ligue pour l'action socialiste, Travailleurs marxistes (trotskiste), la Tendance communiste révolutionnaire (trotskiste), la Ligue socialiste révolutionnaire (trotskiste), les Socialistes internationaux, et le Parti travailliste indépendant. Et à l'extrême droite, agrémentés de svastikas et des symboles variés de la mythologie nordique, nous avons le Front national, le Mouvement britannique, le Parti national britannique, le Parti de la réorganisation nationale, Colonne 88, la Ligue de St-George, la Ligue du Nord, le Comité odiniste de Londres, les Jeunes Vikings, SS Wotan 18, la Brigade de la 11e heure, le Groupe commando Adolf-Hitler, les Gardes de fer, les Écuyers de la Croix de fer, la Brigade Dirlwanger, la Ligue britannique des droits, l'Organisation d'autodéfense, l'organisation Choix, l'Association pour le contrôle de l'émigration, et la Société de préservation raciale.

ROBIN. Est-ce que vous n'en avez pas oublié une ?

JOHN. Probablement, parce qu'ils scissionnent si rapidement qu'il est pratiquement impossible d'être à jour. On a presque l'impression d'observer une méiose * sous microscope. Mais je ne comprend pas très bien pourquoi ils font scission aussi souvent, ni pourquoi ils sont plus virulents entre eux qu'envers leurs ennemis à l'autre bout du spectre politique. Qu'est-ce que ça peut bien vouloir dire ?

* Division cellulaire.

ROBIN. Ah... Je pense qu'il s'agit là d'un principe assez différent de celui dont nous avons parlé jusqu'ici. Le paranoïaque essaie de maintenir la séparation entre le bien et le mal en rejetant tout le mal à l'extérieur ; c'est-à-dire en traçant une frontière toujours plus étroite, afin d'exclure les sentiments qui lui sont insupportables. Mais la personne qui adopte un comportement de type paranoïaque a des limites déjà tracées, d'une certaine manière : elle peut supporter d'admettre qu'il y a d'autres gens dans le monde. Elle pourra donc s'en sortir de façon à peu près satisfaisante en ralliant un parti politique représentatif des conduites et sentiments qu'elle apprécie chez elle, à condition qu'il existe aussi un parti antagoniste qui catalyse tout ce qui, en elle, lui est insupportable.
Le paranoïaque pourra soutenir son propre parti en haïssant l'autre et se sentira très bien. Ce type de vie lui permettra de garder les pieds sur terre, et l'empêchera de craquer. Biens sûr, il ne sera pas capable d'enterrer le hache de guerre, comme les membres les plus normaux de son parti, à la fin d'une empoignade, parce qu'il ne peut pas se permettre de faire taire son hostilité envers le parti adverse. Mais au moins peut-il s'entendre suffisamment bien avec le groupe des siens tant qu'il y a un ennemi à haïr.

JOHN. Il pourrait donc intégrer l'un des grands partis politiques ?

ROBIN. Oui. Mais si son besoin d'utiliser ses défenses paranoïaques est réellement très intense, il risque, s'il n'y prend garde, de régresser en permanence au stade de la famille à limites floues, il adoptera alors le comportement que nous venons de décrire avec son propre parti aussi. Et son sentiment divin d'omnipotence sera menacé par l'existence de n'importe qui d'autre, à moins que les vues de l'autre ne soient si identiques aux siennes qu'il ne le perçoive pas réellement comme différent. Donc, comme les gens ont toujours inévitablement quelque différence entre eux, cette différence surgira tôt ou tard, et le parti se fractionnera en permanence, puisque chacun des membres s'accroche à ce sentiment de pureté et de perfection. Alors, soit ils se boutent dehors les uns les autres, soit ils partent créer un nouveau parti détenteur de la vérité immaculée.

JOHN. Ah, c'est ça. Les vrais extrémistes sont toujours très fiers de la pureté de leur croyance, non ?

ROBIN. Oui, bien sûr. Il n'y a rien de mal à essayer de s'améliorer soi-même aussi longtemps que l'on reste réaliste. Mais à partir du moment où l'on essaye de convaincre les autres, et même de se convaincre soi-même que l'on est plus pur que ce que l'on est en réalité, cela signifie que l'on est probablement en train de camoufler les parties de soi-même qui ne répondent pas à notre ambition.

JOHN. Et, à partir du moment où on les camoufle derrière l'écran, elles se projettent sur d'autres gens ou d'autres groupes.

ROBIN. Il faut dire que de ce fait, on se sent plus pur, plus parfait pendant un certain temps.

JOHN. Exactement comme pendant l'Inquisition. Les uns pensaient que Dieu leur donnait des bons points, qu'ils rendaient service au Christ en brûlant vifs les autres.

ROBIN. Il est probable que la plupart d'entre eux pensaient sérieusement agir dans le seul intérêt des victimes. Les inquisiteurs pouvaient en conscience avoir le sentiment d'avoir sauvé leurs victimes d'un destin pire que la mort et d'avoir aussi sauvé le monde de l'affreux démon qui avait pris possession des victimes. Mais leur conduite était en fait motivée par leur besoin de se masquer l'existence en eux de ce démon, de le nier, de le projeter sur leurs victimes, et de s'en débarrasser en les détruisant.

JOHN. Et, de fait, ils se sentaient mieux pendant un certain temps.

ROBIN. Oui. Jusqu'à ce que les vieux démons les reprennent.

JOHN. C'est sans conteste la raison pour laquelle quand ils le pouvaient, ils torturaient leurs victimes pour en obtenir une confession. Preuve tangible que les Inquisiteurs étaient réellement de chics types, qui ne faisaient que leur boulot. Ça leur permettait de se sentir mieux encore plus longtemps.

ROBIN. Probablement. Ça les confirmait dans leur foi en leurs entreprises et éliminait toute trace de doute. C'était pour eux une confirmation de ce que le mal était réellement à l'extérieur d'eux, là-bas chez les victimes. Une confession était pour eux une grande source de réconfort.

JOHN. Je présume que la même chose s'applique à la chasse aux sorcières en Grande-Bretagne au XVIIe siècle. Pour les puritains, tout ce qui avait trait à la sexualité était tellement effroyable, que c'était chez eux totalement occulté et projeté sur d'autres, les bonnes vieilles « sorcières ».

ROBIN. C'est ça. Et s'il leur arrivait d'avoir de « mauvaises pensées », ils pouvaient accuser les sorcières de les avoir introduites dans leur esprit.

JOHN. Et ils les brûlaient. Et ils continuèrent comme ça jusqu'à ce que les choses se calment un peu et que les « mauvaises pensées » deviennent acceptables. Alors, il y eut l'époque de la Restauration et une floraison de comédies licencieuses ; on n'eut plus besoin de brûler les sorcières.

ROBIN. Tout cela montre combien il est dangereux d'essayer d'être trop bon. Quelqu'un d'autre finit par devoir être méchant.

JOHN. Mais pourquoi ce comportement et cette mentalité paranoïaque, que nous adoptons parfois, nous permettent-ils de nous sentir si bien ? Je vois bien que l'on se sent mieux parce que l'on s'est débarrassé des mauvais sentiments. Mais il se passe quelque chose d'autre aussi, non ? Une fois projetés en toute sécurité ces sentiments sur les autres, on peut se montrer vraiment infect à leur égard, parce que notre comportement est pleinement justifié par leur degré de méchanceté. Et cela signifie que l'on est en droit d'exprimer tous ses sentiments, mauvais, cruels, négatifs ou ses sentiments d'envie, et de mal se comporter. On est gagnant sur les deux tableaux. Non ?

ROBIN. C'est vrai. Et notez aussi qu'un autre des dilemmes psychologiques inclus dans le processus aide à comprendre pourquoi les êtres humains peuvent être d'une cruauté si diabolique les uns envers les autres. Quel que soit le degré de justification du persécuteur quant au traitement qu'il inflige à sa victime, en brûlant vif ou en torturant, il s'expose à prendre conscience du plaisir qu'il éprouve, en d'autres termes, à réaliser sa propre méchanceté. Il faut donc aller encore plus loin dans la projection en incriminant toujours plus la victime, justifiant par là-même plus de cruauté, ce qui accroît le danger pour le persécuteur de se voir tel qu'il est, et ainsi de suite. Et donc, plus la victime montre qu'elle souffre, plus le persécuteur sera furieux, cruel, impitoyable. Ce cercle vicieux de cruauté, culpabilité, projection de la culpabilité sur la victime induisant une cruauté encore plus grande se retrouve ainsi chez les persécuteurs, qui se rassurent les uns les autres sur la légitimité de leur action. Et si l'un d'entre eux commence à avoir des doutes sur la nécessité et la justesse de la cruauté, il menacera la tranquillité d'esprit de tous les autres. Ils tenteront tout d'abord de le rassurer, de le soutenir dans son travail, mais s'il continue à rechigner, ils se retourneront contre lui et le mettront, lui aussi, sur le gril. Et ce principe fonctionne aussi dans la vie quotidienne. En politique, par exemple, chacun peut obtenir un soutien très réconfortant de la part de son groupe en se concentrant sur un ennemi. Le besoin de combattre l'ennemi donne un objectif commun, lequel en nous rendant conscient de notre dépendance à l'égard des autres et de la leur à notre égard fait naître un sentiment de plus grande cohésion.

JOHN. C'est ce que l'on observe lors des congrès des Partis ? Ils sont tous assis là, plutôt tristes, et puis un orateur plein de fougue et de flamme se lève et dit : « La clique adverse, c'est vraiment le plus effroyable ramassis d'incapables, de gauchistes — ou de fascistes — qui ait jamais sévi dans ce grand pays qui est le nôtre, et ce serait un désastre s'ils arrivaient au pouvoir, s'ils le conservaient. Il nous faut donc prendre le pouvoir, le garder, mais ce sera une lutte titanesque, un combat terrible, et ce n'est pas le moment de nous laisser aller, de nous faire plaisir ou de prendre du bon temps. Nous devons nous battre, lutter et combattre, combattre et lutter jusqu'au bout. » Et tandis qu'il s'assied, les visages dans la salle rayonnent de plaisir et d'admiration. Un peu comme après quelques cocktails au champagne. Tous sont détendus, heureux et en forme. Ils respirent le contentement et la bonne volonté. Tandis que s'il leur avait dit : « Nous allons tous passer un sacré moment, nous amuser beaucoup et nous aimer les uns les autres », ils l'auraient probablement lynché. Mais pourquoi ont-ils donc tous besoin encore et toujours de ces ridicules exhortations au combat pour se relaxer et se sentir mieux ?

ROBIN. C'est le même principe. Elles leur permettent de séparer les sentiments de colère d'un côté et ceux de chaleur et d'affectation, de l'autre, et de diriger les mauvais sentiments exclusivement sur le parti opposé. Cela permet une concentration des bons sentiments qui les rend d'autant plus positifs. Bien sûr, le rayonnement produit n'est pas durable, parce qu'artificiel et, au bout d'un certain temps, on ne peut s'empêcher de voir que les gens de son bord ont aussi leurs défauts. Mais on a obtenu un répit temporaire pendant lequel on n'a pas été obligé de voir cette réalité du bon et du mauvais en tout un chacun, voire en soi. Ça, c'est une attitude plus complexe, plus adulte, qui est peut-être un peu austère et presque déprimante. Donc, nous nous sentons tous mieux lorsqu'il y a un ennemi à haïr, et c'est la raison pour laquelle les gens qui ont vécu la dernière guerre se souviennent avec émotion de la chaleur et de l'amitié extraordinaire qu'ils ont connue alors et déplorent leur disparition en temps de paix.

JOHN. J'ai entendu dire qu'il y avait à cette époque moins de dépressions cliniques.

ROBIN. Il y a des arguments en faveur de cette thèse. Et ce mode de fonctionnement paranoïaque revient souvent sur le devant de la scène à plus grande échelle lorsque des événements contristants affectent la société toute entière. Vous rappelez-vous le conflit industriel de Grunwick, en 1977, contre le blocage des salaires ?

JOHN. Ça a duré des semaines. Un nombre considérable de piquets de grève se bousculant et se battant aux grilles d'entrée, des images à tous les journaux télévisés, tout le monde et n'importe qui se mettant à défiler dans les rues. Ça a réellement captivé l'imagination du public, je crois qu'on peut le dire !

ROBIN. Mais l'immense intérêt du public n'a jamais semblé justifié par la taille ou l'importance du conflit. Je n'arrivais pas à comprendre pourquoi un échantillon si vaste de la population s'était impliqué émotionnellement, jusqu'à ce que je découvre que, moi aussi, j'avais envie d'y aller et de jeter quelques briques à mon tour. J'ai alors remarqué que, rien qu'à cette pensée, je m'étais soudain senti beaucoup plus heureux, beaucoup plus vivant, alors que juste avant j'étais plutôt morose et morne. Et cela me permit de comprendre que le conflit de Grunwick avait focalisé l'attention du public au moment même où les événements nous forçaient à regarder en face l'état dramatique de l'économie britannique, à accepter le fait qu'à partir de maintenant nous allions tous devenir plus pauvres. Je me souviens qu'à l'époque j'étais souvent déprimé à cette idée. Mais, excité par l'histoire de Grunwick, je m'imaginais rejoignant la lutte et ça me remontait le moral, comme une injection d'adrénaline.

JOHN. Et en fin de compte, tout l'intérêt, toute l'excitation s'évanouirent sans que rien ne change. C'est comme ça que ça marche. Le niveau de vie de chacun baisse parce que le monde se transforme et suit une direction qui nous échappe, et ça, c'est déprimant pour tous. Mais si chacun prend partie pour l'une des deux grandes équipes, l'une qui affirme que nous serions tous beaucoup plus riches sans ces patrons cupides et égoïstes, ou l'autre, disant que nous le serions encore sans ces leaders syndicaux étriqués et ces travailleurs paresseux ; tout se transforme en une finale de coupe où chacun peut se permettre d'être agressif, de s'exciter et d'oublier les vrais problèmes économiques qui, eux, sont déprimants et compliqués.

ROBIN. C'est cela. Et, bien sûr, le vrai problème n'est pas résolu parce que, pour ce faire, il nous faudrait affronter la réalité, même si elle est déprimante. Et pour y arriver il nous faudrait tout de même coopérer les uns avec les autres...

JOHN. Donc, à court terme, le comportement paranoïaque sert à nous remonter le moral. Mais à quel prix ?

ROBIN. A petites doses, cela ne peut pas nuire. A condition que nous soyons conscients de ce que nous faisons et que nous puissions tout laisser tomber pour revenir à un comportement normal, ainsi que le font la plupart des gens qui assistent à une compétition ou à un débat politique. Ça les stimule, sans nuire aux autres. Ça illustre seulement la capacité des gens normaux à régresser vers des modes de comportement ou de pensée infantiles, lorsqu'ils n'ont pas besoin d'être sérieux ni de faire attention, lorsqu'ils peuvent se laisser aller et s'amuser un peu. Mais ils peuvent toujours abandonner cette attitude et recouvrer un mode de pensée plus adulte, si un événement important exige de leur part analyse et sûreté de jugement.

JOHN. Et, comme vous le dites, les vrais extrémistes, eux, en sont incapables. Ils sont obligés de conserver leur mode de fonctionnement paranoïaque. Alors, que se passe-t-il quand ils arrivent au pouvoir ?

ROBIN. Tout dépend du caractère de gravité de leur folie. Si le leader est bloqué au « stade de la famille floue » à bien des égards, mais reste cependant intelligent et crédible, on obtient le type de situation qui a prévalu dans l'Allemagne nazie. Tous les modes de fonctionnement paranoïaque sont poussés à l'extrême et systématiquement utilisés pour placer quelques groupes minoritaires en position de boucs émissaires, si bien que tous les mouvements de colère et de frustration de la population se détournent du régime en place pour se déverser sur eux. Qui plus est, le leader laissera planer le doute quant à ses propres limites. Il persistera à croire qu'il est omnipotent et ne connaît pas de limite, qu'il est Dieu, et aura par conséquent à contrôler tout et tout le monde, tous les aspects de la vie, en tâchant d'éviter que l'on contredise en rien ses fantasmes. Pour prendre un exemple simple, chaque fois que Hitler levait le bras, il voulait que tous fassent de même.

JOHN. Et je présume que ça marche aussi en sens inverse. Plus la foule obéit aux injonctions du dictateur, plus ce dernier perd la notion de ses limites.

ROBIN. Je pense que c'est une des raisons pour lesquelles le pouvoir corrompt. Le tenant du pouvoir perd inévitablement et graduellement le contact avec la réalité, parce qu'il ne fait pas l'expérience des frustrations qui lui permettraient de tracer ses limites. Et plus son état empire, plus il se sentira menacé par toute forme d'individualité ou de différence qu'il ne contrôle pas. Parce que ces différences révèlent ses limites, lui montrent qu'il n'est pas tout et qu'il n'est pas Dieu. Donc, les dictateurs aiment les uniformes et l'uniformité ; ils haïssent particulièrement tout ce qui est différent, distinct, tout ce qui a une identité forte par soi-même et se sentent obligés de le détruire. Les juifs ont une identité particulièrement forte, distincte, non équivoque. Ils constituent donc une cible naturelle pour quiconque se prend pour Dieu.

JOHN. Les gens de couleur sont une autre cible évidente, le dictateur ne peut manquer de voir ou d'interdire cette différence.

ROBIN. C'est exact. Et donc, le dictateur veut se débarrasser de tous ces gens qui diffèrent de l'idée qu'il se fait de lui. En même temps, il peut leur attribuer tout ce qui se trouve en lui et qu'il n'aime pas, toutes ces parties de lui qui le font se sentir mauvais, inférieur à Dieu.

JOHN. Je suppose que l'existence d'autres nations, différentes et indépendantes, sera tout aussi problématique pour lui ?

ROBIN. Oui. En conséquence, le dictateur voudra de toute évidence soit les conquérir, soit les rendre identiques à la sienne, les absorber, ou les balayer si elles sont trop différentes. Aussi terrible que cela soit, c'est en toute logique inévitable. A partir du moment où quelqu'un s'est installé dans cette voie, ses succès le conduisent à toujours plus de projection et de destruction. Le dictateur et sa clique ne se sont évidemment pas débarrassés d'un seul des mauvais sentiments qu'ils ont en eux-mêmes, ils les ont simplement projetés sur un autre groupe, dont les membres sont de ce fait les ennemis publics numéro un. Ils les liquident donc, et, après une pause, ils se remettent à projeter sur le groupe suivant, et ainsi de suite sans fin.

JOHN. Voir les mémoires de ce cher Olivier Cromwell. Il a commencé avec le soutien du Parlement, de l'armée et des puritains écossais, lesquels l'ont aidé à débarrasser son parti des royalistes. Et puis, il s'en est pris aux Écossais. Puis il purgea l'armée. Puis il purgea le Parlement. Puis il se débarrassa de pratiquement tous ceux qui avaient soutenu le protectorat au départ. Il ne faut pas s'étonner qu'il y ait eu une restauration de la monarchie dans les deux années qui ont suivi. Les nazis travaillaient selon le même principe. Hitler a éliminé les communistes, les socialistes, les syndicats, les catholiques, les protestants, les juifs, les gitans, etc. Il a purgé aussi ses propres chemises brunes, les S.A., et était en train de s'en prendre aux S.S. lorsqu'il fut dépassé par les événements. Et Staline... il se débarrassa en fait virtuellement de chacune des figures importantes qui avaient aidé à faire triompher la Révolution, les accusant tour à tour de comportement contre-révolutionnaire. Un chef de cette trempe, une fois qu'il s'est débarrassé de ses ennemis, est obligé de s'en prendre à ses compagnons.

ROBIN. Il lui faut trouver de plus en plus de dissidents, de traîtres, etc. à l'intérieur même du mouvement. Et s'il vient à lui en manquer, le dictateur finira par atteindre un point où lui-même ne pourra plus croire que tous ces mauvais sentiments provenaient de l'extérieur.

JOHN. Son écran commencera en fait à voler en éclats.

ROBIN. Ce qui aurait pour conclusion logique qu'il s'élimine lui-même.

JOHN. C'est drôle que vous en parliez, parce que j'ai toujours eu le sentiment que l'Ayatollah resterait le seul homme en Iran, assis là, sévèrement, à se mutiler lui-même... Je pense à l'instant que le suicide en masse des disciples de Jim Jones est, en fait, survenu peu après leur déménagement au Guyana, leur terre promise.

ROBIN. Ça, c'est un exemple particulièrement probant. Ils avaient fini par prendre totalement leurs distances avec tous ceux qui les persécutaient à l'extérieur et ils n'avaient plus personne sur qui projeter leurs mauvais sentiments. Il leur devenait alors de plus en plus difficile d'affronter la vérité de cette part négative d'eux-mêmes, ils étaient incapables de l'assumer. Vous voyez combien la mort, la destruction à grande échelle sont le résultat logique et extrême du comportement paranoïaque qui consiste à éviter la vérité sur soi et la critique. Alors que, bien sûr, c'est la critique, négative comme positive, qui nous maintient en bonne santé mentale. Vous vous rappelez l'analogie de la carte mentale à laquelle nous revenons tout le temps. Eh bien, il nous faut en permanence retracer les limites de nos cartes mentales, et nous ne pouvons le faire qui si nous obtenons des autres des informations précises. Donc, si l'on est un peu trop susceptible et que l'on éloigne quiconque nous fait des critiques, notre carte mentale sera de moins en moins représentative du monde réel et l'on deviendra toujours plus fou. Les groupes qui fonctionnent de cette manière maintiennent un contrôle étroit sur la communication, afin de stopper toute information contradictoire en provenance de l'extérieur. Et les familles du type de celles que j'ai décrites ont en général pour règle de ne pas parler trop librement aux gens extérieurs au clan.

JOHN. Il y a un dialogue merveilleux dans « Le Parrain », lorsque le Parrain réprimande l'un de ses fils à l'issue d'une réunion avec une autre famille de mafiosi. Il dit : « Dino, tu es tombé sur la tête ? Ne dis plus jamais ce que tu penses à quelqu'un d'extérieur à la famille ! »

ROBIN. Il y eut pas mal de morts et de destruction dans cette famille, vers la fin de l'histoire, si je me rappelle bien. Trop peu ont survécu pour parler. Ce sont ces mêmes principes que les familles de cinglés, les sectes et les groupes politiques extrémistes appliquent à leurs membres, afin de restreindre la circulation de l'information à l'extérieur des limites de la famille ou du groupe. Aucune information ne peut pénétrer qui aille à l'encontre de la carte familiale, de crainte que tout le système ne s'écroule.

JOHN. Et les États totalitaires, de la même façon, contrôlent l'information, censurent l'histoire et découragent leurs citoyens d'écouter les radios étrangères.

ROBIN. Cela nous permet d'apprécier les libertés dont nous jouissons dans ce pays, non ? Elles nous paraissent aller de soi la plupart du temps, mais elles font réellement la différence entre la folie et la santé mentale.

JOHN. Selon Amnesty International, il y a plus de cent dix pays dans le monde où les gens encourent la prison pour délit d'opinion. On peut pourtant dire une chose en faveur de la paranoïa : elle permet de se sentir mieux.

ROBIN. Au moins pendant un certain temps. C'est pourquoi elle est si répandue. Il n'y a pas de doute que c'est aussi la raison pour laquelle nous avons tous deux pris un certain plaisir à critiquer sans complexe les paranoïaques.

JOHN. Ah ! Voilà pourquoi je me sens soudain autant en forme !

Cet étonnant lapin en peluche

Séparation

JOHN. Nous venons d'assister aux premières tentatives du bébé pour construire sa carte du monde. Nous avons vu que pour cela, il lui faut combiner harmonieusement soutien émotionnel et informations pour comprendre que sa mère et lui, cela fait deux. Quel thème allons-nous aborder maintenant ?

ROBIN. Les idées que nous allons développer sont toutes relatives à la prise de conscience par le bébé qu'il ne fait pas partie de sa mère et en est radicalement distinct. Nous serons donc amenés à nous poser les questions suivantes : pourquoi les ours en peluche sont-ils d'une importance vitale ? Pourquoi sommes-nous ouverts et détendus certains jours et coincés d'autres ? Quelle différence y a-t-il entre la dépression et la tristesse ? Quelle est l'utilité de la tristesse ? Pourquoi est-on irritable quand on est déprimé ? Pourquoi toute dépression est-elle « chimique » ? Pourquoi les mères doivent-elles laisser leur bébé dans la détresse de temps à autre ?

JOHN. Par où commence-t-on ?

ROBIN. Tout commence lorsque le bébé réalise, vers l'âge de sept mois, qu'il est distinct de sa mère. Il prend de plus en plus conscience de cette béance entre eux, avec laquelle il faut bien faire.

JOHN. Vous disiez que son niveau général d'anxiété faisait alors un bond brutal.

ROBIN. C'est juste. C'est une expérience angoissante pour le bébé que de voir cet espace qui s'ouvre entre lui et sa mère. C'est un peu comme ce moment désagréable où l'on a un pied sur le bateau et l'autre encore sur la rive. C'est un moment, bien sûr, où l'attachement — le besoin de rester près de la mère et la peur d'être séparé d'elle — s'intensifie. D'où la splendide pertinence du jeu de cache-cache.

JOHN. La mère est là et, tout à coup, elle n'est plus là : un petit frisson d'anxiété... et la revoilà. L'anxiété est levée, roucoulements de plaisir.

ROBIN. Et rires... ce qui habituellement signale un relâchement de la tension.

JOHN. Et lorsque le bébé grandit, son anxiété diminue.

ROBIN. Oui, parce qu'il apprend à faire par lui-même ce qu'auparavant il devait faire faire par sa mère.

JOHN. Vous voulez dire que son angoisse de séparation, pour parler crûment, est proportionnelle à sa dépendance vis-à-vis de sa mère.

ROBIN. Disons simplement que plus il peut se materner lui-même, moins il a de raisons d'être anxieux.

JOHN. Quand vous dites « peut se materner lui-même », vous pensez à un maternage matériel ou à un maternage émotionnel ?

ROBIN. Les deux. Il doit apprendre à s'habiller tout seul et à se nourrir... et aussi à se faire plaisir, à se « soutenir ».

JOHN. Comme se dire à lui-même que tout va aller bien ou qu'il peut faire telle ou telle chose s'il essaie vraiment ? Je pense soudain aux joueurs de tennis qui se parlent à eux-mêmes aux moments cruciaux : « Vas-y Jimmy, tu en es capable ! »

ROBIN. Oui, l'enfant apprendra plus tard à se rassurer de cette façon.

JOHN. Mais jusqu'à ce qu'il en soit capable, toute séparation d'avec sa mère sera pour lui source d'angoisse ?

ROBIN. Plus ou moins. Mais, heureusement, le bébé a également un désir tout naturel d'explorer le monde et de s'y aventurer loin de sa mère. Et donc, vers l'âge de neuf mois, il commence à marcher à quatre pattes et à prospecter, il trouve cela très agréable, mais à condition d'obtenir l'amour et le soutien émotionnel qui lui donneront suffisamment d'assurance pour se risquer tout seul un certain temps.

JOHN. Mais sa mère doit encore rester à proximité, pour le cas où il aurait peur.

ROBIN. Et, surtout, afin qu'il puisse revenir à quatre pattes la retrouver ! Il est évidemment important que la mère encourage ces aventures, et transmette au bébé ce message fondamental : « Tu peux partir quand tu veux, et revenir quand tu as besoin de moi. »

JOHN. Attendez un moment ! Ça, c'est bien si la mère est tout près, parce que si la séparation angoisse le bébé, elle peut venir le rassurer. Mais le bébé doit apprendre à devenir plus indépendant. Nous sommes bien d'accord pour penser que c'est souhaitable ?

ROBIN. Oui.

JOHN. Il a donc besoin de se débrouiller sans elle de temps à autre. Mais ça, ça l'angoisse. Elle doit donc venir le rassurer. Mais dans ce cas il n'apprend pas à devenir indépendant. Autrement dit, si le bébé a besoin que sa mère soit là pour l'aider à se passer d'elle... eh bien, c'est la quadrature du cercle, non ? Alors, que peut faire la mère pour venir en aide au bébé lorsqu'elle n'est pas là ?

ROBIN. Elle peut lui donner un objet transitionnel.

JOHN. Voilà qui vous remet à votre place !

ROBIN. L'objet transitionnel, c'est ce que nous, médecins, appelons un ours en peluche.

JOHN. Pourquoi appelle-t-on un ours en peluche un objet transitionnel ?

ROBIN. Parce qu'il aide le bébé à faire la transition entre le stade où il est incapable d'assumer quoi que ce soit sans le soutien émotionnel de sa mère, et le stade où il peut commencer à l'obtenir d'autres gens.

JOHN. En quoi peut-il aider le bébé à faire la jonction ?

ROBIN. Il permet au bébé de transférer sur un objet quelques-uns des sentiments puissants qui l'ont lié si intimement à sa mère. Et n'importe quel objet à serrer dans ses bras revêt alors une importance particulière pour l'enfant, un objet qu'il puisse emporter partout, et câliner en s'endormant.

JOHN. Comme la couverture de Linus dans les Peanuts.

ROBIN. Oui.

JOHN. Moi, j'avais un lapin en peluche qui s'appelait Reggie. Donc, le bébé transfère quelques-unes de ses émotions sur l'objet transitionnel.

ROBIN. On peut constater la chose *de visu* lorsque la mère donne à l'enfant « sa » peluche ou quoi que ce soit d'équivalent. Lorsqu'elle part, on voit très bien comment le bébé transfère une partie de son attachement sur l'objet.

JOHN. Ah ! C'est pourquoi ces jouets câlins prennent une telle importance dans la vie de l'enfant. Je n'avais pas bien saisi leur portée. Et ça commence quand ?

ROBIN. Les moments varient selon les enfants. En général, au cours de la deuxième, voire de la troisième année. L'enfant dispose alors

d'une sorte de soutien portatif pour l'aider à assumer cette amorce de séparation d'avec sa mère.

JOHN. C'est une sorte de substitut de la mère ?

ROBIN. Oui. C'est une fonction très importante de l'objet transitionnel. Souvent, la première chose qu'utilise le bébé, c'est juste un morceau de couche ou un bout de couverture qu'il met dans sa bouche avec le pouce, et qu'il associe donc au confort et à l'alimentation. Cela représente la mère.

JOHN. Et, lorsqu'il prend avec lui la couverture, l'ours ou le lapin en peluche, c'est un rappel de la disponibilité de la mère, une mémoire de la mère.

ROBIN. C'est joliment dit. En effet la mémoire de l'enfant est encore vacillante à ce stade. Même après avoir réussi à assembler les différents aspects de sa mère et avoir reconstitué son image, celle-ci peut à nouveau facilement se morceler sous le coup d'une émotion forte et douloureuse. Si sa mère part trop longtemps, il se mettra en colère, et sa colère détruira l'image qu'il a d'elle au même titre qu'un puzzle se défera si l'on donne un coup de poing trop fort sur la table, plus particulièrement s'il n'est pas terminé. De même, l'enfant ne pourra pas faire surgir comme par enchantement l'image de sa mère absente pour se réconforter. Mais le lapin en peluche l'aide à se souvenir d'elle et ça, ça l'aidera à ne pas être trop perturbé. L'enfant sera capable de se souvenir du soutien apporté par sa mère, même si en réalité, elle n'est pas là.

JOHN. Vous avez décrit là une des fonctions de l'objet transitionnel. Quelles sont les autres ?

ROBIN. En deuxième lieu, l'enfant va découvrir beaucoup de choses sur lui-même en jouant avec sa peluche. Si vous regardez un enfant jouer avec un objet transitionnel, vous verrez qu'il lui assigne sa propre place, tandis que lui joue le rôle de la mère. Ce faisant, le bébé, à sa façon, devient la mère et prend soin de l'objet en peluche.

JOHN. « Tu es un gentil petit lapin »... « Il ne faut pas faire ça, maman n'aime pas... »

ROBIN. Oui, lorsqu'il saura parler, il dira ce genre de choses. Et donc, il découvre ses sentiments en les projetant sur le jouet. Tantôt il jouera à être la mère en prenant soin du jouet, tantôt, l'instant suivant, il se servira du jouet comme d'une mère et s'y accrochera en recherchant du soutien.

JOHN. Il oscille donc en permanence entre le rôle de la mère et celui de l'enfant et, de ce fait, en apprend toujours plus sur les sentiments maternels... Et comme il comprend mieux sa mère, il se comprend mieux aussi. Il continue ainsi à clarifier ses limites en éclaircissant peu à peu ce qui se passe entre lui et sa mère.

ROBIN. C'est ça.

JOHN. Une chose me vient à l'esprit : le fait que le lapin soit inanimé est un appui pour l'enfant. Le lapin ne change pas, ne réagit pas, et n'a lui-même pas d'émotion. Voilà qui devrait permettre de clarifier les choses.

ROBIN. Continuez.

JOHN. Bon, prenons un sentiment vis-à-vis duquel je ne suis pas très clair : l'esprit de compétition. De temps à autre, je peux me trouver en présence de quelqu'un et m'apercevoir soudain qu'il y a entre nous beaucoup de rivalité, mais il m'est très difficile de savoir dans quelle mesure c'est moi qui fabrique ce sentiment et dans quelle mesure ça vient de l'autre. L'interaction continue, le flux et le reflux des émotions me rendent difficile toute délimitation entre ma rivalité et la sienne, même si plus tard j'arrive à y voir clair. Et donc, par analogie, le fait que le lapin ne soit pas une variable doit aider le bébé dans son processus d'apprentissage.

ROBIN. Oui, cela me semble juste. Soit dit en passant, c'est une des raisons pour lesquelles la technique psychanalytique a le succès qu'on lui connaît. Un patient aux limites floues sera capable de préciser ses frontières et de faire le tri entre ses sentiments propres et ceux qu'il projette, pour la simple raison que l'analyste se tait et ne réagit pas, sauf pour un commentaire neutre et occasionnel.

JOHN. Je présume qu'en jouant à être la mère, le bébé découvre comment se materner et veiller sur lui-même. Et cela est vital pour la réussite du processus de séparation.

ROBIN. Oui, je le crois.

JOHN. C'est donc le deuxième avantage de l'objet transitionnel. Ce lapin talentueux peut-il quelque chose d'autre pour l'enfant ?

ROBIN. Oui, il y a autre chose. Et c'est tout aussi important que ce dont nous venons de parler. Il s'agit de la sécurité et de l'apprentissage par le jeu. En fait, c'est presque plus important. Le lapin porte avec lui une sorte de message de la mère à l'enfant. La permission de grandir.

JOHN. Vous parlez comme un oracle.

ROBIN. Eh bien, rappelez-vous que ce qui est en jeu, c'est le développement de l'enfant. Pour grandir, il lui faut quitter progressivement le stade où la mère est tout, pour une phase plus avancée où il peut commencer à transférer un peu de son attachement sur les autres, sur son père, sur ses frères et sœurs, etc. Maintenant, si la mère, en donnant un « nounours » ou un lapin à l'enfant, se réjouit du succès de l'entreprise, elle lui transmettra ce message vital en adoptant une attitude conséquente à l'égard de l'objet.

JOHN. Le message étant : « Je suis heureuse que tu grandisses loin de moi. » Je crois comprendre. En montrant qu'elle est heureuse que le bébé joue avec le lapin lorsqu'elle n'est pas là, elle lui dit que c'est bien de se faire plaisir sans elle, mais, en même temps, il y a là un peu d'elle, sous la forme du lapin, pour rassurer l'enfant en son absence. C'est une sorte de solution à la quadrature du cercle, n'est-ce pas ?

ROBIN. Je pense que le lapin véhicule un message supplémentaire, qui dit : « Tu peux grandir loin de moi à ton rythme, tu n'as pas à aller plus vite que nécessaire et, s'il le faut, je peux supporter que tu t'en ailles ».

JOHN. Quoi ! Qu'il s'en aille complètement ?

ROBIN. Oui. Tout cela signifie : « Je veux que tu grandisses et qu'au bout du compte tu n'aies plus besoin de moi du tout ! »

JOHN. Je suis désolé. Je comprends bien le reste du message, mais cette dernière partie me paraît un peu fantaisiste.

ROBIN. Il semble pourtant que ce ne soit qu'une autre manière de traduire le message sur lequel nous étions déjà tombés d'accord, en le poussant jusqu'à sa conclusion logique.

JOHN. Bien. C'est vous le gourou. Maintenant, voyons si j'ai bien compris tout ça. Vers l'âge de six mois, le bébé doit apprendre à se séparer un petit peu de sa mère, c'est-à-dire à passer d'une dépendance émotionnelle totale, à une position où il peut se procurer du soutien auprès d'autres gens. Il découvre qu'un objet transitionnel l'aide en cela, pour plusieurs raisons. Premièrement, le bébé peut transférer quelques uns de ses sentiments pour sa mère sur l'objet en peluche. Donc, quand il est anxieux, il peut se servir de l'objet pour se rappeler le réconfort que sa mère lui apporte. Deuxièmement, en jouant avec l'objet, le bébé s'essaye aux deux rôles, celui de la mère et celui du bébé, ce qui l'aide à apprendre à être une mère, et, en d'autres termes, à se materner lui-même aussi bien qu'à clarifier ses propres frontières en comprenant mieux sa mère. Et troisièmement, le fait que la mère approuve le jeu de l'enfant avec l'objet signifie qu'il est bon pour lui de devenir plus indépendant. Autrement dit, cet objet est une mémoire de la mère, un clarificateur de limites, un professeur d'auto-maternage et un approbateur d'indépendance. Pas étonnant qu'il coûte si cher !

ROBIN. Donc, au fur et à mesure que le bébé prend un peu de distance vis-à-vis de sa mère, il se sent soutenu, et il apprend à s'autosoutenir. Ça lui permet d'être plus détendu. Il va apprendre progressivement à aborder avec plus de confiance et d'ouverture tous les changements qu'il aura à négocier jusqu'à son départ de la maison.

JOHN. C'est la même chose avec les adultes, non ? En nous rappelant les sources de soutien disponibles, nous pouvons mieux faire face au stress, et rester plus ouverts aux possibilités qui s'offrent à nous. Je suppose que c'est la raison pour laquelle les gens emportent avec eux des photos de famille ou des bagues ou d'autres objets à valeur sentimentale, peut-être même des crucifix, qui constituent un lien avec ceux qu'ils aiment.

ROBIN. Tous ces objets nous rassurent sur notre capacité à affronter les changements que la vie nous apporte et a continuer d'avancer.

JOHN. Quand je réfléchis à la transition opérée par le bébé à ce stade, il me vient une autre explication du caractère stressant des changements. On ne peut, en effet, amorcer quelque chose de nouveau si l'on n'a pas quitté quelque chose d'ancien. Avant de pouvoir prendre plaisir à être avec son père, le bébé doit s'être un peu libéré de sa mère. Et il ne prendra plaisir à aller à l'école qu'en renonçant un peu à celui de rester à la maison.

ROBIN. C'est ça. De même qu'il est impossible d'avoir une idée vraiment nouvelle si l'on n'a pas abandonné une idée ancienne.

JOHN. C'est peut-être la raison pour laquelle il est si dur de penser !

Quoi qu'il en soit, s'il faut d'abord lâcher du lest avant de pouvoir progresser, on se retrouve face à deux sources potentielles d'anxiété. Premièrement, lâcher du lest implique une perte, habituellement source de malaise. En second lieu, progresser, c'est être confronté à quelque chose de nouveau dont on ne connaît pas le degré de fiabilité et qui, dans le pire des cas, pourrait se révéler tout à fait inquiétant. Plus que le danger réel, c'est le manque de familiarité qui nous fait peur.

ROBIN. C'est vrai. L'anxiété est encore plus grande quand on se trouve entre les deux, lorsque l'on n'est plus accroché à l'ancien sans toutefois avoir prise sur le nouveau... Et tout cela explique pourquoi il est, à ce stade, tellement vital pour l'enfant d'apprendre à lâcher prise sans crainte de ce qui l'attend, mais avec l'espoir de trouver à la place quelque chose d'aussi bien, voire de meilleur. S'il arrive à avoir cette assurance, il affrontera la vie avec un esprit d'ouverture, avec décontraction et continuera de grandir.

JOHN. Et si ce n'est pas le cas, il sera coincé, fermé, timoré, rigide ?

ROBIN. Oui, c'est ça. Si nous avons appris à faire confiance, nous aurons une manière ouverte et décontractée d'affronter le monde : quand il faudra abandonner quelque chose, nous pourrons le faire, parce que nous aurons confiance en notre capacité à surmonter l'affreux sentiment de perte. En nous autorisant à affronter ce désagrément, nous nous libérons du besoin de ce que nous laissons derrière nous. Si bien que lorsque nous sommes confrontés à quelque chose de nouveau, au lieu d'avoir peur et de nous renfermer sur nous-mêmes pour nous protéger, nous sommes en mesure de découvrir que la nouveauté ne constitue pas un danger, mais peut être au contraire source d'aide et de soutien.

JOHN. Et si nous n'avons pas dépassé ce stade, nous ne pourrons pas quitter quoi que ce soit, parce que nous ne serons pas du tout certains de pouvoir surmonter ce sentiment de perte.

ROBIN. Et, lorsque nous nous trouverons dans une situation nouvelle pour nous, nous aurons tendance à être plus tendus, à être crispés, sur nos gardes. Et, bien qu'il soit parfaitement naturel de se protéger de dangers réels, ce n'est pas la meilleure façon d'aborder quelque chose de nouveau.

JOHN. Un peu comme quand on est en position de combat : état d'alerte maximale et fermeture des frontières.

ROBIN. Exactement. Donc, l'enfant à qui l'on n'apporte aucun soutien lorsqu'il en a besoin — un objet transitionnel pour l'aider à surmonter la séparation, ou une possibilité de retour vers la mère lorsqu'il a peur — devra utiliser cette attitude de la « position de combat » pour se protéger de trop de changements et de stress. Il sera vraisemblablement tendu, sur ses gardes, plutôt méfiant et, comme vous le dites, rigide.

JOHN. Si bien qu'il ne se donnera jamais la chance de découvrir que les choses nouvelles ne sont pas dangereuses.

ROBIN. Ni, bien sûr, qu'elles peuvent lui apporter d'autres formes de soutien qui remplaceront l'attention de sa mère, au fur et à mesure qu'il s'ouvrira à son père, à ses frères et sœurs, à ses amis de classe, aux camarades d'équipe, de club, aux groupes et, en fin de compte, à quelqu'un qu'il aimera.

JOHN. Donc, l'attitude ouverte et décontractée et l'attitude rigide et fermée sont deux manières d'appréhender la vie.

ROBIN. La première l'amènera à grandir et à changer et la deuxième à rester coincé.

JOHN. Mais la plupart des gens connaissent certainement les deux états. Je veux dire que, de temps en temps il m'arrive d'être détendu même quand je suis aux prises avec une situation difficile : je suis alors capable d'y faire face avec un intérêt amusé, un certain détachement vis-à-vis de ce qui pourra se passer. Et comme je suis plus ouvert aux gens, les conflits se résolvent plutôt facilement. Quand je suis tendu, sur mes gardes, en « position de combat » je reste intraitable et les choses n'aboutissent pas. Pas d'heureux compromis. Le fait est que je peux me conduire de deux manières, tout dépend de mon humeur.

ROBIN. Assez bien vu. Un individu, tout ouvert qu'il soit, fermera sa porte s'il a subi un stress important sans avoir eu le temps de recharger ses batteries ; et même le plus rigide s'ouvrira si on se montre avec lui suffisamment chaleureux. Mais la plupart du temps, les gens auront tendance à privilégier un type de comportement.

La bonne voie

JOHN. Vous dites donc qu'il y a au moins deux voies que nous pouvons emprunter tout au long de la vie. L'une est la voie de l'ouverture et de la décontraction, l'autre celle du repli et de la rigidité. Et la voie sur laquelle nous allons nous trouver est largement déterminée par la manière dont nous vivons avec notre mère cette phase de séparation, entre l'âge de six mois et l'âge de trois ans ?

ROBIN. Oui, je crois que c'est ça, bien que, tourné de cette manière, la responsabilité de la mère semble trop engagée. Voyez-vous, si elle est coincée sur la voie de la fermeture et de la rigidité, c'est parce que sa famille était comme ça. Elle n'y peut rien. Et il ne lui sera pas facile d'inverser les positions pour mettre son bébé sur la voie de l'ouverture et de la décontration.

JOHN. Pour ce faire, elle aurait besoin d'un soutien considérable en provenance de l'extérieur. Et il est peu probable que cela vienne de son mari, puisqu'elle aura, selon toute vraisemblance, choisi quelqu'un qui est sur la même voie qu'elle.

ROBIN. Oui, c'est cela. Et l'idée de ces deux voies revêt tant d'importance dans la façon dont les gens deviennent adultes que je voudrais examiner la spécificité des relations mère-enfant dans chacune d'elles. Prenons tout d'abord la voie « saine ». Là, la mère normale, c'est celle que nous appelons la « mère suffisamment bonne ». Vous vous rappelez ce qui la caractérise ?

JOHN. Elle est capable de se prendre en charge. Elle est consciente de ses propres besoins et est heureuse de les satisfaire. Donc, elle confie le bébé aux autres lorsqu'elle a besoin d'une pause, et peut demander aux gens de l'amour et du soutien lorsqu'elle en ressent le besoin.

ROBIN. C'est cela. Et le résultat, c'est qu'elle dispose suffisamment d'amour et de soutien émotionnel ou d'assurance et de sérénité — quel que soit le terme que vous utiliserez. Le résultat est double : tout d'abord, comme elle obtient ce dont elle a besoin, elle peut donner à l'enfant, si bien que le bébé reçoit le soutien émotionnel qui lui est nécessaire. Et, deuxièmement, elle ne dépend pas, de ce fait, du bébé, de son amour et de son soutien. Elle sera donc capable de le laisser partir lorsqu'il sera prêt.

JOHN. Et elle lui laissera son petit bout de couverture puante ou lui donnera un ours en peluche. Et ça, ça aidera l'enfant à se séparer d'elle, non seulement parce qu'il fera le lien avec l'amour de sa mère, mais aussi parce qu'elle sera d'accord. Il verra ainsi qu'elle veut bien qu'il se libère d'elle lorsqu'il s'en sentira prêt.

ROBIN. Il se sent ainsi en sécurité ; il est plus courageux et plus apte à prendre un tant soit peu de risques. Il n'aura pas besoin de se préserver des expériences nouvelles. Tout deviendra beaucoup plus amusant. La vie sera plus agréable. L'enfant se fait plus rapidement des amis et dispose de plus de soutien lorsqu'il en a besoin, même lorsque maman et la famille ne sont pas dans le coin pour donner un coup de main. En conséquence, il aura moins besoin de sa mère, et plus tard, il aura moins besoin de sa famille. Et ça, soit dit en passant, ça signifie qu'il saura prendra plus de plaisir à leur contact.

JOHN. Pourquoi ?

ROBIN. Parce que, quand il sera avec eux, il n'aura pas tout le temps peur de les voir disparaître. Et des soucis de ce genre ne viendront pas gâcher son plaisir. Il sera bien plus capable d'affronter les changements, les pertes et les stress de toute sorte, et sa vie, non seulement sera plus riche et plus variée, mais le deviendra de plus en plus.

JOHN. Ça, c'est la voie saine. Et une mère qui est sur l'autre voie est donc incapable d'un égoïsme salutaire. Elle ne peut pas prendre ce dont elle a besoin.

ROBIN. Non. Disons donc qu'elle sera insatisfaite. Et si elle est insatisfaite, comment pourrait-elle donner ? L'enfant sera donc à court de soutien émotionnel pour commencer. Le deuxième aspect des choses, c'est qu'étant insatisfaite elle dépendra de l'enfant pour l'amour et le soutien qu'il lui procurera. Elle s'accrochera à lui comme il s'accrochera à elle. Et ainsi, même si elle lui donne effectivement un ours ou un lapin en peluche, son attitude à cet égard sera tout à fait différente. Elle se montrera possessive envers l'enfant et ne sera pas du tout contente que l'ours en peluche accapare son attention et devienne presque aussi important qu'elle. Il ressemblera beaucoup trop à un rival !

JOHN. L'ours en peluche ne véhiculera pas le message : « Je t'aide à grandir et à partir », et le bébé n'aura jamais suffisamment confiance en lui pour essayer de le faire. En fait, ce qu'il reçoit, c'est le message contraire.

ROBIN. Oui, c'est ça. Et ça, c'est une façon dont les choses peuvent se passer sur la mauvaise voie, la voie « malsaine ». Mais ça se passe encore autrement si la mère a appris à nier ses propres besoins de maternage.

JOHN. Si elle les a mis derrière l'écran ?

ROBIN. Oui. Toute tentative d'attachement la rendra malheureuse, que cela vienne d'elle ou de l'enfant. Elle s'efforcera de nier leurs besoins à tous deux et aura tendance à repousser l'enfant s'il essaye de s'approcher. Et naturellement, cela la gênera de voir l'enfant s'accrocher à son ours en peluche, en particulier lorsqu'il grandira, et elle le découragera de jouer avec.

JOHN. D'une manière ou d'une autre, si la mère est sur la mauvaise voie, l'enfant recevra un message négatif quant à l'ours en peluche.

ROBIN. Oui ; et comme l'enfant a besoin que sa mère approuve l'objet — c'est-à-dire, par ce truchement, lui accorde la liberté de partir — pour que ce dernier l'aide à grandir et à se séparer d'elle, si elle ne le fait pas, il restera coincé, accroché à ses jupes, très dépendant.

JOHN. Il est coincé parce qu'il ne peut pas opérer la transition entre sa mère et les autres sources extérieures de soutien.

ROBIN. On s'aperçoit que les enfants qui sont sur cette voie « malsaine » s'accrochent à leur mère ou à toute autre source de sécurité qu'ils peuvent trouver.

JOHN. Et pourtant, ils ne reçoivent pas suffisamment de leur mère. Ils ne sont donc même pas vraiment satisfaits d'être avec elle.

ROBIN. Non. Il semble que ces enfants aient toujours envie de quelque chose, qu'ils attendent quelque chose. Et pourtant, ils ne semblent pas obtenir beaucoup. C'est ainsi qu'ils ne seront pas très ouverts aux expériences nouvelles, ni très sûrs d'eux.

JOHN. Le pauvre gosse ne sait pas quoi faire, c'est ça ? Je n'ai pas l'impression qu'il soit vraiment triste, il semble plutôt perplexe. Et il est un peu tendu. Oui, il est figé, sans savoir pourquoi.

ROBIN. Bien sûr, son embarras est encore accru, par l'attitude du monde extérieur à son égard. Parce que, tôt ou tard, les autres gosses cessent de lui lancer des invitations à jouer pour lui lancer toute sorte de choses bizarres, plus spécialement si l'enfant est un garçon. Sa

confusion et sa détresse augmentent, car on le somme à présent de quitter sa mère, sans qu'il sache le moins du monde comment s'y prendre. On le critique, on se moque de lui parce qu'il est coincé dans cette situation.

JOHN. Si lui et sa mère étaient laissés à eux-mêmes, ils pourraient au moins s'accrocher l'un à l'autre et se soutenir mutuellement, comme il me semble que les filles ont le droit de le faire, car, traditionnellement, on les critique moins pour ça. On les appelle tout simplement des « fifilles à leur maman », ou on dit qu'elles sont « calmes ». Le garçon, lui, est une « fillette ».

ROBIN. Ça, ça complique les choses pour un garçon, parce que ce désir insatisfait sera remisé derrière l'écran à cause de la désapprobation extérieure.

JOHN. Il va donc à présent devoir nier qu'il est coincé ! Que peut-on faire pour quelqu'un qui est coincé ? Comment l'amener sur l'autre voie, l'amener à adopter un comportement plus serein, plus assuré, qui lui permettra de grandir ?

ROBIN. Ce n'est pas facile. Une fois qu'une famille est soit sur la voie « saine », soit sur la voie « malsaine », il lui est très difficile de passer de l'une à l'autre. Si vous suivez la bonne voie, tant mieux pour vous, bien sûr. Mais une famille qui sera sur l'autre ne sera probablement pas capable d'en changer sans aide extérieure.

JOHN. Les membres de la famille ne peuvent sans doute pas beaucoup s'aider l'un l'autre, parce qu'ils fonctionnent tous de la même manière ?

ROBIN. Oui. Tout d'abord, parce que c'est la raison pour laquelle les parents se sont choisis mutuellement. Et, bien sûr, les enfants grandiront avec les mêmes attitudes inconscientes. Donc, toute la famille est coincée dans une approche tendue et craintive de la vie. C'est comme ça que la famille fonctionne, c'est le système familial.

JOHN. Ils ont tous du mal à faire preuve d'un sain égoïsme et à prendre ce dont ils ont besoin ?

ROBIN. Oui. Et si l'un des parents ne peut pas se donner suffisamment d'« attention » ou d'« amour », tous les autres devront rester autour de lui pour les lui procurer.

JOHN. Donc, les membres d'une famille engagée sur la mauvaise voie se raccrocheront tous les uns aux autres.

ROBIN. Oui, c'est ça. Ils sont tous coincés. Et ces familles sont celles qui ont le plus de chance de produire des gens qui souffrent du deuxième grand groupe de maladies émotionnelles, les maladies dépressives.

JOHN. C'était quoi déjà, le premier grand groupe ?

ROBIN. Les maladies induites par les problèmes de limites floues, avec dans les cas extrêmes l'autisme et la schizophrénie.

JOHN. C'est bon. Maintenant, je suis un peu perdu. Laissez-moi essayer de clarifier tout ça. Nous avons vu que le bébé ne peut grandir et acquérir son indépendance que s'il peut s'éloigner de sa mère. Si sa mère est normale, si c'est une « mère suffisamment bonne », elle sera d'accord. Elle lui donnera un objet transitionnel pour l'aider à voler de ses propres ailes ; son attitude positive vis-à-vis de cet objet fera que le bébé se sentira soutenu lorsqu'il tentera d'apprendre à se débrouiller seul. Ça lui donnera la confiance nécessaire pour se détacher de ses liens antérieurs et passer à des choses nouvelles. Et ça signifiera qu'il est sur la bonne voie.

ROBIN. Jusqu'ici, ça va.

JOHN. Pourtant si la mère ne peut pas se donner à elle-même ce dont elle a besoin... le bébé manquera, au début, d'un peu de soutien ; et ensuite, la mère aura besoin de l'amour du bébé à un niveau si profond qu'elle n'aimera pas tellement qu'il prenne son indépendance ! Et alors, même si elle lui donne un ours en peluche, ce dernier ne véhiculera pas le bon message. Dans les deux cas, le bébé ne pourra acquérir l'assurance nécessaire pour lâcher prise et progresser. Il ne peut donc que rester coincé, accroché à sa mère, et incapable de plus d'indépendance à son égard. Il est sur la mauvaise voie, et il est plus probable qu'à l'âge adulte il souffre d'une des maladies dépressives.

ROBIN. Shakespeare lui-même n'aurait pu tourner ça mieux.

JOHN. Le poète qui est en moi a parfois un désir obsédant de s'exprimer ! ! Mais dites-moi, pourquoi parlez-vous de « maladies dépressives » ? Pourquoi pas simplement de dépression ?

La tristesse... et pire

ROBIN. La dépression franche n'est qu'une sorte de maladie dépressive. Il y en a beaucop d'autres que l'on nomme « équivalents dépressifs », ce qui signifie que la dépression a été masquée et s'exprime de façon déguisée.

JOHN. Dans des maladies psychosomatiques ?

ROBIN. Oui. Dans les cas où il y a douleur - une douleur véritable — mais où on ne retrouve pas de cause physique. Mais la dépression peut prendre encore bien d'autres formes : problèmes alimentaires, alcoolisme, phobies diverses et variées, soucis injustifiés pour sa propre santé... Il y en a tellement...

JOHN. Et il peut s'agir dans tous les cas d'une dépression déguisée ?

ROBIN. Oui. En y regardant de plus près, on découvre à l'origine de ces symptômes le type d'événements ou d'éducation qu'on s'attend à trouver comme cause de dépression. Et, il faut bien le dire, elles ne peuvent pas être correctement traitées si la dépression cachée n'est pas reconnue et soignée comme telle.

JOHN. Alors, docteur, c'est quoi la dépression ?

ROBIN. Et bien, il faut que je commence par signaler une différence fondamentale, celle qu'il y a entre la dépression et la tristesse.

JOHN. Je vois. Les gens utilisent habituellement les deux termes de façon interchangeable.

ROBIN. Vous aussi ?

JOHN. Oui, la plupart du temps. Et c'est dû en partie au fait que dire : « Je suis déprimé aujourd'hui » paraît moins dramatique que de dire : « Je suis triste aujourd'hui. » Mais pour moi, la dépression, ça signifie se sentir comme mort à l'intérieur, tandis que la tristesse, ça a quelque chose à voir avec une expérience plus intense de l'émotion.

ROBIN. Eh bien, parlons-en ! Parce que je pense que la différence est cruciale, et que nous nous privons d'une bonne compréhension des phénomènes en les confondant. Vous avez dit plus haut qu'une personne ne peut pas avancer sans abandonner quelque chose. En d'autres termes, sans souffrir d'une perte. Alors, comment réagissons-nous à la perte ? Si un amoureux nous quitte, ou si un proche meurt, ou si nous perdons notre emploi ?

JOHN. Je pense qu'il y a toujours un éclair de douleur. Que nous maquillons souvent de colère, de ressentiment envers les responsables. Tout cela, je pense, pour engourdir la souffrance.

ROBIN. Mais, au bout d'un certain temps, ces sentiments meurent et nous avons le cafard. Nous sommes tristes.

JOHN. Nous vivons une réelle douleur.

ROBIN. Laquelle durera naturellement pendant un certain temps. Et puis, si nous sommes à peu près équilibrés, nous surmonterons l'épreuve et irons mieux ensuite. Nous serons à nouveau plus gais ; nous sommes guéris. Nous pouvons alors quitter vraiment tout ce que nous avons laissé derrière nous, et tourner notre attention vers quelque chose d'autre.

JOHN. Tout cela parce que nous avons accepté d'être malheureux ?

ROBIN. Exactement. Comme nous avons fait notre deuil de ce que nous avons perdu, nous pouvons lâcher prise et aller plus avant.

JOHN. Mais si nous n'en faisons pas vraiment notre deuil, nous ne pourrons pas lâcher prise ?

ROBIN. C'est exact. Le sentiment de perte persistera indéfiniment, et nous ne nous sentirons pas réellement libres, d'aller de l'avant.

JOHN. Vous m'avez dit, un jour, en parlant des familles équilibrées, que ce qui vous avait tellement surpris lorsque vous avez pris connaissance des études dont elles avaient fait l'objet, c'était la facilité, le naturel avec lesquels leurs membres se remariaient quand ils avaient perdu leur conjoint.

ROBIN. C'est cela. Ils passaient par un deuil profond, extrême, pleinement vécu. Et étant capables de s'abandonner totalement à leur douleur, ils se remettaient de cette perte bien plus rapidement que la plupart d'entre nous, et étaient alors ensuite en mesure de repartir et de reconstruire leur vie.

JOHN. Donc, porter le deuil — éprouver réellement la douleur de la perte — ce n'est pas seulement quelque chose qui va de soi, c'est un processus au cours duquel quelque chose s'accomplit.

ROBIN. Oui. Il faut permettre aux liens antérieurs de se rompre pour pouvoir se réorganiser en fonction de la situation nouvelle. C'est comme de démolir une maison avant de la reconstruire. C'est ça que je veux dire par « tristesse ».

JOHN. Oui, je pense que l'idée de l'utilité de la tristesse fut, pour moi, probablement la chose la plus importante, la plus surprenante que j'aie apprise lorsque j'étais dans votre groupe. Jusqu'alors, j'avais toujours pensé que c'était une perte de temps. Qu'on s'apitoyait sur son sort. Je me disais : « Pourquoi es-tu si triste, alors que des millions de personnes meurent de faim en Inde ? » ou bien : « Pourquoi ne pas en finir avec cette tristesse et sortir, s'amuser ? » Il m'a toujours semblé que ça ne rimait à rien. Et, dans votre groupe, j'ai appris non seulement qu'il était normal d'éprouver ce sentiment, mais aussi qu'y était à l'œuvre un processus qui permettait de toucher le fond et de s'en sortir plus rapidement.

ROBIN. Les gens sont souvent extrêmement soulagés d'apprendre que la tristesse est une réaction tout à fait saine.

JOHN. Et pourquoi devrions-nous penser le contraire ? Est-ce parce que les gens qui ont réprimé leur tristesse, qui l'ont mise derrière l'écran et qui la nient pourraient la désapprouver ?

ROBIN. Holà ! Doucement, nous y arrivons. Pour le moment, rappelez-vous seulement que ce que nous venons de dire à propos des grandes pertes est aussi vrai évidemment pour les petites, sauf que la colère et la tristesse sont bien moindres et qu'elles sont donc surmontées bien plus vite.

JOHN. Donc, si mon club de foot perd, je mets une heure à m'en remettre, si c'est le club voisin, trois minutes, et si c'est le Bayern de Münich 0,0006 secondes.

ROBIN. C'est très parlant. Maintenant, appliquons cette idée aux relations entre la mère et l'enfant. Tout ce dont il est question à ce stade de développement, c'est de l'apprentissage de la séparation chez l'enfant. Chaque progrès dans la séparation sera une petite perte de plus. Il lui faudra être triste encore un peu. C'est cela qui est sain et naturel. Ce sont ces petits moments de tristesse et d'anxiété qui aident l'enfant à se libérer.

JOHN. S'il ne traverse pas ces moments pénibles, il ne pourra pas se séparer progressivement de sa mère.

ROBIN. Oui, c'est ça. Il faut que la mère soit capable de supporter un certain degré de tristesse chez l'enfant, parce que ça fait partie de son apprentissage de l'indépendance. Bien sûr, elle devra apprécier la situation. Si l'enfant est très traumatisé, elle devra alors intervenir pour soulager sa détresse. Et si elle sent qu'il ne s'agit que d'une « douleur de croissance », elle ne se précipitera pas, elle saura se retenir pour voir si l'enfant peut faire face.

JOHN. Donc, elle ne doit pas voler à son secours au moindre petit malaise ?

ROBIN. Non. Pas lorsque l'enfant a atteint ce stade où il apprend à être un peu plus indépendant d'elle. Maintenant, pour en revenir à nos deux voies, la mère équilibrée, la mère « suffisamment bonne », sent bien cela et elle peut donc essayer de laisser son enfant se débrouiller et assumer un peu sa détresse, tout en se tenant prête pour le cas où il ne pourrait pas faire face.

JOHN. C'est difficile à apprécier, non ?

ROBIN. Il suffit qu'elle ne s'en sorte pas trop mal pendant un certain temps. Il n'y a rien qui presse vraiment. Elle va se tromper, et puis progressivement, elle va se corriger. Et à long terme, la plupart des mères sont capables de sentir la différence entre la vraie détresse et les pleurnicheries, le cinéma, en particulier lorsque l'enfant grandira. Et si elle se débrouille correctement, l'enfant, par paliers successifs, deviendra plus débrouillard et gagnera en assurance. Elle l'aidera ainsi doucement à se défaire de sa dépendance absolue vis-à-vis d'elle.

JOHN. Donc, d'après vous, si la mère ne peut pas assumer cette tâche, si elle se précipite à chaque fois pour soulager la détresse de l'enfant, même en grandissant, il n'aura aucun moyen d'apprendre à la quitter progressivement. Elle empêche l'enfant de faire le deuil du petit peu d'intimité qu'il vient de perdre.

ROBIN. C'est ça ! Elle fait en sorte que cela ne se produise pas. Donc, si la mère ne s'accorde pas ce dont elle a besoin, elle sera elle-même anxieuse, déprimée et hypersensible à la souffrance de l'enfant. Et, engagée sur cette voie malsaine, la mère aura tendance à se précipiter pour le soulager chaque fois qu'il éprouvera une légère tristesse, normale, provoquée par le petit pas qu'il a fait pour s'éloigner d'elle. L'enfant dans ces conditions ne peut plus faire le saut. Il passera son temps à revenir à son point de départ. Elle a stoppé le processus.

JOHN. Dans un sens, l'enfant n'a pas la moindre chance d'apprendre à affronter la tristesse, à s'autoriser à la vivre et à la surmonter sans panique.

ROBIN. Bon. Maintenant, abordons la dépression.

JOHN. Olé !

ROBIN. Parce que si cela se renouvelle souvent, si la mère se précipite toujours au premier signe de détresse, l'enfant apprend non pas à s'abandonner à la tristesse et à la dépasser, mais le contraire. Il apprend à éviter de se sentir mal en envoyant ces signaux de détresse auxquels sa mère ne peut pas résister.

JOHN. Il apprend donc à éviter la tristesse. Et sera incapable d'assumer la perte. Il ne peut donc pas grandir.

ROBIN. Tout juste. La saine tristesse qui lui permettrait de se séparer petit à petit de sa mère provoque automatiquement l'offre maternelle de sauvetage. Et l'enfant apprend à s'installer dans ce type de comportement — de façon tout aussi automatique qu'un chien apprend à faire le beau si on lui donne à chaque fois un biscuit. Il s'habitue à prendre une mine catastrophée chaque fois que quelque chose est un peu difficile pour lui, bien avant qu'il y ait réellement souffrance. Il fait en sorte que sa mère dissipe le stress qu'il aurait bien besoin d'affronter. Et plus sa mère répond à sa mimique implorante (« Maman, au secours ! ») en le tirant de la difficulté, plus le schéma s'installe, devient une habitude qu'il sera alors de plus en plus difficile de modifier.

JOHN. L'enfant fait ça par malice ?

ROBIN. Non, pas du tout. Car ça signifierait qu'il sait ce qu'il fait.

JOHN. Non, je veux parler d'une malice inconsciente.

ROBIN. Il est tout à fait inconscient de ce qu'il fait. Il apprend la technique de manière si précoce qu'en grandissant il pense que ce qu'il ressent est tout à fait naturel. Il pense qu'il n'y peut rien, et c'est vrai : il ne peut tout simplement pas imaginer qu'il y a une autre manière de faire. Parce qu'on ne le lui a jamais appris. Le terme de « malice » me semble donc tout à fait impropre.

JOHN. Disons cela différemment. Il émet le message « Au secours, je me sens très mal » sans vraiment se sentir mal.

ROBIN. C'est cela. Il émet toute sorte de signaux de détresse, de malheur et de tristesse, mais il n'a jamais l'occasion de pouvoir poursuivre sur sa lancée et d'éprouver vraiment toutes ces émotions.

JOHN. Mais ce qu'il ressent ne lui fait pas vraiment plaisir ?

ROBIN. C'est vrai, mais c'est une expérience qui n'a rien à voir avec la tristesse, qu'il évite.

JOHN. Vous voulez dire que l'enfant fait l'expérience de la dépression ?

ROBIN. Olé !

JOHN. Ou plutôt de ce que, vous, vous appelez « dépression », puits de science que vous êtes !

ROBIN. Eh bien ! Comparons les expériences. Essayez de vous rappeler ce que vous ressentez quand vous êtes triste : c'est une émotion riche, profonde. Et on se sent très vivant, même si ça fait mal. On ne se sent pas coupé du monde, bien au contraire. On est parfaitement en contact avec le monde.

JOHN. Et on ressent une certaine plénitude. On est dans son corps et conscient de l'être, conscient de tout ce qui se passe autour de nous. On ne semble pas en conflit avec quoi que ce soit. Quand je suis comme ça, j'ai l'impression d'accepter ce qui se passe. Je reste ouvert au monde et je suis conscient du soutien environnant. Bien que ce soit douloureux, c'est d'une certaine manière tolérable parce que je me sens vraiment vivant.

ROBIN. Je pense que c'est la raison pour laquelle la plupart d'entre nous ont un tel sentiment de vie et de plénitude après avoir regardé une pièce de théâtre ou un film tragique particulièrement poignants. D'un autre côté, si on essaye de se couper de ces sentiments, ce qui reste, c'est une sensation de mort, de vide ; un manque de vie et une absence de connexion émotionnelle véritable avec les autres.

JOHN. Il y a quelques années, j'étais dans cet état d'esprit la plupart du temps. La vie me semblait sans but. Je me sentais coupé de tout, y compris de mon corps. Je souffrais d'une grande tension musculaire et ceci pouvait expliquer cela. Et comme je me sentais étranger à tout ce qui se passait autour de moi, j'étais plutôt isolé. La sensation dont vous parlez d'une sorte de mort. Et aussi de vide. Et j'avais l'impression non d'accepter cette sensation, mais de lutter contre. La vie était pour moi un combat. Et mon sens de l'humour en fut la première victime. En fait, lorsque j'ai été capable de rire de tout cela, ça a commencé à se clarifier. Bien sûr, ce qui est frappant, c'est ce sentiment d'une pression qui s'exerce sur vous. Je pense que c'est là l'origine du mot « dépression ».

ROBIN. Oui, la posture d'un déprimé est assez évocatrice.

JOHN. Ce qui me surprend maintenant en en parlant, c'est que je n'avais pas conscience d'être triste. En fait, je me rappelle avoir regardé un programme de télévision sur la dépression. Quelqu'un précisait qu'en réalité il ne se sentait pas triste lorsqu'il était déprimé. J'ai dû quitter la pièce et réfléchir à tout ça. Mais pourquoi n'avais-je pas vu la différence avant ? Est-ce simplement parce que nous utilisons les mots les uns pour les autres ?

ROBIN. Oui, je pense. Ce serait bien plus clair si chacun utilisait le mot dépression au sens où les psychiatres l'emploient. Cela nous aiderait à ne pas confondre les deux expériences.

JOHN. Mais pensez-vous que les gens seraient d'accord avec notre façon de voir ?

ROBIN. La plupart des gens, oui. Voilà des années que j'entends dire les mêmes choses, et la différence clé me semble résider dans le fait de se sentir « mort » ou de se sentir « vivant ». N'oubliez pas que la raison d'être de la dépression, c'est l'évitement de la tristesse. Et que l'on ne peut pas choisir de cesser de ressentir une émotion sans se couper aussi de toutes les autres. Et lorsque les émotions meurent, c'est la personne qui meurt. Il n'est donc pas très étonnant que l'on n'ait pas envie de faire quoi que ce soit lorsque l'on est dans cet état d'esprit.

JOHN. Il y a une autre différence à laquelle je pense : quand je me sens triste, je peux toujours dire à quelqu'un : « Je suis triste, mais ça va ». Et je peux être avec lui et y prendre plaisir sans attendre quoi que ce soit, sinon le simple contact. Je suis très profondément convaincu que, quand j'étais déprimé, j'attendais que quelqu'un d'autre change tout ça à ma place et, de manière assez absurde, j'en voulais au monde entier de ne pas le faire.

ROBIN. Pensez aux déprimés chroniques : ils sont incapables d'admettre une chose pareille. Ils passent leur vie à envoyer aux autres des signaux accusateurs.

JOHN. Et nous ne nous en prenons pas aux autres de cette façon quand nous sommes tristes. Se plaindre serait-il un signe de dépression ?

ROBIN. Oui, la plupart des messages de déprimés, même déguisés, sont de la veine « Personne ne m'aime », « Ça n'arrive qu'à moi » ou « Il faudrait que quelqu'un fasse quelque chose ! »

JOHN. Quand on s'est entraîné à mettre le masque de la tristesse pour voir sa mère arranger les choses à sa place, et qu'elle ne le fait pas... il est probable que l'on a quelque part envie de lui reprocher sa défection. C'est la raison pour laquelle on a tout le temps l'air de se plaindre que personne ne fasse rien pour nous.

ROBIN. Et bien entendu, si on reste assis à attendre que quelqu'un d'autre nous tire d'affaire, on se fait avoir.

JOHN. Ça, c'est une autre manière d'expliquer pourquoi les gens qui sont sur la « voie malsaine » ne peuvent pas avancer. Et qu'est-ce qui peut les faire avancer ? Qu'est-ce qui peut les faire changer de voie ?

ROBIN. Il faut les aider à réaliser qu'ils attendent des autres qu'ils changent les choses à leur place et faire en sorte qu'au contraire, ce soit eux qui le fassent.

JOHN. Et comment ?

ROBIN. D'une seule manière : en retrouvant leur tristesse. Et pour cela, il va leur falloir de l'aide, parce que c'est exactement ce qu'on leur a appris à ne pas faire.

Changer de voie

JOHN. En voyant les choses à travers le couple formé par la mère « mal partie » et son enfant, on pourrait dire que la figure triste de l'enfant,

ses attitudes de détresse ne signalent plus qu'il affronte un changement nécessaire... mais qu'il attend des autres qu'ils fassent disparaître son stress.

ROBIN. C'est une manière simple de présenter les choses. Mais quand vous parlez de signaux, on pourrait avoir l'impression que le processus est beaucoup plus conscient qu'il ne l'est en réalité. La mère ne fait pas spécialement attention aux signaux émis par l'enfant, ni ne décide d'agir en conséquence. Pas plus que l'enfant ne prend la décision d'émettre tel ou tel signal. Tout cela se passe de façon bien plus automatique.

JOHN. Aucun d'entre eux n'a la plus petite idée des raisons de son comportement.

ROBIN. Ni même de la nature de son comportement. C'est exactement comme une machine à laver qui fait ce pour quoi elle est programmée. Et, bien sûr, il n'y a pas seulement la mère, mais aussi le père, les enfants et toute la famille à fonctionner ainsi. Parce qu'en général c'est un schéma familial qui a été transmis au fil des générations à chacun des parents. C'est ainsi que toute la famille sera coincée dans cette manière de faire, même si tous prétendent le contraire.

JOHN. « Prétendent » ?

ROBIN. Eh bien, la mère pourra paraître trop indulgente et le père fera, vis-à-vis de l'extérieur, comme s'il critiquait cette attitude. Il lui dira parfois d'arrêter de gâter l'enfant. Mais si on examine de plus près cette famille, lors d'un entretien collectif, on découvre bientôt qu'il est tout simplement jaloux et veut lui aussi être gâté comme ça. Il n'y peut rien. Ainsi, quoiqu'il en soit, que le père soit de manière flagrante en manque, ou qu'il nie ses besoins, l'enfant apprend à échapper au stress en adoptant cette moue souffreteuse, impuissante, abattue.

JOHN. Si donc tout cela ce produit de manière aussi automatique, c'est que le processus tout entier est derrière l'écran.

ROBIN. Oui. Dans ce type de famille, il est derrière l'écran de chacun et pas seulement de la personne qui souffre de symptômes à un moment donné. Ils ont donc tous besoin de quelqu'un d'extérieur au système familial qui les aidera à comprendre ce qui se passe, à accepter la tristesse qui est derrière l'écran, leur permettant ainsi de se libérer du schéma névrotique.

JOHN. Ce peut être un ami, non ?

ROBIN. C'est possible, si la tendance n'est pas trop marquée. Mais si elle est profondément ancrée, c'est peu probable. Voyez-vous, une personne qui tient de sa mère ce schéma de comportement aura tendance à se choisir des amis semblables, qui ne l'amèneront pas à remettre son comportement en question.

JOHN. De la même façon qu'ils épouseront quelqu'un qui, dans sa famille, aura appris à obéir automatiquement aux signaux.

ROBIN. Il est donc peu probable qu'ils voient surgir par hasard quelqu'un qui puisse faire le nécessaire.

JOHN. Quel nécessaire ?

ROBIN. Dans un cas comme celui-là, il faut faire plusieurs choses en même temps : créer une situation où la moue de tristesse n'obtient pas le bénéfice escompté mais où, simultanément, sa raison d'être est comprise et n'est pas condamnée ; et où, enfin, est dispensé le soutien émotionnel nécessaire pour permettre au sujet de commencer à s'abandonner à la tristesse.

JOHN. Un moment. J'ai besoin de voir les choses les unes après les autres. La moue de tristesse ne doit pas entraîner le bénéfice escompté. C'est quoi le bénéfice ?

ROBIN. Tout simplement quelqu'un qui se précipite et qui dit : « Tu n'a pas à vivre ces expériences pénibles qui te bouleversent. »

JOHN. Autrement dit, pour parler sans ambages, le thérapeute doit signifier au patient : « Dans la vie, il vous faut affronter des choses douloureuses, même si ça vous rend triste. »

ROBIN. Sans ambages du tout, oui, c'est ça.

JOHN. Et ensuite, il convient de comprendre le pourquoi de la moue de tristesse et non pas de la condamner.

ROBIN. C'est-à-dire que l'on doit faire comprendre à la personne que c'est normal d'éprouver de la tristesse, que ça ne fait pas d'elle un bébé.

JOHN. Ça, ça aide à mettre au jour les sentiments cachés derrière l'écran, et ainsi à pouvoir s'y confronter.

ROBIN. Exactement. Il faut pouvoir les vivre. C'est tout ce qu'il y a à faire.

JOHN. Mais lorsqu'on ne l'a jamais fait, cette perspective paraît très effrayante. Et c'est pour cela que l'on a besoin d'un soutien émotionnel.

ROBIN. Oui, et il est aussi important de le fournir que d'assurer les deux premières conditions.

JOHN. Évidemment, la personne qui suit la « voie saine » s'est débarrassée des différentes tristesses liées à toutes les petites pertes qu'elle a connues en les vivant les unes après les autres. Pour prendre un exemple idiot, s'il faut mille unités de tristesse pour se séparer de maman, l'enfant qui suit le bon chemin aura eu la possibilité de les vivre une par une. Chaque perte sera donc légère et facile à surmonter. La personne qui suit le mauvais chemin a accumulé toutes ces unités derrière l'écran qu'elle a dressé entre elle et le monde.

ROBIN. Et, de fait, toute perte supplémentaire augmentera ce total, lui faisant redouter encore plus l'épreuve de cette émotion. Bien sûr, tout ne viendra pas d'un coup ; elle pourra mettre au jour sa tristesse petit à petit. Mais elle se doute certainement qu'elle en a accumulé une quantité impressionnante, et elle a souvent peur d'être complètement débordée si elle cesse de faire barrière. C'est pourquoi, comme je l'ai dit précédemment, il est tout aussi important d'apporter un soutien solide au patient que de ne pas lui donner le bénéfice escompté, la réponse familiale automatique à laquelle il est habitué.

JOHN. Lorsque j'ai commencé à comprendre ça, dans votre groupe, ça a été une révélation pour moi. Je pense qu'avant, lorsque je me trouvais avec quelqu'un de déprimé, il n'y avait que deux réponses possibles. La première c'était d'être aspiré par cette dépression, de pousser le « Oh, mon pauvre chou ! » habituel, persuadé ce faisant d'être un admirable dispensateur d'amour et soutien en me contentant de tomber d'accord avec tout ce que l'autre disait, lui procurant, comme vous dites, le « bénéfice escompté ». La seconde, si mon humeur était différente, si j'étais déprimé, par exemple, c'était d'adopter un mode d'approche un peu abrupt et bien britannique : « Prends un whisky et remets-toi ! ». Je ne pense pas qu'il me soit jamais venu à l'esprit qu'on pouvait tout simplement s'asseoir auprès de quelqu'un et lui dire : « Je sais, c'est dur pour toi, tu es en train de vivre un tas de choses pas très agréables. Je vais rester là, à côté de toi, en attendant que ça passe ». Je me rappelle qu'après qu'une de mes amies m'eut quitté, elle me raconta que, quand elle était déprimée, je n'avais jamais été capable d'être là, tout simplement « avec elle ». Sur le moment, je n'avais pas compris, mais maintenant je crois que c'est chose faite.

ROBIN. Ce schéma dépressif était certainement très ancré dans ma famille, et il m'a fallu beaucoup de temps pour saisir ce qu'il fallait réellement faire pour aider les gens à en changer. Bien sûr, il est plus facile d'offrir aux gens calme, neutralité et soutien dans le cadre d'une simple relation professionnelle, parce que l'on n'est pas soi-même sentimentalement impliqué. Avec les proches, c'est évidemment plus difficile de maintenir l'équilibre entre le soutien et la fermeté.

JOHN. Nos propres besoins se mettent en travers du chemin !

Dépression grave

JOHN. Qu'est-ce qu'une dépression grave ? J'ai souvent entendu dire qu'elle est d'origine biologique plutôt que psychologique et qu'en conséquence elle ne peut être soulagée que par des médicaments.

ROBIN. En réalité, nous sommes tous constitués de corps chimiques. Tout ce qui survient en nous implique des transformations chimiques, par conséquent. Quand on voit une jolie fille, quand un bus se précipite sur nous, au moment où l'on traverse la rue, quand on se met en colère contre quelqu'un, il se produit des modifications chimiques dans le sang. Il est donc bien évidemment possible d'inférer chimiquement sur quelques-uns de ces processus. On peut soulager quelques dépressions de cette manière. En fait, les médicaments sont plus spécialement utiles à titre temporaire, pour rompre le cercle vicieux des modifications chimiques de la dépression grave, surtout lorsque ces dernières affectent les capacités mentales du patient au point de rendre inutile la psychothérapie et même de mettre sa vie même en danger. Mais bien sûr, la prise de médicaments ne transforme pas la personnalité, ne modifie pas les stéréotypes comportementaux dont nous venons de parler et, qui font que l'organisme continue à produire les corps chimiques que les médicaments sont censés neutraliser. Mais si l'on réussit il pourra se faire que la personne ne soit plus déprimée de la même manière ou même n'ait plus du tout besoin de médicaments.

JOHN. Même dans les pires dépressions ?

ROBIN. C'est difficile à dire, parce qu'il y a tant de cas qui, autrefois, ne pouvaient être traités que par médicaments et qui, maintenant, répondent dans le monde entier aux nouvelles méthodes de thérapie familiale. Par ailleurs, on découvre tout le temps de nouvelles méthodes efficaces, donc on ne peut pas dire avec certitude que même ces cas insolubles à l'heure actuelle ne seront pas curables d'ici à un an. Mais pour l'instant, et peut-être encore pour longtemps, les médicaments, le soutien thérapeutique et l'hospitalisation, avec électrochocs au cas où tout le reste échoue, sont souvent les seuls remèdes pratiques pour les dépressions les plus graves.

JOHN. A votre avis, quelle est la raison qui fait que certains dépressifs sont beaucoup plus atteints que d'autres, et en conséquence plus difficiles à aider ?

ROBIN. Les opinions divergent. Celle qui me paraît la plus sensée — et qui se vérifie en pratique — c'est que la différence de gravité des dépressions correspond à des niveaux de blocage différents, au cours de cette période qui commence au sixième mois et où la tâche à laquelle il faut s'atteler est le travail de séparation. Quelqu'un qui n'a que peu avancé dans ce processus sera probablement plus sévèrement handicapé et plus difficile à traiter.

JOHN. Donc, si l'enfant reste bloqué alors qu'il vient juste de commencer à définir ses limites et à appréhender sa mère comme une personne distincte, une personne à part entière, il sera... plus vulnérable ?

ROBIN. Oui. Si ses limites sont encore légèrement floues et facilement effacées, l'enfant ou l'adulte perdra plus facilement contact avec la réalité en cas de stress. Une perte d'une importance vitale — ce peut être quelqu'un qu'il aime, ou une ambition ou une idée de soi qui le conforte — lui causera plus de douleur, de détresse et de colère qu'il ne pourra en assumer. Il n'a pas atteint le stade où l'on peut se raccrocher à un souvenir suffisamment consistant des gens que l'on aime ou à des moments heureux pour neutraliser la douleur et garder son équilibre. La douleur présente semble donc encore pire, et parfois la seule manière pour lui d'y faire face est de redescendre l'échelle du développement et d'utiliser les soupapes de sécurité du système précédent où les sentiments douloureux sont projetés sur le monde extérieur et sur les autres. Ou bien, il peut même directement retourner au stade auquel il a l'impression de pouvoir contrôler le monde.

JOHN. Est-ce qu'il peut régresser totalement, jusqu'à la paranoïa, et même jusqu'à la schizophrénie ?

ROBIN. Oui. D'une certaine manière, il peut redégringoler jusqu'à ces stades précoces, puis présenter un type de folie avec délire, hallucinations et tout le reste.

JOHN. Et s'il est arrivé un peu plus loin dans cette phase de séparation...

ROBIN. Eh bien, il sera capable de se souvenir d'expériences positives, en dépit de la détresse que provoquera une perte importante. Et ça, ça va l'aider à s'en tenir à sa position de déprimé et à ne pas faire marche arrière. Par ailleurs, s'il est à un stade plus avancé, il aura une personnalité plus adulte qui lui permettra à la fois d'affronter le problème et d'aider le thérapeute dans sa tâche s'il vient à entrer en thérapie.

JOHN. Y a-t-il des preuves d'une transmission génétique des maladies dépressives graves ?

ROBIN. Oui. Je pense que la plupart des scientifiques sont d'accord aujourd'hui pour parler d'une forme de vulnérabilité probablement héréditaire, et qu'il semble y avoir des différences quant à cette influence héréditaire dans les différents types de dépressions. Cette vulnérabilité pourrait rendre certaines familles ou certains membres d'une famille plus sensibles à des stress donnés, et plus aptes à développer ces différents types de schémas automatiques de réaction dont nous avons parlé.

JOHN. Et où se situent les états maniaco-dépressifs dans tout cela, vous savez, quand l'humeur oscille entre des sommets et des abîmes ?

ROBIN. Beaucoup de médecins pensent qu'il s'agit d'une maladie héréditaire, mais l'on possède aussi de nombreuses preuves de l'existence de facteurs liés au milieu. Quoi qu'il en soit pour l'instant, nous ne savons pas quel type de rapports existe entre eux.

JOHN. Mais où se placent-ils sur le spectre des maladies mentales ?

ROBIN. Je mettrais la personnalité maniaco-dépressive à l'extrémité la moins évoluée du spectre, tout près de la paranoïa, en ce qui concerne la clarté des limites et le degré de séparation atteint. Et je vois la manie, comme d'ailleurs la plupart des analystes, comme un mode de fonctionnement encore moins adulte que la dépression ordinaire ; en fait, comme une défense contre elle.

JOHN. Ça, ça placerait la manie entre la dépression et la paranoïa.

ROBIN. Oui. C'est ça. En fait, elle emprunte quelques-uns des aspects du stade qui peut mener à la schizophrénie ou à la paranoïa — limites plus floues, perte de contact avec la réalité, séparation des bons et des mauvais sentiments et projection de ces derniers sur l'extérieur. Mais c'est fait d'une manière beaucoup plus sophistiquée, parce que le maniaco-dépressif a, en quelque sorte, dépassé ce stade.

JOHN. C'est quelque chose comme une retraite précipitée vers la paranoïa, mais qui s'arrêterait en chemin.

ROBIN. Oui. L'état maniaco-dépressif est souvent induit par une perte, et constitue une mesure de défense contre une dépression sévère.

JOHN. Mais la manie, c'est presque le contraire de la dépression, non ? Une personne maniaque est sauvagement optimiste et non pas déprimée et hyperpessimiste.

ROBIN. Oui. C'est vrai. Le comportement d'un maniaque est plus proche de l'excitation euphorique, de ces états que nous pouvons tous connaître lorsque nous « planons » ; il n'a plus les pieds sur terre, en fait, devient extrêmement expansif, avec un sentiment exagéré de sa

puissance et de son importance et s'embarque dans toutes sortes de projets trop ambitieux.

JOHN. Dépensant un tas d'argent qu'il ne possède pas, mais qu'il est certain de gagner sous peu.

ROBIN. Oui, c'est ça. Ces gens-là ont l'impression de façon tout à fait irréaliste de contrôler les choses. Et, en conséquence, il est très difficile aux autres de les contrôler !

JOHN. C'est un peu comme s'ils retournaient au stade du « gros ballon », non ?

ROBIN. Oui. Mais il faut mentionner ici une différence entre la manie et la schizophrénie. A moins, bien sûr, que le sujet ne régresse d'emblée vers la schizophrénie : un maniaco-dépressif ordinaire en phase maniaque est bien plus rationnel et intelligible qu'un schizophrène.

JOHN. Il est plus en contact avec la réalité d'une certaine façon ?

ROBIN. Oui. Tout se passe comme si le schizophrène n'avait jamais connu une taille normale. Il pense donc toujours être un gros ballon. Le maniaque, en revanche, a découvert plus tôt qu'il n'est pas capable de tout contrôler — il a dû s'y confronter et apprendre la leçon — mais il essaie désespérément de faire comme s'il était un gros ballon. Et comme, au fond, il sait que ce n'est pas le cas, il arrive que le ballon « éclate » et retrouve la « peau de chagrin » de la dépression.

JOHN. Et les phases maniaques peuvent durer des mois ?

ROBIN. Oui. Il y a parfois un rythme dans les oscillations, mais, le plus souvent, il est difficile de trouver un schéma. Et pourtant les gens qui ont étudié la question ont découvert qu'un stress consécutif à une perte importante provoque le mouvement de balancier, soit vers le haut, soit vers le bas.

JOHN. Bon. Finalement, qu'en est-il des cas moyens, de ceux qui se trouvent à l'extrémité la plus modérée du spectre de la dépression ? J'imagine que ces gens souffrent de dépressions plus légères, mais en revanche chroniques.

ROBIN. Oui. Ils ont des personnalités plus construites et ne semblent pas anormaux. Ils ont juste eu des parents un peu trop enclins à les préserver du stress quotidien. C'est ainsi qu'ils ont pris pour habitude de se sentir heurtés et blessés à la moindre difficulté. Et dans les rapports familiaux, ils ont tendance à s'accrocher les uns aux autres, bien plus qu'on ne le fait dans la moyenne des familles.

JOHN. Bon. On a là le spectre de la dépression, c'est ça ? A une extrémité, les cas les plus graves : le sujet pourra régresser jusqu'à la paranoïa ou à la schizophrénie en cas de stress sévère et aura, dans tous les cas, beaucoup de mal à fonctionner dans la vie de tous les jours. Le maniaco-dépressif ensuite, cas un peu moins grave car le contact avec la réalité est plus ou moins maintenu, et qui passe par des moments d'euphorie et d'hyperoptimisme, qui alternent avec des moments de dépression. Et dans la frange, la plus modérée du spectre, on trouve des gens qui peuvent fonctionner normalement, mais simplement ne s'amusent pas beaucoup.

ROBIN. En gros, c'est ça !

JOHN. Et du point de vue du traitement, alors ? Que pouvez-vous faire pour les cas les plus graves ?

ROBIN. Eh bien, plus le cas est grave, plus on risque de devoir utiliser des médicaments pour aider certains patients à sortir des épisodes aigus, et plus on aura besoin de la présence de toute la famille pour que le traitement soit efficace.

JOHN. Et pour les cas bénins ?

ROBIN. Pour ces cas-là, le pronostic, après une psychothérapie, est effectivement très bon. A condition qu'ils viennent se faire traiter ! Souvenez-vous que ce sont des gens qui peuvent très bien réussir dans la vie. Le besoin qu'ils ont d'être aimés et approuvés en fait de très bons travailleurs, des gens qui se sacrifient pour la société, pour une organisation...

JOHN. Et pour la famille.

ROBIN. Oui. C'est une donnée du problème ! Vous vous en souvenez sans doute, ils ne savent pas se servir. Donc, ce blocage, vis-à-vis de leur famille mais aussi d'autres groupes avec lesquels ils sont en contact, fait d'eux des êtres loyaux et fiables et parfois consciencieux à l'extrême, de manière pénible même. Ils se donnent de la peine. Ils peuvent donc aller très loin et être récompensés en conséquence.

JOHN. Ou attraper des ulcères. Je me souviens que tous les gens du groupe auquel je participais étaient pratiquement au sommet de leur profession, y compris les épouses. On aurait dit qu'ils étaient incapables de se faire plaisir, en partie parce qu'ils étaient très dépendants de leurs conjoints. Dans ce type de familles, on s'accroche beaucoup les uns aux autres, n'est-ce-pas ?

ROBIN. Oui, même si c'est déguisé.

JOHN. Mais comme personne n'est capable de prendre tout seul le « bon » chemin..., cela signifie, comme vous l'avez dit mille et mille fois, qu'ils n'ont pas beaucoup à donner ; mais dites-moi, qu'est-ce qu'ils obtiennent l'un de l'autre en s'accrochant ainsi ?

ROBIN. Ce qu'ils obtiennent, c'est le meilleur compromis qu'ils puissent trouver. Compte tenu du fait que chacun a les mêmes problèmes relationnels, que chacun est coincé au même niveau, il s'accordent mieux ensemble qu'ils ne le feraient en situation normale. Ce n'est pas la solution optimale, mais ils se donnent l'un à l'autre tout ce qu'ils peuvent se donner. Le système marche tant bien que mal aussi longtemps qu'il n'y a pas de perte sévère, comme un décès ou toute autre forme de séparation ou de changement majeur. C'est un équilibre plus précaire que dans une famille normale, plus prompt à la crise et à l'écroulement du système. Tout cela témoigne en faveur des grandes familles d'autrefois, des familles élargies et nous donne à comprendre en quoi la famille nucléaire actuelle peut être source de tant de problèmes.

Nobody's perfect...

JOHN. Plusieurs des symptômes de la dépression que vous venez de décrire me sont personnellement familiers. Bien que désormais je ne sois plus du tout sujet à ces dépressions prolongées, profondes, dont je souffrais il y a six ou sept ans, je peux observer des séquelles de ces symptômes dans mon comportement dans certaines situations. Par exemple, si quelqu'un me dit des choses désagréables, plutôt que de prendre la chose avec philosophie et d'accepter cette perte d'estime momentanée, je me surprends souvent à me crisper immédiatement.

Ou, quand je suis soumis à la pression d'un travail important, je ne suis pas très doué pour prendre des moments de repos. J'ai tendance à travailler sans répit, ce qui, en retour, implique un raidissement et une perte de conscience de mon corps et du monde autour de moi. Puis, il m'arrive parfois d'adopter une attitude que je déteste, une forme de ressentiment à l'égard de l'Être Suprême, qui, délibérément, me joue un mauvais tour cosmique en faisant tout aller de travers, et je sais que beaucoup de mes amis connaissent ces réactions dépressives en cas de stress. La finalité de cet interminable préambule, c'est la question suivante : « Et vous ? »

ROBIN. Bon. Lorsque j'ai commencé à travailler comme pédopsychiatre, j'avais l'habitude de dire à mes collègues en manière de plaisanterie que, s'il pouvait se faire que je sois bon dans ce boulot, c'était essentiellement parce que, dans ma famille, nous avions tous attrapé un peu de tout ce qu'il était possible d'avoir et que, par conséquent, je connaissais tout cela de première main ! Il s'agissait en partie de ce travers habituel de l'étudiant en médecine qui s'imagine avoir la maladie qu'il vient juste d'étudier, quelle qu'elle soit : mais il y avait évidemment aussi beaucoup de vrai là-dedans. Tout d'abord, j'ai pensé qu'en cela, j'étais à part, mais, plus tard, lorsqu'en cours de formation j'ai été amené à faire partie d'un groupe de thérapie, j'ai découvert, en y regardant de plus près, que les autres stagiaires semblaient avoir autant de problèmes avec leur famille que j'en avais avec la mienne. Après m'être un peu mieux compris moi-même, j'ai réalisé, en faisant mon introspection, que j'avais choisi cette profession autant pour m'aider moi que pour aider les autres et que, peut-être, j'avais été — sans que personne ne s'en rende compte — envoyé en mission par ma famille pour la sauver elle aussi. Fort heureusement, c'est une profession où l'on peut tourner ce genre de difficultés à son avantage.

JOHN. Comme en politique, peut-être ?

ROBIN. Peut-être. Mais dans ma profession, quand on reconnaît que l'on a besoin d'aide, on peut aussi en obtenir et peut-être arriver à éclaircir certaines choses. L'autre jour, j'ai écouté un vieil enregistrement de la première grande cession de thérapie familiale tenue en Grande-Bretagne. C'était en 1973, et pour la première fois, appuyés par des thérapeutes familiaux américains venus de l'Institut Ackermann, à New York, nous nous sommes trouvés pris dans un jeu de rôles ; c'est-à-dire, à rejouer des scènes courantes dans nos familles, comme dans celles de nos patients, pour mieux les comprendre. Il est intéressant de retrouver les prémices de ce livre dans ce que j'ai dit à la session finale : « Pour moi, l'acquis le plus important de ce congrès, c'est d'avoir retrouvé le contact avec ma propre famille. Je sais que c'est quelque chose dont j'avais besoin et je ne savais pas comment y arriver. Mais j'ai pris conscience que les familles dont les cas ont été exposés ici sont toutes ma famille et que nous avons la même famille. A chaque fois, il y a au départ une mère peu sûre d'elle, sans cette base solide qui lui aurait permis d'aller plus loin. Elle a donc un attachement ambivalent à sa mère et cherche sa « nourriture » chez son mari et ses enfants, mais se l'interdit en même temps en se consacrant aux autres, quel que soit leur besoin d'autonomie. Et elle est

déprimée, bien sûr, parce qu'elle n'a pas dépassé ce stade. Et à chaque fois, il y a aussi un père qui a eu de mauvaises relations avec son père et n'a pas pu se soustraire au besoin qu'il avait de sa mère ; et qui est furieux, impuissant, qui cherche une issue et est exclu. Le couple n'a pas de relations sexuelles satisfaisantes parce qu'aucun des deux partenaires n'a encore atteint ce stade de développement et qu'il sont plutôt à la recherche de parents pour s'occuper d'eux. Jusqu'à ce qu'ils trouvent cet étayage suffisant qu'ils ne peuvent de toute évidence obtenir l'un de l'autre, ils sont incapables de se mettre au lit et de prendre pleinement plaisir l'un avec l'autre. Et les enfants suivent le même chemin. C'est la raison pour laquelle les parents se sentent totalement impuissants. Ils essaient d'être tout-puissants et se donnent beaucoup trop de mal pour élever correctement leurs enfants. En voyant ce même schéma présent dans les jeux de rôles non seulement des familles de patients mais dans celles aussi des collègues, je me demande si je ne suis pas comme celui qui va dans le jardin, voit la lune et pense qu'elle ne brille que pour lui. Peut-être que chacun voit la même lune, la même famille, sa propre famille. Peut-être qu'il n'y a qu'une seule famille, la famille humaine et qu'il y a seulement différentes façons d'y rester coincé ou, bien sûr, d'en être expulsé.

JOHN. Je suppose donc qu'il n'est pas absurde de penser qu'un tas de gens qui liront cet ouvrage se reconnaîtront dans l'un ou l'autre de ces comportements, ou au moins, identifieront ceux de leur famille ou de leurs amis.

ROBIN. Oui, ce sera certainement le cas pour beaucoup, même si le comportement identifié ne représente qu'une version très atténuée de ce que j'ai décrit.

JOHN. Et s'ils ne reconnaissent rien ?

ROBIN. C'est qu'alors ils seront complètement sortis de cette phase, comme seule une infime proportion de gens peut, je crois, y arriver.

JOHN. Mais, bien sûr, il y a toujours ceux qui pensent qu'ils en sont sortis et qui n'en sont pas sortis.

ROBIN. Ceux-là seront capables de se reconnaître, s'ils le veulent.

JOHN. Comment cela ?

ROBIN. Ils vont se rendre compte que ce qu'ils sont en train de lire les met mal à l'aise, et ce, pour des raisons qu'ils ne sont pas vraiment capables de cerner.

JOHN. Très futé, docteur, très futé. Mais vous devez parfois avoir en thérapie des gens qui se mettent en colère et sont sur la défensive lorsque vous leur suggérez qu'ils ont peut-être des besoins insatisfaits.

ROBIN. En fait, c'est encore plus difficile avec ceux qui tentent habilement de vous faire perdre votre sang-froid si vous tentez une approche de leur tristesse, au lieu de se mettre eux-mêmes en colère. Je me rappelle d'un type qui réussisait à m'avoir chaque fois qu'il venait, un paranoïaque limite, qui avait déjà fait de nombreuses thérapies, mais que j'avais accepté de voir de temps en temps parce que son précédent thérapeute était mort. Il venait environ tous les mois, étalait des tas de livres sur la table : « Winnie l'Ourson », « l'Interprétation des Rêves » de Freud, « Alice au Pays des Merveilles », « Envie et Gratitude » de Mélanie Klein, ou n'importe quoi d'autre ; et il parlait de ce qu'il avait compris pendant que moi j'essayais de déchiffrer le message que j'étais supposé recevoir. Je me sentais généralement irrité d'avoir été si peu efficace, mais il continuait à venir et semblait s'améliorer tout doucement. Un jour, avec les livres, il a apporté un énorme sac en papier d'où il a soigneusement extrait un lapin en peluche blanc d'environ 90 cm qu'il a mis sur la table avec les livres. Mais le lapin tombait tout le temps à la renverse et j'ai donc dû prendre une certaine quantité de livres sur mes étagères pour le faire tenir droit. Et lui, pendant tout ce temps, me disait de ne pas me tracasser. Au cours de l'entretien suivant, il m'a vraiment eu. Il m'a tellement irrité que j'ai décidé que nous perdions tous les deux notre temps, mais je ne le lui ai pas dit. A ma grande surprise, il semblait extrêmement heureux en partant, et, après avoir rangé ses livres et remis son grand lapin dans le sac : « Merci beaucoup » me dit-il, « pour ce que vous avez fait pour le lapin ! »

JOHN. Vous voulez dire qu'il ne pouvait rien demander pour lui-même mais que, lorsque vous avez soutenu son lapin, il a senti que c'est lui que vous souteniez.

ROBIN. Je pense qu'il ne pouvait pas faire plus pour demander de l'aide. Et il m'avait mis sur la voie de telle façon que, même sans en être conscient, j'avais intuitivement répondu à son besoin de la seule manière acceptable pour lui. Et, après coup, j'ai aussi réalisé que s'il m'avait asticoté de la sorte, c'était probablement pour pouvoir se mettre lui aussi en colère, pour garder ses distances envers tous les problèmes qu'il évoquait et qui le concernaient.

JOHN. J'ai réfléchi sur la fonction de l'objet transitionnel pour l'en-

fant : il procure du soutien tout en signifiant en même temps que, s'il n'y a pas de réelle nécessité, la mère ne se précipitera pas au secours de l'enfant. En comparant cette définition à votre comportement lorsque vous traitez les dépressifs, j'en suis venu à la conclusion que, sur le plan professionnel, vous n'êtes rien d'autre qu'un gros lapin en peluche.

ROBIN. Mais vous n'avez pas idée de la difficulté qu'il y a à en être un bon !

JOHN. Ce serait peut-être plus facile si vous étiez en peluche !

Qui commande ici ?

Vais-je devenir un ange, maman ?

JOHN. Quels thèmes allez-vous aborder maintenant ?

ROBIN. Tout une série de questions assez intéressantes : rapport à l'autorité ; raisons pour lesquelles on se soumet ou on se rebelle ; degré de fermeté nécessaire de la part des parents ; tâches qui incombent au père ; raisons qui font que certains seront de bon coéquipiers alors que d'autres, à l'ego important, ne sauront pas s'adapter ; troubles du comportement ou maladies subites chez les enfants qui ne veulent pas que leurs parents se séparent ; obsessions et colères des tout-petits ; nécessité pour les parents de se chamailler de temps en temps et, enfin, nous parlerons du jardin d'Eden.

JOHN. C'est tout ? Et si toutes ces questions surgissent maintenant, c'est probablement parce qu'elles ont quelque chose à voir avec le stade de développement suivant du bébé.

ROBIN. En fait, le bébé devient un petit enfant.

JOHN. Le bébé était plus ou moins sans défense...

ROBIN. Plus ou moins. Mais son cerveau s'est développé et les connexions se sont établies tant entre les cellules nerveuses qu'entre ces dernières et les muscles. Maintenant, quelque part entre l'âge de un et deux ans, l'enfant commence à marcher seul et à prononcer ses premiers vrais mots.

JOHN. Et ses « fonctions naturelles », comme nous les appelons à Weston super Mare ?

ROBIN. Eh bien, « le réseau électrique » qui relie la vessie et les intestins au cerveau s'est parachevé. Si bien que ces fonctions peuvent être maintenant « branchées » ou « débranchées » selon la volonté de l'enfant. Elles ne se déclenchent plus automatiquement. Et vers l'âge de un an et demi, le petit enfant montre par des signes évidents qu'il est capable de penser par lui-même.

JOHN. Pauvres parents ! Avant il ne pouvait exprimer son mécontentement qu'en hurlant ou en refusant de manger.

ROBIN. Ou en tombant malade. Mais maintenant ses options sont infinies. Il peut venir quand on l'appelle ou s'en aller en courant ! Il peut dire oui et non. Il peut jeter les choses par terre, les renverser, même si maman n'aime pas ça. Et lorsqu'on le met sur le pot, il peut faire son devoir ou alors s'en acquitter à des moments moins adéquats. Au fur et à mesure qu'il devient plus actif, les parents lui montrent ce qu'ils aiment et ce qu'ils n'aiment pas.

JOHN. Ils commencent à lui demander des choses, parce que, lui, devient capable de choisir ce qu'il va faire.

ROBIN. Exactement. Il est en train d'acquérir une indépendance et une liberté réelles et il va devoir choisir entre le « Bien » et le « Mal » !

JOHN. Le Mal est à présent accessible de nombreuses manières, toutes aussi nouvelles et excitantes. Et c'est à ce stade qu'apparaissent les colères.

ROBIN. Oui, bien sûr, il ne fait que tester sa force en cherchant toute sorte de choses nouvelles à faire. S'il rencontre un obstacle, il se battra pour le surmonter. Et, parfois, ce seront ses parents qui constitueront l'obstacle !

JOHN. D'une certaine manière, il fait son expérience.

ROBIN. Oui. Quelquefois les parents pensent qu'ils ne savent pas s'y prendre ou qu'ils sont en train de rater l'éducation de leur enfant. Ce n'est pas le cas. Les colères sont normales.

JOHN. Pourquoi sont-elles si violentes ?

ROBIN. Il faut le voir de façon positive. La force de sa colère sera une sorte de mesure de la force de caractère de l'enfant plus tard, si on l'aide à brider cette énergie. La violence est due à la fierté de la volonté que l'on est en train de contrer. Pensez à elle comme à l'énergie qui propulse la fusée spatiale loin de la terre. Et les colères sont comme ces premières fusées qui explosaient sur l'aire de lancement ou après le décollage, avant qu'on ait découvert comment contrôler toute cette énergie et comment faire en sorte que la fusée aille là où on le voulait.

JOHN. Il ne m'était jamais venu à l'esprit que la colère commence par de l'énergie et non par du courroux. Cela explique en quoi la colère peut être une si bonne source d'énergie, non ? Quand j'ai un problème de rédaction, et que je sèche, et suis furieux contre moi-même, je peux utiliser cette colère comme une énergie supplémentaire pour poursuivre mon effort plus longtemps que j'aurais pu le faire initialement si je ne m'étais senti si frustré.

ROBIN. C'est ça que l'enfant doit apprendre à faire : contrôler ses colères, afin de pouvoir utiliser cette toute nouvelle et merveilleuse énergie à la façon d'un bon cavalier qui maîtrise son cheval et le laisse galoper tout en contrôlant sa direction. Les colères s'arrêtent lorsque l'enfant apprend à contenir cette énergie et à la faire travailler pour lui.

JOHN. Est-ce que c'est seulement une question de temps ?

ROBIN. Oui. Dans la mesure où les parents réalisent que c'est parfaitement normal, ils sauront se montrer calmes et fermes avec lui, et il apprendra ainsi naturellement à contrôler ses colères.

JOHN. Bon. A présent le petit enfant possède de nouvelles capacités physiques et il est capable de penser par lui-même... Alors, qu'a-t-il à apprendre à ce stade ?

ROBIN. Comment faire équipe avec les autres ; tout d'abord avec sa famille, et ensuite avec le reste de la société.

JOHN. Parce que s'il ne le fait pas... il perdra l'affection, le soutien et l'aide d'autres personnes dont il a certainement besoin.

ROBIN. Et, dans tous les cas, sa vie sera bien plus gratifiante et intéressante s'il est capable de bien s'entendre avec les autres.

JOHN. Il doit donc apprendre à choisir d'être « bon ».

ROBIN. Non.

JOHN. Non ? !

ROBIN. Voyez-vous, ça ne sert à rien d'être simplement « bon ». S'il doit devenir quelqu'un d'équilibré, d'indépendant, qui a confiance en soi, qui a son caractère, il doit à ce stade commencer à faire des choses pour lui en se montrant créatif, des choses tout à fait originales.

Des choses que ses parents seront incapables de prévoir. Et que, quelquefois, ils n'aimeront pas.

JOHN. Donc il doit avoir suffisamment d'assurance pour explorer et, en même temps, apprendre à faire équipe avec les autres ?

ROBIN. Oui, c'est ça. Il doit apprendre à ne pas être trop « méchant » et à ne pas être trop « bon ». Il doit trouver le chemin entre les deux.

JOHN. Attendez un moment. Je vois bien qu'il doit apprendre à ne pas être « méchant », parce que s'il est parfaitement égoïste, son manque d'attention pour les autres fera qu'il sera solitaire et qu'on ne l'aimera pas. Mais quel risque y a-t-il à être « trop bon » ?

ROBIN. Si on ne l'encourage pas à explorer un peu, à penser par lui-même, si on le force trop souvent à céder, il deviendra surtout conformiste. Il ne gênera certainement personne, mais il sera morne, ennuyeux et peu intéressant. On fera de lui ce que l'on voudra, et de la sorte il sera incapable d'obtenir ce qu'il veut, ce dont il a besoin. On n'aura pas l'impression qu'il s'agit de lui et de personne d'autre, il n'aura pas un sens clair de sa propre identité.

JOHN. En d'autres termes ce sera un parfait expert-comptable. C'est drôle, n'est-ce pas, mais quand j'étais dans l'enseignement, j'avais remarqué que les enfants qui ne faisaient jamais rien de mal n'inspiraient en fait que peu d'affection.

ROBIN. C'est ça le problème. On ne les aime pas beaucoup. Si bien que plus tard, dans la vie, ils ont tendance à manquer de soutien, comme les très égoïstes. Et, donc, comme vous pouvez le voir, les parents ont une tâche tout à fait difficile à ce stade, celle de guider l'enfant sur une trajectoire qui se situe entre ces deux extrêmes.

JOHN. Apporter au petit enfant la liberté de découvrir et les encouragements nécessaires pour qu'il prenne de l'assurance et devienne plus indépendant, mais aussi suffisamment d'autorité et de fermeté pour qu'il puisse développer son self-control...

ROBIN. Oui, et trouver cet équilibre délicat entre le conformisme et l'indépendance, pour lequel nous devons lutter le reste de notre vie.

JOHN. ... Après avoir été jeté dans l'arène. Après la douce période du berceau, après avoir été la prunelle des yeux de sa mère, après avoir bénéficié d'un service de chambre vingt-quatre heures sur vingt-quatre.

ROBIN. Et, en parlant de fruit...

JOHN. Je vous en prie.

ROBIN... il est des gens pour penser que c'est ce dont il s'agit dans le mythe du jardin d'Eden. L'enfance est notre « jardin d'Eden », où tout nous est fourni, et où rien ne nous est demandé en échange. La « chute », c'est quand nous commençons à avoir le choix, la possibilité de faire ce que nous voulons ou ce que nos parents veulent. Après cela, nous avons « goûté à l'arbre de la connaissance du Bien et du Mal ». Avant cela, nous sommes « innocents » — le Bien et le Mal n'ont absolument aucune signification.

JOHN. Donc avant d'être pleinement nous-mêmes, il nous faut être le Mal comme le Bien.

ROBIN. Nous devons être capables des deux — avoir le choix entre le Bien et le Mal. Et cela doit nous permettre d'aller à l'encontre du système, même au risque d'être détruits par lui ! C'est pourtant une chose que nous oublions souvent, et nous espérons pouvoir être libres et authentiques sans risquer l'impopularité et l'insécurité.

JOHN. Oui, nous l'espérons. Ou je l'espère. Donc vous suggérez qu'un enfant ne peut pas acquérir un sens clair de sa propre identité s'il est incapable d'être méchant.

ROBIN. Nous sommes tous des individus, tous nés différents, si bien que le petit enfant est comme un pilote d'essai qui vole sur un nouvel avion. Il faut qu'il se teste, qu'il expérimente, qu'il pousse les choses jusqu'à leurs limites, ce qui implique parfois qu'il ira trop loin.

JOHN. Et la feuille de vigne ? Adam et Eve découvrant la sexualité ?

ROBIN. L'éclosion réelle de la sexualité chez les enfants ne survient en fait que plus tard. A ce stade de la prime enfance, les enfants prennent conscience non pas du sexe en lui-même, mais des différences sexuelles. Cela excite leur curiosité. C'est pourquoi je pense que cette période de l'enfance n'est pas seulement celle où l'on découvre qu'il est possible d'être « bon » ou « mauvais », mais celle aussi où l'on accepte son identité sexuelle, celle où l'on choisit d'être soit un homme, soit une femme… mais pas les deux.

JOHN. Ainsi le mythe ne parle pas du sexe, mais de l'identité sexuelle.

ROBIN. Oui c'est cela. Adam et Eve prennent conscience de leur différence l'un par rapport à l'autre, et c'est ce qui leur fait réaliser qu'ils sont distincts, qu'ils sont solitaires. Et c'est alors, naturellement, qu'ils se sentent chassés du jardin.

JOHN. Exclus de cette bienheureuse union avec Notre-Seigneur-maman - toute - puissante. La « chute » se rapporte donc à la connaissance du Bien et du Mal, c'est-à-dire à la découverte de règles que l'on peut respecter ou enfreindre... et à la séparation d'avec la mère. Mais vous avez dit plus haut que la séparation intéressait la période qui va de six mois à trois ans environ, alors que la phase de la petite enfance dont nous parlons s'étend de douze mois à quatre ans ?

ROBIN. Oui, plus ou moins. Je situerais le début vers l'âge de quinze mois.

JOHN. Ce que je voulais dire, c'est que ces phases se superposent.

ROBIN. Évidemment. Beaucoup de ces événements — les leçons qu'ils nous faut apprendre — se superposent. C'est comme de préparer un repas : il faut commencer à faire cuire le rôti avant les pommes de terre, et les pommes de terre avant les petits pois, et la soupe doit être prête avant tous les autres plats ; la plupart du temps, on fait plusieurs choses en même temps.

JOHN. Le petit enfant est donc amené à vivre une série de changements très complexes : il doit apprendre à quitter sa mère, à explorer ce monde extérieur nouveau pour lui, excitant et un peu effrayant à la fois, il commence à accepter son identité sexuelle et, en même temps, il lui faut s'adapter aux règles familiales. Finalement, il retrace sa carte toutes les dix minutes, non ?

ROBIN. Il ajoute à présent à cette carte toutes les lignes que ses parents tracent pour lui. Ces lignes qui indiquent les règles familiales. Il est donc maintenant, et pour la première fois, en train d'apprendre à construire une carte du fonctionnement de la société.

Fermeté

JOHN. Il y a trois semaines environ, dans un supermarché près de chez moi, j'ai vu une scène digne des « Monty Python ». Il y avait là une mère de famille avec deux enfants experts en méchanceté, et chaque fois qu'ils faisaient quelque chose qu'ils n'auraient pas dû faire, c'est-à-dire à peu près toutes les huit secondes, elle se mettait à crier et les menaçait de tortures et de privations inimaginables, tandis qu'ils repartaient à l'attaque et faisaient une autre bêtise. Elle les menaçait alors d'une punition agrémentée de cinq mille coups de fouet et de deux autres séjours en chambre de torture. C'est là qu'ils se mettaient à être vraiment méchants, pour lui faire savoir qui commandait ici. Et à la fin, il a fallu qu'elle leur donne un tas de bonbons pour qu'ils ne mettent pas le feu à la boutique.

ROBIN. C'est quelque chose que je m'imagine fort bien. Lorsqu'il y a tout le temps des disputes dans une famille, c'est parce que les parents sont incapables d'édicter les règles claires et précises dont l'enfant a besoin. C'est du moins souvent le cas.

JOHN. O.K. A présent, je voudrais approfondir cette histoire de « traçage de lignes ». Je veux dire que si le petit enfant doit apprendre à s'adapter, il ne peut connaître ses limites que dans la mesure où on les lui trace clairement, non ? Et même où on les accentue, je présume. Ce qui nous amène à utiliser ce terme pénible de « discipline ».

ROBIN. Du latin « disciplina », apprentissage.

JOHN. Bon. Un disciple n'était pas quelqu'un que Jésus punissait de façon systématique. Quand on en parle aujourd'hui, on a immédiatement à l'esprit l'image d'une paire de claques, de brimades, et d'enfants qui passent un mauvais quart d'heure.

ROBIN. Le problème c'est que… les paires de claques ne sont là que lorsque les lignes ne sont pas clairement tracées. Si un père est capable de contrôler parfaitement la situation quand c'est nécessaire, il n'aura qu'exceptionnellement à en distribuer.

JOHN. C'est l'expérience que j'ai faite avec ma fille. Je crains fort de ne pas m'être réellement impliqué dans son éducation aussi tôt que j'aurais dû le faire. Et, vers l'âge de quatre ans, elle est devenue très difficile ; un jour, j'ai finalement explosé et je l'ai giflée très fort pour la première fois. A ma surprise la plus absolue, j'ai senti immédiatement que notre relation s'améliorait. J'ai dû recommencer de temps à autre, mais les intervalles entre ces claques s'allongeaient de plus en plus. Si bien que, dès l'âge de six ans, je n'ai pratiquement plus eu à le faire. Mais ce qui est formidable dans l'histoire, car je pense que l'on se sent toujours un peu coupable, même lorsque l'on sait que l'on agit au mieux, c'est qu'elle n'a jamais semblé m'en vouloir. D'une manière paradoxale, il semble que ça nous ait rapprochés.

ROBIN. C'est une expérience universelle. Nous l'avons faite avec nos enfants, et les familles qui sont en traitement la font à leur tour quand elles appliquent nos conseils et adoptent une ligne de conduite plus ferme. Les enfants pardonnent toujours, et, en fait, ils ne vous en aiment que plus, parce qu'en agissant ainsi vous leur montrez à quel point vous êtes impliqués, à quel point vous vous occupez d'eux.

JOHN. Les gauchistes anarchisants seraient ravis d'entendre ça. J'entends d'ici les ricanements. Mais cette sorte d'attention portée à l'enfant, qui consiste à tracer pour lui des « lignes de conduite », peut témoigner d'autant d'amour que le maternage, bien qu'elle en soit très différente.

ROBIN. Oui, c'est ça. En fait, d'une certaine façon, c'est presque plus profond, parce que ça implique que les parents prennent le risque temporaire de ne pas être aimés, d'être haïs même puisqu'ils font quelque chose qui frustre l'enfant. Même si c'est pour son bien. C'est finalement l'amour le plus difficile à donner à un enfant, parce qu'il ne nous procure en retour rien d'agréable. On est temporairement rejeté. La gratitude ne vient que plus tard !

JOHN. Je discutais avec ma fille pendant les vacances, et elle m'a rappelé combien les gosses méprisent les profs qui ne sont pas capables de faire respecter l'ordre. Ils leur en veulent même. En revanche, ils aiment beaucoup ceux qui sont fermes... et trouvent très bien les profs relax, à condition qu'ils gardent le contrôle de la situation. Ceux qu'ils ne peuvent pas souffrir ce sont les versatiles, qui sont fermes à un moment et indulgents l'instant suivant.

ROBIN. Les enfants ont besoin de cohérence. Les pauvres petits diables ne savent pas comment se comporter si on ne leur indique pas les bornes de ce qui est toléré et de ce qui ne l'est pas.

JOHN. Pourquoi supportent-ils si mal l'incertitude ? Ça les rend anxieux ? Pourquoi veulent-ils des limites claires ?

ROBIN. S'ils savent jusqu'où ils peuvent aller, il se sentent en sécurité. Les enfants aiment réaliser des choses, apprendre ; ils aiment qu'on leur fasse un peu violence et, qu'ils ne fassent rien ou qu'ils fassent les fous, ça les sécurise de savoir jusqu'où ils peuvent aller. Ils sont donc beaucoup plus heureux s'il y a suffisamment de structures pour les aider à se contrôler.

JOHN. J'essaie de me mettre à la place de l'enfant. Je le vois assis sur une chaise au milieu d'une pièce sombre qui lui est peu familière. Il faut qu'il ait le courage de quitter cette chaise et d'explorer la pièce. Mais ce sont les ténèbres, et il ne sait pas très bien où sont les murs. Et pourtant, il doit se lever et partir à la découverte, se heurter à ces murs et voir où ils sont, voir si ce sont de bons murs, s'ils sont solides. Il peut alors explorer la pièce sans crainte et satisfaire toute sa curiosité. Mais s'il n'y a pas de murs, il a vraiment peur. Il ne saura pas très bien jusqu'où il peut aller. Peut-être que s'il va trop loin, il tombera dans un précipice ! Peut-être qu'il ne pourra pas retourner à sa base, à la chaise, lorsqu'il en aura envie. En lui donnant les murs auxquels il pourra se heurter, les parents lui donnent l'assurance dont il a besoin pour partir à la découverte.

ROBIN. C'est bien, mais vous avez oublié quelque chose. Vous avez dit que lorsqu'il trouve le mur, il doit pouvoir s'y cogner contre lui !

JOHN. Ça, c'est dû à la colère ou à la frustration qu'il ressent à ce moment-là.

ROBIN. Il faut donc que le mur soit solide. Il s'y cogne, il ne se passe rien de terrible, le plafond ne s'écroule pas et alors il sait : « Bon, c'est là que se trouve le mur ». Vous voyez, pour avoir vraiment confiance en soi, il faut avoir la possibilité d'aller jusqu'aux limites de ses sentiments, afin de savoir négocier les émotions extrêmes. Une fois que l'on est allé jusque-là, que l'on peut se situer et que l'on en réchappe, ainsi que les gens que l'on aime, on a l'esprit tranquille et, à partir de là, on n'a plus à se méfier de sa colère. On sait que l'on peut la contrôler. Finalement pour pouvoir faire une expérience comme celle-là, il faut que quelqu'un s'occupe de nous ; et que ce quelqu'un s'occupe aussi de lui-même, en dépit de l'impression que l'on a d'être un sauvage, un assassin ou quelque chose dans ce genre. Il faut qu'il tienne la situation en main, qu'il la contrôle, qu'il accepte aussi la force des sentiments et évite toute blessure réelle. Si donc les parents assignent des limites claires tout en continuant à fournir leur soutien émotionnel, l'enfant pourra essayer sa force jusqu'au bout, apprendre à ne pas la redouter et, progressivement, apprendre à la contrôler.

JOHN. Donc, on n'a plus peur de sa colère. C'est fascinant... Voilà pourquoi les gosses ont besoin de règles claires et cohérentes.

ROBIN. Oui. Et de temps à autre un enfant fait quelque chose de méchant pour essayer de forcer ses parents à lui donner des règles.

JOHN. Je repense soudain à la phrase... « Il l'a bien cherché. » Pas forcément une gifle, mais une limite bien définie.

ROBIN. L'enfant sait donc où il en est et peut cesser d'être anxieux. Si les parents ne fournissent pas ces règles, la seule chose que les gosses peuvent faire dans ce cas, c'est de continuer à tester leurs limites ! Et plus les parents hésiteront, parce qu'ils veulent faire plaisir à tout le monde et qu'ils craignent qu'une ligne de conduite un peu stricte ne les rende impopulaires aux yeux de leurs enfants, plus les enfants se montreront impossibles, pour essayer de forcer la réponse. Et, bien sûr, plus grande sera l'explosion à la fin.

JOHN. Vous voulez dire quand les parents, finalement, marqueront les limites ?

ROBIN. Oui. Et plus les parents tardent, plus grande sera l'explosion et plus longtemps la poussière mettra à se déposer. On voit un tas de parents qui ont repoussé la confrontation jusqu'à ce que l'enfant ait huit ou dix ans et même jusqu'à l'adolescence. Dans de tels cas, je les préviens, lorsque je leur conseille de se montrer fermes, que ça va ressembler au débarquement sur les plages de Normandie, et qu'ils peuvent s'attendre à une semaine d'enfer absolu. Finalement, ils arrivent en général à se débrouiller. Il est, bien sûr, préférable de tracer des lignes de conduite claires lorsque l'enfant « les demande », lorsqu'il est encore à quatre pattes, et de l'aider à s'adapter doucement, étape par étape, au fur et à mesure qu'il se montre capable de faire preuve de plus de maîtrise.

JOHN. Il m'arrive de voir rouge lorsque j'entends des parents ou des enseignants très progressistes refuser d'assumer la responsabilité de fournir aux gosses les règles dont ils ont besoin, simplement parce qu'on pourrait penser qu'ils ne les aiment pas, ou qu'ils sont fascistes. C'est pour moi l'irresponsabilité la plus méprisable qui soit.

ROBIN. Bien entendu, c'est Freud qui fait figure d'accusé principal, dans l'affaire. Alors qu'en fait, sur le sujet, il se montrait remarquablement sensé et réaliste. Les gens interprètent à leur guise, c'est comme pour la Bible.

JOHN. Mais attendez. Supposons que les parents se montrent très fermes ? Qu'est-ce que ça aurait comme effet ?

ROBIN. Mon expérience m'a montré qu'avec beaucoup d'amour, une éducation stricte en soi ne semble pas poser beaucoup de problèmes. La personne sera peut-être plus étroite d'esprit et aura tendance à être plus conformiste, à avoir des points de vue plutôt conservateurs et acceptera la hiérarchie et l'autorité plus facilement que vous ou moi ; mais cela l'aidera à s'adapter particulièrement bien aux organisations et aux professions qui requièrent un certain conformisme, comme l'armée, la police, l'administration, la justice, etc.

JOHN. Vous avez oublié la comptabilité. Ils vont donc rester dans le rang sans voir de mal à ça.

ROBIN. En fait, il est assez intéressant de le souligner, j'ai remarqué que les gens sont pratiquement toujours reconnaissants à leurs parents de s'être montrés fermes. Même enfants, ils semblent se rendre compte que ça coûte quelque chose aux parents.

JOHN. A condition que ça soit fait pour le bien de l'enfant.

ROBIN. Oui. Si les parents se montrent stricts uniquement pour que l'enfant satisfasse leurs besoins à eux, ou une raison de ce genre, c'est une autre histoire ! Et tout comme les enfants sont reconnaissants à des parents stricts qui les aiment, ils ne pardonnent jamais aux parents trop indulgents.

JOHN. D'une certaine manière, ils sentent qu'en dernière analyse ce n'est pas bon pour eux ?

ROBIN. Oui. On dirait qu'ils réalisent que cette indulgence excessive est le fruit de la paresse, ou d'un besoin infantile de la part des parents d'être constamment aimés et approuvés. Et même si les enfants ne s'en rendent pas tout de suite compte, ils le découvrent en général plus tard.

JOHN. Si je vous comprends bien, il semblerait que, à condition qu'il y ait de l'amour, même la bonne vieille rigueur victorienne a peu de chance de causer des dommages psychologiques ?

ROBIN. A condition que l'on puisse continuer à dire : « Tant que c'est fait avec amour et pour le bien de l'enfant »,je pense que je m'en accommoderais !

JOHN. Comme si, en cas de doute, il était préférable pour les parents de pencher du côté de la fermeté.

ROBIN. Oui, c'est ce que je dirais. Mais heureusement, il y a une recette en béton pour aider les parents à bien faire les choses. C'est une maxime très simple et qui dit : « Si les gosses vous rendent fous, c'est parce qu'ils veulent en prendre pour leur grade. » Alors, dans le doute, faites-leur ce plaisir avant qu'ils ne deviennent impossibles. Il est d'ailleurs intéressant de savoir qu'il existe une autre raison pour laquelle c'est toujours une bonne faute à commettre que de pécher par excès de fermeté : c'est que les effets d'une discipline trop dure tendent à s'effacer avec le temps, et que la personne qui en a souffert a tendance à retourner à la normale. Par contre, quelqu'un que l'on a pas suffisamment aidé à se contrôler lorsqu'il était jeune trouvera bien plus difficile d'aller dans l'autre direction, celle de l'autodiscipline.

JOHN. Mais vous entendez sûrement des enfants, même des adultes, se plaindre de ce que leurs parents sont ou étaient trop sévères ?

ROBIN. Ah oui ! Mais lorsque je me suis penché de plus près sur le passé familial des gens qui imputaient leurs difficultés à des parents hyperstricts, il s'est révélé que les parents, dans l'ensemble, s'étaient montrés trop faibles ou trop facilement manipulables.

JOHN. Alors d'où vient l'idée du « trop strict ».

ROBIN. De ce que les parents se tourmentent à l'idée d'être trop sévères et redoutent que les enfants, dans ce cas, ne les aiment plus. Les enfants récupèrent ce sentiment et le prennent pour argent comptant. Après tout, si les parents passent tant de temps à s'accuser eux-mêmes, il n'est pas déraisonnable de la part des enfants de leur accorder le bénéfice du doute et de les accuser eux aussi.

JOHN. Ils n'ont comme référence que les standards de leurs parents.

ROBIN. Et dès qu'ils découvrent que leurs parents ont peur d'être accusés d'être trop stricts, ils apprennent à utiliser cette culpabilité pour faire d'eux ce qu'ils veulent.

JOHN. Je saisis. Voyons si j'ai compris la substantifique moelle de tout cela. Les enfants ont besoin de limites bien définies. En les leur traçant, on obtient plusieurs résultats. Premièrement, ça leur apprend à s'adapter ; deuxièmement, on leur épargne l'anxiété de « ne pas savoir où ils en sont » ; et troisièmement, on leur donne la chance, particulièrement lorsqu'ils sont petits, de vivre des émotions extrêmes « sous contrôle », ce qui leur permet de se familiariser avec et d'apprendre à les maîtriser.

ROBIN. Ce sera tout pour l'instant.

JOHN. Pourtant, il y a quelque chose que je n'ai pas compris. L'enfant ne doit pas être « trop bon », d'accord ? Bon, si une éducation vraiment stricte, même par amour, ne produit pas ce type de gens qui ne peuvent pas « faire de mal à une mouche »... qu'est-ce qui le fait ?

ROBIN. Bon, les caractères timides et peureux ont en général été très puissamment contraints de se conformer aux attentes de leurs parents. Cette pression n'a pas été exercée au moyen de la fermeté, mais de la culpabilité. Ces parents-là ne disent pas : « Ne fais pas ça, ou je vais me fâcher » ou bien : « Tu seras privé de ça ou ça », ou « Allez, au lit maintenant ». Ils disent : « Ne fais pas ça, ça me rend si malheureux. »

JOHN. « Ton père finira par avoir une attaque, tu vas rendre ta mère malade, le ciel va nous tomber sur la tête. »

ROBIN. « Tu seras bien avancé quand je serai partie. »

JOHN. « Si tu m'aimais, tu ne ferais pas ça. »

ROBIN. Etc... Ils peuvent aussi distiller chez l'enfant la crainte qu'ils ne l'abandonnent vraiment s'il se comporte mal.

JOHN. Et, dans les deux cas, ça fait reposer sur l'enfant une terrible responsabilité, non ?

ROBIN. Ils lui passent une camisole, ou, pis encore, ils font en sorte que l'enfant se la passe lui-même.

JOHN. En le rendant responsable du bonheur des parents, et même de leur vie ! Et de la stabilité de la famille, qui représente pratiquement tout pour l'enfant.

ROBIN. Et, bien sûr, un tel enfant devient incapable de sonder ses émotions, en raison des préjudices qu'il risque de causer.

JOHN. Il ne sera jamais capable de se cogner aux murs, parce qu'on lui a dit que, s'il le faisait, toute la maison s'écroulerait.

ROBIN. Et donc, bien évidemment, il a très peur de tenir tête.

Ce père qui vient du froid

JOHN. Tout au début vous avez dit qu'au cours de la petite enfance le père avait un rôle vital à jouer. Peut-être parce que c'est maintenant à lui de fournir le soutien et l'encouragement dont l'enfant a besoin pour s'éloigner de sa mère et explorer le monde extérieur ?

ROBIN. Pas seulement. Il y a autre chose. Il faut maintenant que le père commence à réclamer sa femme.

JOHN. Répétez ça un peu ?

ROBIN. A la naissance, l'arrangement conclu en général, c'est que le père sert de soutien à la mère dont le bébé accapare tout le temps et l'attention. Il faut maintenant qu'il ramène sa femme à lui et la reprenne au bébé, et que tous deux puissent reprendre à nouveau leur relation de jeunes mariés.

JOHN. Parce que, quand le bébé commencera à se séparer d'elle, elle aura un terrible sentiment de perte, la perte d'une relation extraordinairement intime. Donc si elle a le père sous la main, et qu'elle peut compenser cette perte par un renouvellement de son lien avec lui, ça l'aidera, elle, à laisser s'éloigner le bébé.

ROBIN. Donc, si à ce stade le père ne fait pas un pas en avant pour réclamer sa place de mari et d'amant, plutôt que celle simplement de père, il n'aidera ni la mère ni le bébé à affronter la phase suivante, qui consiste pour eux à faire un pas pour s'éloigner l'un de l'autre.

JOHN. Donc le rôle premier du père, c'est d'aider à la séparation en réclamant sa femme. Et puis, en tant que deuxième source d'amour et de soutien après la mère, il est tout spécialement qualifié pour aider le bébé dans ses explorations.

ROBIN. Oui, il offre au bébé quelque chose d'un peu différent. En règle générale, une relation un peu moins chaleureuse, mais peut être plus robuste, vigoureuse et stimulante. Donc, il ne fait pas que soutenir l'enfant au cours de ses premières aventures loin de la mère ; il peut faire aussi en sorte que l'enfant ait plutôt envie de la quitter.

JOHN. Il agit donc comme un pont entre la mère et le monde extérieur, et aide le petit enfant à prendre de l'assurance au cours de ses explorations, ce qui lui permet de commencer à fabriquer cette carte du fonctionnement de la société dont il a tant besoin.

ROBIN. Oui, c'est ça. Et en réclamant la mère, en s'interposant entre elle et l'enfant, le père aide déjà son rejeton à tracer cette carte. Jusqu'à maintenant, l'enfant s'est trouvé dans cette position :

Maintenant, il se trouve dans celle-là :

JOHN. Il est donc obligé de partager. Après avoir été un petit mendiant égoïste, c'est pour lui un pas plutôt important, non, d'arriver à comprendre qu'il y a d'autres gens « là-bas » qui, eux aussi, ont leurs besoins. Donc, d'une certaine façon, le père devient un rival. Est-ce que cette idée gêne un peu les gens ?

ROBIN. Seulement parce que les enfants ont été à la mode ces dernières années, tandis que les pères ont été très nettement mis au rancart.

JOHN. Dans quel sens ?

ROBIN. Eh bien, au cours des dernières décennies, quelques-unes des « vertus paternelles » se sont un tant soit peu démodées ; on a beaucoup insisté sur les « vertus maternelles ». Au début, ce changement était une très bonne chose. Mais la plupart des gens ont senti que la balance avait trop penché d'un côté, surtout dans les années 60, et je crois qu'on est maintenant en train de revenir là-dessus, de trouver un moyen terme, le père et la mère étant considérés comme aussi importants l'un que l'autre, mais différemment. Pour en revenir à votre problème de rivalité, je vous demande de comprendre que, bien qu'il soit naturel pour le père d'être un peu jaloux du bébé, il doit aussi être capable de l'aimer et de lui offrir son attention. C'est sa présence aimante qui aide l'enfant à affronter le problème du partage et de l'adaptation aux groupes de plus de deux personnes. Et, bien sûr, pour cette tâche, il doit être là.

JOHN. Donc, chaque bébé qui naîtra dans la famille aura pour commencer une relation exclusive avec la mère, puis, lorsque le père la réclamera, chacun découvrira à son tour qu'il doit abandonner cette relation privilégiée pour devenir un membre de l'équipe.

ROBIN. Et, si tout va bien, ils finiront par obtenir cette configuration :

Les parents devraient être chacun l'un pour l'autre la personne de référence, et le couple former une cellule à part, séparée des enfants.

JOHN. Et si les parents ne forment pas une cellule à part, les enfants ne seront pas capables de se séparer d'eux ?

ROBIN. Ça sera certainement beaucoup plus difficile. Les parents qui réclament leur propre espace à une certaine distance des enfants les aident à se séparer d'eux et à grandir. Ils donnent le bon exemple.

JOHN. Donc le père doit réclamer la mère pour le bien de tout le monde. Bon. Et maintenant, venons-en à cette histoire d'exploration du monde d'« outre-mère ». Le père encourage le petit enfant dans cette tâche. Est-ce la même chose que de tracer des lignes de conduite, ou bien est-ce, pour ainsi dire, une activité parallèle ?

ROBIN. En traçant une ligne quand c'est nécessaire, en instaurant des limites, il aide l'enfant à tracer sa propre carte du monde.

JOHN. Maintenant nous en venons à la question à 1 000 F. Pourquoi le père, l'homme, serait-il plus indiqué pour tracer les lignes que la mère ? C'est un point de vue traditionnel, mais vaut-il pour Golda Meir, ou Indira Gandhi ? Ou Margaret Thatcher ?

ROBIN. Je ne pense pas vraiment que cela ait quoi que ce soit à voir avec une éventuelle différence psychologique innée entre les hommes et les femmes. Sauf que la différence physique qui fait que la femme met l'enfant au monde, et qu'elle aura plus probablement été son soutien pendant les tout premiers stades, aura certainement une incidence sur celui de la petite enfance. Car l'enfant aura besoin encore longtemps de courir vers sa mère pour retrouver quiétude et confiance en soi, lorsque les exigences du monde deviendront trop rudes.

JOHN. Dehors, c'est la jungle !

ROBIN. C'est pourquoi le petit enfant a besoin d'une mère aimante qui lui fournira le contraire : douceur, chaleur, câlins, sécurité !

JOHN. Et alors ?

ROBIN. Eh bien, quand l'enfant est encore très petit, disons même jusqu'à ce qu'il marche à quatre pattes, je pense que c'est très déconcertant et très troublant pour lui que la mère s'essaye à jouer les deux rôles, très douce et maternante à un moment donné puis dure et exigeante la minute suivante. Vous vous rappelez qu'à ce stade il a déjà suffisamment de difficultés à tenter de reconstituer le puzzle pour faire d'elle une seule et même personne.

JOHN. Et donc, pour le moment, il est préférable qu'elle ne présente qu'une image unique à peu près cohérente à l'enfant. C'est plus facile à comprendre pour lui ?

ROBIN. C'est une des raisons pour lesquelles, au moins à ce stade, c'est au père d'attendre de l'enfant qu'il apprenne à s'adapter au reste de la famille. Tout cela se passe petit à petit, bien sûr, au fur et à mesure que s'accroît l'aptitude du bébé à se contrôler. Mais c'est le père qui exigera le plus de l'enfant.

JOHN. Je pense qu'il y a une autre raison possible. Beaucoup de femmes que je connais sont ennuyées, au fond, de ne pas être de vraies mères « suffisamment bonnes ». Et il leur est beaucoup plus difficile d'être fermes avec l'enfant à cause de cette voix intérieure qui dit « Attention, l'aimes-tu assez ? Une bonne mère ne devrait-elle pas être plus compréhensive ? »

ROBIN. Je reconnais que c'est un sentiment très banal chez les mères, bien qu'injustifié ; et si le père a une attitude plus ferme, ça aidera la mère, en particulier au stade de la petite enfance. Naturellement, quand l'enfant grandit et se sent plus sûr de lui, qu'il a une image plus claire de ses parents, ça ne le troublera plus de voir la même personne lui dispenser du soutien à certains moments et se montrer ferme à d'autres. Les parents peuvent alors partager les tâches et chacun apporter le soutien et tracer les lignes de conduite. En fait, c'est ce qui se passe tout naturellement dans les familles lorsque l'enfant grandit.

JOHN. Voilà donc deux raisons pour lesquelles le père est particulièrement important à ce stade. Qu'a-t-il d'autre comme tâche ?

ROBIN. Jusqu'à présent, mère et enfant ont formé une société d'admiration mutuelle. Et, bien que cet amour inconditionnel et aveugle aide l'enfant à développer sa confiance en soi et son assurance, il se peut qu'ils aient trouvé tellement de plaisir à être ensemble que la mère aura quelques difficultés à faire preuve de réalisme envers les véritables qualités et défauts du bébé.

JOHN. Donc, en retour, le bébé ne recevra pas de sa part les informations précises dont il a besoin pour dessiner sa carte.

ROBIN. Une carte qui doit l'inclure, lui aussi.

JOHN. Quoi ?... Oh je vois ! Il doit être porté sur sa carte lui aussi. Bien sûr, il lui faut ramener sa taille à l'échelle du reste, s'il ne veut pas se faire des idées sur sa propre importance, ce qui le rendrait trop égoïste ?

ROBIN. Pas seulement. S'il n'indique pas correctement sa taille sur la carte, s'il ne connaît pas ses limites, et s'il ne sait pas jusqu'où il peut aller sans marcher sur les autres, elle ne lui sera pas un bon guide pour pouvoir utiliser le reste du monde à ses fins de la manière la plus efficace possible. C'est ça qui est en jeu dans le « tracé des lignes ».

JOHN. Oui, je vois. Donc, si nos cartes du monde sont faites pour nous guider, nous devons nous y porter nous-mêmes à la bonne échelle.

ROBIN. C'est pour ça que la mère et l'enfant peuvent tous deux avoir besoin du père, qui est un peu plus détaché, pour les aider à être plus objectifs.

JOHN. D'autres tâches pour le père ?

ROBIN. Oui. Je pense qu'il y en a au moins encore une. Comme nous l'avons dit auparavant, au début le bébé a l'impression qu'il est tout. Et puis, lorsqu'il découvre ses limites, sa taille diminue et il perd graduellement son sentiment d'omnipotence. Mais il compense cette diminution par une relation très intime avec sa mère, qui, elle, à ce stade, doit lui paraître aussi puissante que Dieu. Donc, par la suite c'est cette illusion-là qu'il doit perdre. Au bout de quelque temps, s'il voit que ce n'est pas sa mère qui dirige le monde, qu'elle doit partager le pouvoir avec le père, c'est un pas supplémentaire de fait.

JOHN. Et plus tard, il devra découvrir que son père non plus n'est pas Dieu.

ROBIN. Bien sûr. Et si le père remplit son rôle de père correctement, il saura lui faire comprendre que, lui aussi, appartient à un ensemble plus vaste auquel il doit s'adapter, comme tous les autres.

JOHN. Ce ne serait donc pas un bon message pour l'enfant que son père soit sous le contrôle de la mère ? Parce que le petit enfant n'aurait pas alors à franchir cette étape, n'est-ce pas ? Il n'aurait pas à réaliser que sa mère n'est pas Dieu. Si c'était elle qui contrôlait le père, il pourrait continuer à la prendre pour Dieu.

ROBIN. C'est ça. Je pense que, pour le petit enfant, comprendre que sa mère n'est pas Dieu constitue un premier pas vers la prise de conscience que son père ne l'est pas et que personne d'autre ne l'est non plus.

JOHN. C'est la première fois que j'entends ça.

ROBIN. Je pense que c'est une leçon vitale, peut-être la principale raison pour laquelle les familles dominées par la mère ne semblent pas être très profitables à l'enfant.

JOHN. Quoi ! Vraiment ?

ROBIN. En fait, presque toutes les familles que j'ai vues en psychiatrie infantile, dans lesquelles l'enfant était présenté comme un problème, étaient dominées par la mère. Soit c'était ça, soit elles étaient complètement chaotiques.

JOHN. C'est étonnant.

ROBIN. Oui. Ce le fut aussi pour moi lorsque j'en ai pris conscience. J'étais interne en psychiatrie infantile et je suis allé voir l'assistante sociale qui donnait les rendez-vous en me plaignant auprès d'elle de n'avoir vu que des familles de ce type et en lui demandant à en voir des différentes. Elle me répondit de ne pas m'en faire ; cela faisait dix ans qu'elle était là et elles étaient toutes comme cela !

JOHN. Continuez.

ROBIN. Pour replacer ça dans son contexte, je dois dire tout de suite que les études sur les familles bien équilibrées montrent que le pouvoir dans la famille est partagé entre le père et la mère. Ils travaillent ensemble et se partagent les tâches d'un commun accord. Mais dans toutes les autres familles, s'il doit y avoir un chef, il semble que cela marche mieux si c'est le père plutôt que la mère.

JOHN. Mieux pour les enfants, c'est ça ?

ROBIN. Oui. Je n'insisterai jamais assez là-dessus. Ce que font les couples sans enfant ne regarde qu'eux, naturellement.

JOHN. Je suis distrait par le bruit que font les féministes aiguisant leurs flèches.

ROBIN. De grâce ! Personne ne sait mieux que moi combien ça paraît sexiste. J'ai mis longtemps à adopter ce point de vue, et, en fin de compte, je n'ai plus pu nier l'évidence. Mais dans ces familles à problèmes, il faut essayer de voir le tableau dans son ensemble. Autrefois, nous commettions certainement une erreur en mettant tout cela sur le compte des « mères castratrices » comme on disait alors. Et puis, lorsque nous avons commencé à voir régulièrement les pères, et à voir plus clair dans le fonctionnement de ces familles, nous avons réalisé que les difficultés étaient dues tout autant à la démission des pères.

JOHN. Vous voulez dire que les mères n'avaient pas d'autre choix que de reprendre le flambeau ?

ROBIN. Exactement. Pas d'autre choix. Aujourd'hui, en considérant tout cela comme un système, nous pouvons voir que ce n'est la faute de personne ; c'est simplement la manière de fonctionner du système. Automatiquement. Mécaniquement.

JOHN. Je vais récapituler, juste pour vous embêter. Dans les familles les plus équilibrées, le pouvoir est partagé par consentement mutuel.

Dans les autres, un parent ou l'autre est en général plus puissant. D'après votre expérience, lorsque la mère est la plus puissante, les enfants ont plus de chances d'avoir des problèmes. Et, en conséquences, votre sentiment c'est que s'il doit y avoir un chef, c'est mieux que ce soit le père. J'ai besoin de plus de preuves, s'il vous plaît.

ROBIN. Ma foi, je dois dire...

JOHN. ... pour votre défense...

ROBIN. Non, pas vraiment. Vous voyez, ce sont les mères qui m'ont convaincu.

JOHN. Et la rédaction de « Femmes d'Aujourd'hui » ?

ROBIN. Les mères et les enfants. J'ai repoussé cette idée, au début.

JOHN. Quel brave type !

ROBIN. Non, non. J'ai dû accepter cette idée à contrecœur. Je crois à l'égalité, à la discussion, au partage des décisions.

JOHN. Bien sûr, c'est comme ça que fonctionnent les gens vraiment sains.

ROBIN. Cessez de m'interrompre et écoutez. Encore et encore, quand les familles venaient chercher de l'aide pour des problème qu'elles avaient avec leurs enfants, les mères disaient qu'elles attendaient avec impatience que le père reprenne le contrôle. Elles disent toujours ça. Et les frères et sœurs étaient presque toujours d'accord pour dire que le père devrait être plus ferme.

JOHN. Des règles sexistes donc, d'accord ?

ROBIN. Non. Ce furent les mères qui tranchèrent en ma faveur. Laissez-moi seulement vous raconter ce que l'une d'entre elles m'a dit : « Ça a quelque chose à voir avec l'arrivée des enfants. Tout d'abord c'est bien, puis les enfants arrivent, et vous vous trouvez avec tant de choses à régler, tellement de responsabilités à assumer, que vous prenez peur et... avez besoin d'autorité... juste une dose de temps à autre pour vous permettre de continuer, de faire face aux responsabilités et vous donner le sentiment que vous avez suffisamment de force pour y arriver. »

JOHN. Eh bien... c'est vrai, n'est-ce pas, quelquefois vous êtes en train de renâcler à une tâche, et quelqu'un vous dit « Arrête de râler, fais-le. » Ça vous donne une certaine force. Bien sûr, si le mari fait montre d'un peu d'autorité il prend en quelque sorte une responsabilité, n'est-ce pas, et cela aide sûrement la mère.

ROBIN. Plus tard, elle m'a encore dit quelque chose d'intéressant. Elle m'a dit : « Tout d'un coup, on est confrontée à tout ça et on est pétrifiée... Je pense qu'alors, en se montrant provocatrice à l'égard de l'homme, si lui se montre agressif... eh bien il assume la part la plus difficile, il assume la responsabilité et, ainsi, on lui soutire de la force, c'est automatique. »

JOHN. « Agressif » ?

ROBIN. Alors je lui ai demandé : « Vous ne verriez pas cette agression de la part de l'homme comme une manifestation hostile, en l'occurrence ? » et elle répondit : « Non, certainement pas. »

JOHN. Eh bien, il semble qu'elle ait compris quelque chose... que je n'arrive pas à saisir.

ROBIN. Mais c'est un discours que j'ai entendu des milliers de fois. Il semblerait que ce type d'arrangement soit nécessaire à ce stade de développement. Je crois qu'il faut être passé par là pour le comprendre.

JOHN. Est-ce qu'après avoir eu un enfant cette femme a changé de point de vue ?

ROBIN. Oui. Je lui ai demandé si, avant de devenir mère, elle aurait rejeté ce qu'elle disait maintenant. Elle s'est mise à rire et m'a dit qu'elle l'aurait totalement rejeté, comme terriblement sexiste. C'est pourquoi il est inutile de discuter avec les gens sur ce sujet ; ou ils l'ont découvert, ou pas. Bien sûr, il est possible que quelqu'un d'extrêmement sain n'ait jamais besoin de le découvrir.

JOHN. Je pense tout d'un coup à l'enfant qui est agressif pour forcer ses parents à tracer pour lui des lignes de conduite. Ce qu'elle dit relève du bon sens : elle a besoin de son mari pour l'aider à clarifier ses propres limites devenues floues à cause de sa trop grande intimité avec l'enfant.

ROBIN. Oui, il semble que c'est bien ce dont il s'agit. La mère a dû laisser ses propres limites redevenir floues pour se remettre au niveau du bébé, afin de créer cette intimité entre eux, cette implication réciproque, cette imbrication. Lorsque le nourrisson grandit et commence à définir ses limites en provoquant sa mère, il se peut qu'elle ait du mal à retrouver les siennes propres.

JOHN. Mais cela peut arriver dans l'autre sens aussi, j'imagine ? Ce sera parfois l'homme qui perdra ses limites et se les verra redéfinir par sa femme.

ROBIN. Oh, certainement ! Il ne doit pas y avoir beaucoup de pères à qui il n'est pas arrivé de s'être fait confier la garde des enfants et qui ne se soient trouvés ensuite face à une femme furieuse de découvrir, à son retour, la maison sens dessus dessous et les gosses surexcités.

JOHN. Avec un père qui se comporte comme eux. Et, elle, devant le rappeler à l'ordre pour qu'il redevienne adulte.

ROBIN. Ça vous rappelle quelque chose ?

JOHN. Oh oui. C'est un sentiment très désagréable. On est vraiment penaud.

ROBIN. C'est parce que l'on a l'impression de s'être comportés comme des gosses, non ? Et l'on attend la réprimande.

JOHN. Si bien que, dans ce cas, c'est la mère qui retrace les limites du père.

ROBIN. Mais, bien sûr, le père a parfois aussi besoin de ses collègues pour faire le travail à sa place.

JOHN. Comment ? En disant : « Oh, arrête de râler, d'accord tu te sens abandonné, mais c'est pour ça que Dieu t'a donné des amis qui t'aiment tant ? »

ROBIN. Oui. Un mélange d'encouragements et de fermeté. Ils le rappellent à l'ordre tout en le soutenant aussi.

JOHN. Donc, vous dites que quel que soit le parent qui est le plus proche de l'enfant, il peut se faire qu'il voie ses limites un peu effacées et ait besoin de quelqu'un de plus élevé dans la chaîne de soutien pour l'aider à les retracer. Et si cette personne-là commence à s'embrouiller, il ou elle peut avoir besoin de quelqu'un d'encore plus éloigné de l'enfant pour retracer ses propres limites. Et comme il est fort probable que c'est la mère qui sera le plus proche de l'enfant pendant les tout premiers stades, il y a plus de chance que ce soit le père qui redéfinisse les limites de la mère que l'inverse.

ROBIN. Il me semble donc que tout cela n'a rien à voir avec du sexisme que de suggérer qu'ils devraient jouer, dans cette équipe parentale, des rôles différents à des moments différents pour le plus grand bénéfice de l'enfant.

JOHN. Dans un sens, chacun a la vedette à des stades différents. C'est intéressant, n'est-ce pas, de voir que l'implication sexiste disparaît plus ou moins si l'on considère le fonctionnement des parents comme celui d'une équipe. Je dois dire que l'intérêt d'une équipe, c'est qu'elle est faite d'individus de capacités différentes, jouant des rôles différents, mais avec un but commun. Ce n'est pas une bonne chose que chacun veuille être avant-centre ou goal. Donc la relation père-mère apparaît soudain plutôt comme celle d'un P.-D.G. et d'un directeur. L'un étant plus concerné par ce qui se passe à l'extérieur de l'entreprise, l'autre par ce qui se passe à l'intérieur. Et tous les deux étant également nécessaires.

ROBIN. Et, comme vous le verrez plus en détail plus tard, les leçons que le petit enfant est en train d'apprendre maintenant sont celles dont il aura besoin pour être capable de faire partie d'une équipe.

JOHN. C'est-à-dire tenir compte des autres, jouer le jeu, se plier aux règles, accepter l'autorité...

ROBIN. C'est ça. Si donc vous avez appris ces leçons et vu en conséquence comment les équipes doivent fonctionner, vous verrez que l'équipe parentale peut fonctionner de la même splendide manière, sans aucun conflit latent. Mais quiconque n'est pas passé par là ne sera pas à l'aise comme équipier et affirmera que le travail d'équipe doit être en réalité une lutte pour le pouvoir. Dans ce cas, il tiendra ces vues pour sexistes.

JOHN. Ça, c'est un argument très ingénieux. Et circulaire, aussi, je pense. Peu importe. J'ai une autre objection. De toutes ces tâches dont vous avez fait la liste et qui incombent au père à ce stade de la petite enfance : réclamer la mère, tracer les lignes plus fermement qu'elle, aider le petit enfant à réaliser que la mère n'est pas Dieu, lui offrir une information plus précise que celle qu'il peut obtenir d'une maman qui l'aime, toutes, sauf la première, peuvent être accomplies par quelqu'un d'autre que l'homme. Que se passe-t-il donc s'il n'y a pas de père ?

ROBIN. Si la mère est complètement seule... il se pourrait qu'il soit très difficile à l'enfant d'apprendre quelques-unes de ces importantes leçons. Il y aura presque toujours des grands-parents ou des relations, de bons amis, des voisins, des professeurs, d'autres gens qui pourront être utilisés par la mère et par l'enfant pour remplir ces tâches. Et ça peut marcher parfaitement bien, aussi longtemps que la mère accepte d'avoir besoin d'aide de temps à autre pour redéfinir ses limites, comme nous venons de le dire.

JOHN. Donc, on a seulement besoin d'une autre personne qui ne soit pas trop impliquée dans une relation émotionnelle avec l'enfant. Et ça pourrait donc bien être une autre femme.

ROBIN. Oui. C'est souvent la grand-mère. Bien sûr, une bonne grand-mère, c'est mieux qu'un mauvais père, mais de toute évidence un père aimant est la personne idéale pour cette tâche, en raison des autres rôles importants qu'il peut jouer dans la vie de l'enfant et dans celle de la mère.

JOHN. Donc si le père joue son rôle, les parents seront capables de tracer des lignes claires. Lesquelles sont nécessaires, parce que le petit enfant a besoin d'un ministère un tant soit peu ferme. J'ai oublié pourquoi.

ROBIN. C'est parce qu'en ayant la possibilité de se cogner aux murs édifiés par les parents l'enfant apprend deux choses. Premièrement, s'il a pu se cogner aux murs et partir à la découverte, sa colère n'est plus source d'inquiétude pour lui. Il sait qu'il peut la contrôler et s'en servir quand il veut. Il est donc capable de s'affirmer et de satisfaire ses besoins. Deuxièmement, comme les murs sont solides, il apprend à reconnaître les besoins des autres, les limites imposées à son comportement par les divers aspects de la société. Il aura donc une carte du monde adéquate, sur laquelle il sera lui-même clairement porté — et à bonne échelle.

JOHN. D'accord. Et si le petit enfant apprend ces leçons correctement, que se passe-t-il ensuite ?

ROBIN. Dans ce cas, il trouve le juste équilibre entre ses intérêts et ceux des autres. Et, pour parler franchement, il n'aura pas de trop gros problèmes dans la vie. Il apprend la manière dont le monde fonctionne, il y trouve sa place, sa dimension, et il apprend comment les autres le voient, lui. Il deviendra donc de plus en plus indépendant, et, se suffisant de plus en plus à lui-même, il sera plus libre de bouger et de satisfaire ses besoins parce qu'il saura ce qu'il faut faire pour ça. Et ainsi de suite.

JOHN. Et ça, c'est la leçon de la petite enfance.

ROBIN. Plus ou moins. Il y a une autre façon de voir ça, qui n'est pas négligeable. Rappelez-vous que tout dépend de la capacité du petit à faire le saut du duo avec la mère,

au trio avec le père,

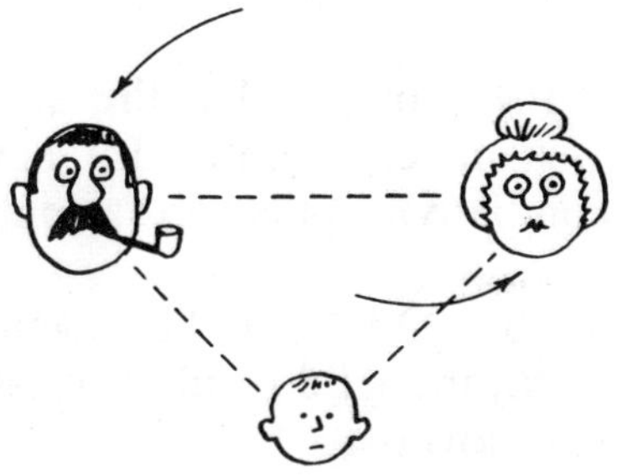

de sa capacité à devenir membre d'une équipe plutôt que quelqu'un de complètement à part qui vivrait un tête-à-tête permanent, exclusif, avec sa mère.

JOHN. Quelqu'un qui aura appris ces leçons sera donc un bon coéquipier.

ROBIN. Oui. Il sera capable de se joindre au groupe, comme et quand il le voudra, et découvrira que cela lui permet d'utiliser au mieux ses ressources.

JOHN. Utiliser au mieux ses ressources ? Vous savez, je trouve ça difficile à avaler. Pour moi, les groupes, ça impose avant tout des limites. En partie, du moins. J'imagine que je n'ai pas appris correctement ces leçons lorsque j'étais petit.

ROBIN. Ni moi non plus. Et rappelez-vous que vous pouvez toujours les rattraper plus tard si vous le désirez. C'est ce qui m'est arrivé pendant la guerre. Dans la Royal Air Force. A ma grande surprise, j'ai découvert que le fait de se faire passer un savon par le sous-off, à l'inspection, n'était pas débilitant ou humiliant. Au contraire, on y gagnait en fierté et en assurance, on se sentait vraiment bien. On apprenait à devenir partie intégrante d'une équipe hautement disciplinée, et pourtant on se sentait plus fort. En fait, je pense que cette expérience m'a éclairé sur le stade de la petite enfance, lorsque, je devins pédo-psychiatre !

JOHN. Vous voulez dire que lorsque l'on est soumis — pour son bien — à une contrainte dure, agressive, on s'aperçoit que l'on a en soi une combativité plus forte, dont on n'avait pas conscience auparavant.

ROBIN. Ou... que l'on avait ressentie comme plutôt désagréable, ou effrayante. Le résultat, c'est que l'on se sent en pleine possession de ses moyens.

JOHN. Moi, j'essaie toujours de fuir la difficulté. Faire l'ascension de l'Everest, par exemple, ou me lever tôt le matin. Mais si je ne peux vraiment par l'éviter... c'est vrai que lorsque c'est fait, j'ai une étrange sensation d'accomplissement. Et de confiance. Et la fois suivante, ça semble moins difficile. Sauf se lever le matin.

ROBIN. Eh bien, la personne qui a franchi ce stade trouvera positives les demandes de l'équipe. Quand il y a des problèmes, il convient de les résoudre et non pas de s'en plaindre. En faisant partie d'un groupe élargi, on a la possibilité de faire des expériences qui rendent plus forts, plus malins, et plus compétents.

JOHN. Tout cela est très intéressant pour moi, parce que je sais que j'ai toujours eu une attitude subversive dans les groupes, en d'autres termes, envers l'autorité, et j'imagine que cela vient de ce que mon père, qui était un homme très très affectueux, n'a pas été assez dur avec moi ; il m'a trop souvent laissé me défiler. Et ces dernières années, j'ai changé, lentement, peut-être parce que j'ai dû accepter certaines tâches que je ne pouvais pas éluder. Si bien que, alors que ma sympathie allait plutôt aux rebelles, je trouve à présent que c'est une solution de facilité. C'est trop facile et c'est aussi une marque de complaisance. En fait, j'en viens à éprouver une secrète admiration pour les gens qui « vont au charbon » et prennent tous les coups. Mais toute cette histoire de relation à l'autorité est complexe. Dans l'idéal, j'imagine qu'il faut être libéré des besoins compulsifs pour pouvoir ou se révolter

ou s'adapter ; on est alors en mesure d'évaluer l'autorité exercée, de savoir si elle est justifiée ou pas. Mais la plupart des gens réagissent spontanément à l'autorité — c'est tout bien ou tout mal — ce qui fait qu'ils ne sont pas réellement libres de choisir leur camp. C'est logique.

ROBIN. Une attitude rigide envers l'autorité avec un grand « A » me semble essentiellement relever d'un comportement infantile, que la personne soit pour ou contre. L'autorité, la hiérarchie, l'organisation peuvent n'être que des moyens d'ordonner les choses pour conduire à leur réalisation. Tout le monde ne peut pas passer en même temps dans un tourniquet. Et si une chenille avançait toutes ses pattes au même moment, elle se casserait la figure. Il doit y avoir une sorte d'arrangement. Pour peu que l'action soit un peu complexe, ou qu'il y ait des tas de gens impliqués. C'est comme pour les danses folkloriques. On n'est plus libre de faire son truc dans son coin, il faut prendre la peine d'apprendre les pas et d'entrer dans la danse. Mais si on y arrive, on y prend un grand plaisir, et un plaisir tout à fait différent. Et la musique n'est pas là que pour vous diriger.

JOHN. Oh que si ! Mon Dieu, j'avais horreur de ça. Je pense que ces danses sont faites pour humilier les gens. Mais c'est sans doute que je me comporte comme un enfant. J'aimerais pourtant vous rappeler qu'un tas de gens ne sont pas très clairs vis-à-vis de l'autorité. Il suffit de voir l'extraordinaire déchaînement des médias chaque fois que John Mac Enroe est en désaccord avec un arbitre. C'est banal en soi et pourtant c'est parfois le deuxième ou le troisième grand titre du journal télévisé. Et si ça prend une telle ampleur aux nouvelles, c'est qu'il s'agit d'une querelle archétypale entre le « rebelle » et le « représentant de l'autorité ». Et chacun d'entre nous semble avoir des positions bien arrêtées à ce sujet, soit qu'il défende violemment Mac Enroe, comme vous, ou prenne de manière tout aussi véhémente le parti de l'arbitre, comme moi. La force de l'émotion nous trahit, non ? On ne s'excite que sur les sujets qui mettent notre assurance en défaut, non ?

ROBIN. Oui, mais n'oubliez pas qu'être « sain », ça signifie être en équilibre entre ces deux extrêmes, le robot et le sale gosse. Je parle là d'un équilibre moyen pendant un certain temps. Pour beaucoup d'entre nous, le travail ou la vie nous poussent fortement dans une direction, si bien que ça nous fait probablement beaucoup de bien de pouvoir rééquilibrer les choses à la fin de la journée. Mon travail implique beaucoup d'arbitrage, j'ai donc réellement plaisir à regarder Mac Enroe emberlificoter l'arbitre et exprimer pour moi mon côté rebelle. Quant à vous, votre travail d'amuseur vous donne sans fin des occasions de miner l'autorité. Je pense donc que Mac Enroe vous permet de mettre au jour un autre aspect de vous-même, le côté « surveillant général ».

JOHN. Il y a certainement des gens qui expriment tout le temps le même aspect d'eux-mêmes.

ROBIN. Je pense que vous découvrirez que les deux aspects sont toujours présents, même si l'un d'eux n'émerge que dans une activité de loisir, ou dans les fantasmes, ou en rêve. Chez quelqu'un d'équilibré, les deux côtés s'expriment ouvertement. Mais si ce n'est pas le cas, vous aurez quelqu'un qui est, soit toujours en rébellion, peut-être même délinquant, et qui se débrouille pour se faire prendre afin de forcer ainsi l'autorité et se procurer un équilibre interne, soit complètement à l'inverse, quelqu'un de rigide, d'obsessionnel et de surcontrôlé, qui apparemment marche au pas et tient sa langue, mais qui met tout le monde en boule par sa lenteur et son obstination, et prend probablement plaisir à fantasmer qu'il scie la branche sur laquelle son patron est assis.

JOHN. Donc, même si nous apprenons à nous frayer un chemin entre le conformisme et la révolte au stade de la petite enfance, c'est un chemin que l'on ne pourra pas continuer à suivre plus tard sans effort.

ROBIN. Et cet effort, c'est le prix à payer pour la santé psychique, c'est le prix de la liberté politique.

JOHN. Je suis frappé par autre chose. Si l'on apprend bien ces leçons au départ, quand on est un petit enfant, et que l'on se fraye ainsi plus facilement son chemin... on sera vraisemblablement plus capable d'exercer l'autorité quand notre tour viendra.

ROBIN. Oui, C'est mon avis. Quand l'autorité est bien exercée, la personne responsable, avant de prendre une décision, se donne le temps de recueillir le maximum d'informations et d'écouter les opinions de tous ses subordonnés. Et alors seulement se détermine. Et, une fois que c'est fait, se tient prête à justifier son choix. Puis n'en démordra plus et l'amènera fermement à sa réalisation.

JOHN. C'est une chose qui m'a fasciné lorsque j'ai écrit un film pour Art Video sur la prise de décision. Je me suis rendu compte que lorsque l'on consultait vraiment les gens, ils étaient prêts à accepter une décision avec laquelle ils n'étaient pas d'accord, à condition qu'ils sentent que leur point de vue avait été sérieusement pris en compte et que la personne responsable se donnait le mal de leur « vendre » cette décision. Comment opérerait un représentant de l'autorité qui n'aurait pas appris ces leçons ?

ROBIN. Il aurait tendance à être inefficace, à agir ponctuellement de façon abrupte pour faire preuve d'esprit de décision, mais à faire probablement marche arrière ensuite ; ou alors il agirait de façon autoritaire tout en prétendant ne pas l'être. Il n'aimerait pas les conflits d'opinions qui sont la marque des vraies consultations. Il ne demanderait donc leur avis qu'aux gens qui sont d'accord avec lui. Tous ceux qui ne le seraient pas seraient des saboteurs !

JOHN. Puis il annoncerait sa décision et disparaîtrait sans se donner le mal de l'expliquer. Ça, c'est l'attitude typique des trois quarts du patronat et des représentants des neuf dixièmes du Gouvernement.

ROBIN. C'est peut-être un peu rapide !

JOHN. Avez-vous déjà entendu le ministre de la Défense tenter d'engager le débat avec le Comité antinucléaire ? Ne faites pas attention je suis désolé, je m'emporte. C'est juste une petite rogne. Une autre question : si le petit enfant fait le saut du tête-à-tête avec sa mère au trio avec le père, il acquerra une attitude saine et réfléchie à l'égard de l'autorité, il deviendra un bon coéquipier. Il obtiendra en retour des informations justes, qui lui permettront de trouver sa bonne taille sur la carte.

ROBIN. Et, bien sûr, comme il redessine cette carte chaque fois qu'il obtient un nouvel élément d'information, elle change tout le temps. Mais comme il l'a dessinée correctement au départ, les modifications ne seront ni trop importantes ni trop douloureuses. S'il lui arrive de commettre des erreurs de comportement, on le lui signalera et la carte sera légèrement améliorée. Ainsi, son comportement s'adaptera à la situation. Il n'aura pas trop de mal à négocier avec les autres et découvrira des compromis acceptables en cas de conflit. Et chaque fois que cela se produira, sa carte, des autres et de lui-même, sera corrigée et ajustée plus ou moins automatiquement, si bien qu'il n'arrêtera jamais d'apprendre à vivre et donc à être utile à la fois à lui-même et aux autres.

JOHN. Quand vous dites : « plus ou moins automatiquement », vous voulez dire sans lutte, sans effort ?

ROBIN. En fait il y aura lutte chaque fois qu'il faudra porter une correction un peu plus importante sur la carte ; lorsqu'il sera remis à sa place par exemple, ou lourdement critiqué. Mais comme la carte est bonne à la base, la correction ne sera pas trop douloureuse, comme je l'ai dit, et, lorsqu'elle aura été effectuée, elle le guidera de façon précise, sans qu'il soit plus nécessaire de lutter ; et ce jusqu'à la prochaine correction, bien sûr. Il répondra donc de manière adéquate aux exigences de la situation. C'est-à-dire que l'on pourra lui faire confiance. Il fera preuve de beaucoup de « responsabilité ».

JOHN. Il ne m'était jamais venu à l'esprit qu'être « responsable » signifiait « être capable de fournir la réponse adéquate ». D'accord. Donc si le petit enfant fait le saut de l'équipe à deux à l'équipe à trois, et, de là, à d'autres équipes, tout le monde va l'aimer ; on le trouvera sympathique, pas égoïste, responsable, mais aussi tout à fait conscient de ses propres besoins : ce n'est pas une « bonne poire ». En fait, c'est Juju-la-merveille.

ROBIN. Pourquoi Juju ?

JOHN. Parce que c'est un prénom qui n'est pas sexiste.

ROBIN. Ah bon ?

Outsiders

JOHN. Maintenant parlez-moi de M. ou Mme Antimerveille. Des gens qui n'ont pas appris ces leçons. Comment sont-ils ?

ROBIN. A quoi vous attendez-vous ?

JOHN. Eh bien... ils n'ont pas fait correctement le saut du duo au trio et ils ne se seront pas suffisamment détachés de leur mère.

ROBIN. Mais ils se sont quand même détachés jusqu'à un certain point. Ils ne s'accrochent pas à elle et n'ont pas sombré dans la dépression. Ils ont progressé un peu sur le chemin de l'indépendance.

JOHN. D'accord. Mais ils n'ont pas été jusqu'au groupe de trois. Ils ne seront donc pas de bons coéquipiers.

ROBIN. Oui, c'est ça. C'est pour ça que je pense qu'un terme qui leur convient c'est celui d'« outsiders ».

JOHN. Un instant. Ces gens sont-ils des « outsiders » parce que ce sont des « sales mômes » ou parce qu'ils sont trop timides ?

ROBIN. Les deux. Les « sales gosses » sont plus faciles à repérer. Ils font les importants et sont antipathiques ; les timides quant à eux peuvent être aussi pénibles pour leurs coéquipiers, mais d'une manière plus subtile.

JOHN. En pratiquant la résistance passive ?

ROBIN. En ne faisant pas leur travail correctement, et pour des raisons qui semblent échapper à leur volonté.

JOHN. Ils perdent des commandes parce qu'ils obligent les clients à remplir seize imprimés sans faire une seule faute.

ROBIN. Ou aident les autres à respecter les limitations de vitesse en ne les laissant pas doubler.

JOHN. D'accord. D'une manière ou d'une autre, ils ne s'adaptent pas. Ils réagiront négativement à toutes les exigences de groupe.

ROBIN. Oui. Pour eux s'intégrer à un groupe, à une équipe, c'est

synonyme de contrôle, de modification, de réduction de leur personnalité.

JOHN. Ce qui est le cas.

ROBIN. Mais d'une façon saine. Bien sûr, ils ne voient pas ça comme ça. Ils ont l'impression de perdre quelque chose d'important.

JOHN. Alors que c'est vraiment quelque chose sans quoi ils se porteraient mieux. Une illusion, un « gros ego ». Un ego de bébé, en fait, pas suffisamment réduit.

ROBIN. Oui. Parce que personne dans leur famille ne les a aidés, en combinant pression et soutien, à traverser plus tôt cette phase de réduction. Ils ont donc une carte irréaliste du monde, eux-mêmes étant à la mauvaise taille et à la mauvaise place.

JOHN. Ils vont probablement faire encore plus d'erreurs de calcul. Offenser les gens ou envahir la Russie. Un gros ego les rend plus vulnérables, plus faibles.

ROBIN. Oui c'est ça, C'est toujours très difficile de faire comprendre à ce genre de gens qu'en étant « ramenés à leur vraie dimension » par les autres ils deviendraient plus compétents et plus aptes à obtenir ce qu'ils veulent. Parce que, bien sûr, les limites, les réductions, les frustrations, c'est douloureux ; c'est toujours douloureux de réduire la taille de son « ego ». Mais en fin de compte, cela grandit. Je pense que les gens le savent d'instinct et réalisent que des parents trop doux, trop indulgents font de leurs enfants des faibles, ayant du mal à affronter le monde et obligés de s'accrocher à une image surfaite, gonflée d'eux-mêmes qui en fait des individus « à part ».

JOHN. Mais ils sont allés plus loin que les dépressifs.

ROBIN. Jusqu'à un certain point, ils voudront alors se mêler aux autres et connaître les avantages de l'appartenance de groupe. Il leur faut donc trouver un compromis où ils puissent apparaître comme des membres normaux d'un groupe, acceptant l'autorité et les règles qui vont avec, tout en nourrissant secrètement le fantasme que le monde tourne autour d'eux.

JOHN. Comment font donc les « outsiders » pour éviter que la réalité ne fasse irruption dans leur fantasme ?

ROBIN. Ils ne se donnent pas une place bien déterminée sur leur propre carte. Ils la remanient en permanence, brouillant les connexions, et préservant de tout le reste l'image qu'ils ont d'eux-mêmes et de leur

propre importance. Ainsi, l'idée qu'ils ont d'eux-mêmes et celle qu'ils se font des autres ne sont jamais confrontées.

JOHN. En d'autres termes, un « outsider » doit se maintenir à l'extérieur de sa propre carte.

ROBIN. C'est pour ça que j'aime le terme. C'est comme s'il gardait l'image qu'il a de lui-même dans un dossier spécial en évitant de la mettre sur la carte qu'il fait de tous les autres.

JOHN. Il évitera de voir tout ce qui tendra à montrer que sa carte n'est pas adaptée à la réalité et qu'il n'a, lui, rien de particulier.

ROBIN. Bien sûr il va aussi éviter de s'apercevoir qu'il ne s'en aperçoit pas ! Il s'attend donc que les autres respectent les règles tout en se convainquant lui-même qu'il est un cas à part. Il ne fera donc jamais vraiment partie d'un groupe tout en faisant comme si. Il peut décevoir quelques personnes du groupe, mais la plupart d'entre elles auront l'impression qu'il n'y est pas engagé. Au lieu de faire des compromis, d'être prêt à y mettre du sien et peut-être par-dessus tout à se changer lui-même lorsque c'est nécessaire, eh bien, il essaiera plutôt de changer les autres.

JOHN. Pour ne pas avoir, lui, à le faire. C'est fascinant, qu'il cherche à changer les autres parce que lui ne peut pas supporter de changer. Et j'imagine que si il (ou elle) atteint l'âge adulte avec un ego encore largement au-dessus de la taille normale, la douleur liée à la réduction de taille serait telle qu'il ne pourra jamais se permettre un moment de détente de peur qu'un peu de réalité ne perce au travers de ses défenses et n'entraîne la perte de ses illusions. Il lui faudra donc en permanence envoyer aux gens des signaux leur enjoignant de ne rien dire qui puisse lui déplaire, ou mieux, s'entourer de gens sur lesquels il puisse compter pour ne jamais dire quelque chose qui contrarie sa carte, quelque chose de critique.

ROBIN. C'est ça. Il va se montrer cajoleur, enjôleur, il fera pression, il sera tout le temps « difficile », afin de suivre son chemin à lui. Il se comportera en marionnettiste, tirant les ficelles des autres et essayant de les faire danser à son rythme, plutôt que d'apprendre à entrer dans la danse avec eux.

JOHN. Les gens qui ont besoin du pouvoir, qui passent leur vie à rechercher le pouvoir, font ça pour essayer de forcer les autres à s'ajuster à eux. Pour ne pas avoir à corriger l'image surfaite qu'ils ont d'eux-mêmes.

ROBIN. Oui, c'est ça.

JOHN. Une personne qui a une bonne carte, une carte réaliste, ne devrait pas avoir besoin de contrôler les autres ?

ROBIN. Il aura conscience de son identité et n'en aura donc pas besoin.

JOHN. Attendez une minute ! Je n'ai pas encore compris tout ce que cela impliquerait, parce que ce n'est pas rien qu'un peu étonnant. Celui qui recherche le pouvoir ne peut pas faire partie de l'équipe à part entière parce qu'il ne peut pas faire de concessions. Il ne peut donc pas être vraiment responsable, selon votre interprétation, parce que son souci premier est toujours de protéger son ego de la réalité, plutôt que de répondre de façon appropriée à une situation.

ROBIN. Il dépend aussi du groupe pour son pouvoir.

JOHN. Pas seulement dans le sens où il dépend de leur absence d'esprit critique à son égard ? Mais aussi parce qu'il ne s'est pas détaché comme il le fallait de sa mère ?

ROBIN. D'une certaine manière. Si vous pouvez vous-même attacher vos boutons, vous n'avez pas besoin que votre mère le fasse pour vous. Et vous êtes donc détaché d'elle, indépendant. Mais si vous n'avez pas encore suffisamment de contrôle sur vous-même pour le faire, il vous faudra exercer ce contrôle sur les autres pour qu'ils le fassent pour vous.

JOHN. Comme le nabab qui a besoin d'un « homme de main » pour les choses impopulaires. Ou le président d'un énorme empire financier qui, de retour à la maison, oblige sa femme à affronter les enfants sur le sujet de l'argent de poche. Quand ou ne sait pas se contrôler soi-même, il faut contrôler les autres !

ROBIN. Oui c'est ça ! Si votre ego — l'image que vous avez de vous-même — est démesuré, vous ne pouvez pas vous contrôler. L'outsider passera donc toute sa vie à contrôler les autres pour qu'ils ne soient pas en mesure de lui dire ses quatre vérités et qu'il n'ait de la sorte pas à souffrir d'une réduction de son ego à une taille plus réaliste.

Famille d'outsiders

JOHN. A présent que vous m'avez parlé des « outsiders », je voudrais avoir une vision plus nette du type de famille qui les voit naître. Le principe général, c'est qu'aucun enfant ne peut tirer les leçons d'un quelconque stade de développement si ses parents ne l'ont pas fait eux-mêmes avant et ne peuvent les lui transmettre.

ROBIN. Ça me semble évident.

JOHN. O.K. Puis-je affirmer que la famille d'un enfant qui ne peut pas passer du face-à-face avec sa mère au groupe de trois est elle-même une famille d'outsiders ?

ROBIN. Oui. Si l'enfant est bloqué, ce doit être, du moins en partie, que les parents eux-mêmes sont bloqués à ce stade. Aucun d'eux ne sera donc vraiment capable d'instaurer des relations d'échange telles qu'elles caractérisent un vrai groupe, et ils vont tous essayer de se manipuler les uns les autres jusqu'à un certain point. Il y aura tout un enchevêtrement, de luttes déguisées pour le pouvoir. Et la famille sera comme un écheveau embrouillé de fils de marionnettes allant d'un membre de la famille à l'autre.

JOHN. Oui, je vois.

ROBIN. Le problème, c'est que c'est encore plus compliqué que ça n'en a l'air. Nous parlons là de toute la famille. Nous parlons d'un système complexe, et il est vraiment très difficile d'en avoir une vue d'ensemble qui nous permette de saisir toutes les implications et pas seulement les relations de cause à effet de génération à génération, mais aussi le système opérant, circulaire, non linéaire et où chacun est relié à tous les autres, impliqué dans des relations où, à la fois, il contrôle et est contrôlé.

JOHN. D'accord. Mais pourquoi parlez-vous de ça maintenant ? C'est vrai depuis le début, non ?

ROBIN. Bien vu ! C'est parce que le rôle du père est plus important au stade de la petite enfance, et que la circularité devient donc plus évidente.

JOHN. D'accord. Vous pouvez embrayer sur la circularité du système familial.

ROBIN. L'enfant est bloqué parce que papa est bloqué. Et c'est d'ailleurs pourquoi maman l'a choisi, parce qu'elle était bloquée parce que ses parents étaient bloqués. Le petit enfant ne peut pas être débloqué tant que maman n'est pas débloquée par papa suffisamment débloqué pour entrer dans le jeu et débloquer l'enfant.

JOHN. Je pense que je comprends. C'est qu'il doit y avoir quelque chose qui m'échappe.

ROBIN. C'est seulement qu'il vous faut toute votre attention pour garder toutes ces idées et connexions présentes à l'esprit et que cela n'est possible que de temps à autre. Bon... dans une famille d'outsiders, on ne s'accroche pas les uns aux autres de manière forcenée, comme c'est le cas dans une famille dépressive. On croira à l'indépendance. Ou on croira y croire.

JOHN. Mais en fait, aucun d'entre eux n'a vraiment franchi le pas et quitté sa mère.

ROBIN. Non. Pas suffisamment pour accepter une vraie séparation. Tant et si bien que, alors même qu'ils approuvent l'idée de la séparation et de l'autonomie, en pratique ils n'y arrivent pas aussi bien qu'ils le pensent. Et alors qu'ils paraissent encourager l'enfant à prendre plus de liberté, ils s'accrochent en fait les uns aux autres, mais de manière déguisée.

JOHN. Et donc le petit reçoit des messages contradictoires.

ROBIN. Oui. L'enfant entend : « Tu es une grande fille maintenant » ou « Tu es trop grand pour pleurer » ou « Pourquoi ne peux-tu pas te débrouiller tout seul ? » Et puis la minute suivante : « Oh, il vaut mieux que je le fasse à ta place. »

JOHN. Et on leur dit qu'en fin de compte, ils ne savent pas se débrouiller, ce qui contribue à les maintenir dans la dépendance. « Tu es incorrigible. Incapable de t'occuper de toi-même ! »

ROBIN. Et s'ils essaient de faire quelque chose par eux-mêmes, c'est : « Pourquoi ne penses-tu pas à moi, tu n'aimes pas ta maman ? »

JOHN. Ou de façon plus rusée ; « Pars et amuse-toi bien, en t'en fais pas pour nous ». Et ainsi le petit enfant est placé dans une situation insoluble, un double lien. Alors, mon Dieu, qu'est-ce qu'il va bien pouvoir faire ?

ROBIN. Il faut qu'il trouve le moyen de rester très étroitement lié aux parents, très dépendant, tout en paraissant prendre bonne note de leurs injonctions et acquérir plus d'indépendance, d'autonomie affective et intellectuelle.

JOHN. Je suis perdu. Comment peut-il concilier les deux ?

ROBIN. Eh bien ! En fait de plusieurs manières. La plus évidente, c'est en continuant à se comporter comme un petit enfant ordinaire. C'est-à-dire en continuant à être coléreux, méchant, indiscipliné, à tenir tête à l'autorité, à se battre et à exaspérer l'ensemble de la famille.

JOHN. Je suis désolé, mais je ne vois pas en quoi ça résoud le problème.

ROBIN. Regardez. Quand vous vous disputez avec quelqu'un lors d'une discussion, vous êtes en fait très proche de la personne. Elle vous accorde beaucoup d'attention, et vous de même en retour.

JOHN. Ah ! Se battre contre quelqu'un, c'est établir avec lui une relation très étroite !

ROBIN. En même temps que le combat met une distance sûre entre vous un peu comme un no man's land entre deux pays en guerre. Et les autres ont l'impression, du moins en partie, que vous vous comportez de façon indépendante, autonome, l'un vis-à-vis de l'autre.

JOHN. Donc l'enfant provoque un conflit pour obéir à l'ordre contradictoire qui lui est donné.

ROBIN. Oui... Rappelez-vous que c'est un système circulaire, O.K. ? Ils ont tous le même problème. Donc si l'enfant ne fait rien pour entamer la dispute, sa mère inventera quelque chose pour l'énerver. Et si tous les deux s'entendent bien, le père trouvera une bonne raison pour envenimer les choses.

JOHN. Ils subissent tous la même double contrainte et sont presqu'en permanence en conflit les uns avec les autres, parce que c'est la meilleure solution qu'ils puissent trouver au dilemme.

ROBIN. Et c'est en général un système sur lequel repose la famille depuis des générations.

JOHN. Comme d'habitude. Et bien sûr, personne n'a conscience de ce qui se passe.

ROBIN. Non. Mais bien que les parents soient chacun en lutte pour le pouvoir, ils tombent en général d'accord sur un point.

JOHN. C'est la faute de quelqu'un !

ROBIN. Bien qu'il ne s'agisse que d'un système. Et l'enfant est transformé en bouc émissaire.

JOHN. C'est fascinant. Est-ce que vous pouvez me donner un exemple ? Je veux dire une famille que vous avez vraiment vu fonctionner ainsi ?

ROBIN. Oui. Je me souviens d'un garçon de quatorze ans qui m'avait été envoyé parce qu'il était toujours en conflit aves ses parents ou ses professeurs ; en d'autre termes, c'était encore un petit enfant. Je l'ai donc vu avec toute la famille, le père, la mère, un frère plus âgé et deux sœurs de dix-huit et seize ans. Il en ressortit très clairement qu'il forçait ses parents à s'intéresser tout le temps à lui en usant de provocations diverses, qu'il se plaignait dans le même temps de ce qu'ils se mêlaient de sa vie et leur enjoignait de le laisser tranquille. De cette façon, on s'intéressait beaucoup à lui, mais il se comportait simultanément comme s'il voulait être indépendant.

JOHN. Il résolvait ainsi sa « double contrainte ». Et les parents ?

ROBIN. Il était évident que le père et la mère étaient gênés d'avoir des marques d'attention l'un pour l'autre et qu'ils étaient tous les deux plus à l'aise en se concentrant sur l'enfant. Comme lui, il se seraient sentis embarrassés s'ils l'avaient traité comme un bébé idole, mais, tant qu'il continuait à être difficile, ils pouvaient s'accrocher à leur rôle parental et éviter d'avoir à assumer le rôle conjugal, plus intime. Je remarquai à plusieurs reprises que, chaque fois que je les surprenais à se regarder et à parler ensemble, l'enfant commençait à leur crier de le laisser tranquille, ce que bien sûr, ils étaient exactement en train de faire à ce moment-là. Ils laissaient alors immédiatement tout tomber l'un et l'autre pour s'occuper de lui.

JOHN. Vous avez donc dû tracer quelques lignes.

ROBIN. Tout en apportant beaucoup de soutien, bien sûr ; en demandant très amicalement aux enfants de rester tranquilles et de laisser parler leurs parents. Mais les problèmes venaient de ce que les parents avaient honte de manifester leur besoin d'attentions en présence des enfants, si bien qu'après quelques entretiens, je reçus par deux fois le couple seul.

JOHN. Ça, c'était une autre ligne de tracée entre les parents et les enfants.

ROBIN. C'était mettre les générations dans des cases différentes.

C'était aussi, bien entendu, montrer aux parents comment tracer eux-mêmes les lignes.

JOHN. Leur servir de modèle.

ROBIN. Et rassurer les enfants sur le fait que tout allait bien et que les parents « avaient besoin, vous savez, de s'occuper aussi un peu l'un de l'autre ». Lorsqu'ils furent seuls, ils finirent par reconnaître que tous deux avaient besoin de plus d'amour et d'attentions, et c'est précisément ce que je leur prescrivais ! Plus de plaisir, trois fois par jour, y compris sexuel ! Et je leur ai dit aussi de laisser tomber un peu les gosses !

JOHN. Il y avait sur leur carte une règle qui les empêchait de prendre ce dont ils avaient besoin.

ROBIN. Une règle stipulant que « les parents doivent être parfaits » et ne doivent pas avoir de besoins propres. J'ai donc essayé de réécrire cette règle, jouant le rôle de « parent de soutien » vis-à-vis d'eux. Et j'ai essayé moi-même de rompre leur règle à eux de toutes les manières possibles !

JOHN. En quoi faisant ?

ROBIN. En m'intéressant plus aux parents qu'aux gosses, en montrant de façon exagérée que je faisais ce que j'avais besoin de faire et que j'y prenais plaisir, et ainsi de suite.

JOHN. Et qu'est-ce qui s'est passé ?

ROBIN. Au cinquième entretien, le dernier, je les revis tous ensemble. Les parents étaient assis tous les deux sur le canapé, vraiment rayonnants. Le garçon était un peu désorienté, mais ses tentatives pour capter leur attention restaient vaines. Plus tard, j'ai entendu dire qu'il s'était peu à peu calmé, et que les symptômes pour lesquels il m'avait été envoyé avaient plus ou moins disparu, qu'il travaillait dur et qu'il était bien adapté à l'école.

JOHN. Et vous ne leur avez pas vraiment expliqué ce qu'avait été leur système, vous l'avez simplement modifié en traçant des lignes...

ROBIN. Mais en fait, au dernier entretien, j'ai expliqué à chacun le schéma familial, et, en en parlant, ils réalisèrent que ça remontait à quatre générations ! Tous les cadets avaient constitué le même problème, au moins jusqu'à l'arrière-grand-oncle.

JOHN. C'était une famille avec un enfant du type « sale môme ».Quels sont les méncanismes qui entrent en jeu avec un enfant « qui ne ferait pas de mal à une mouche » ?

ROBIN. Eh bien, dans ce cas, la colère est enterrée parce que la famille est incapable de l'affronter.

JOHN. Oui, mais dans ce cas, je ne vois pas comment ça fonctionne. Je veux dire, si le but de la colère c'est de faire en sorte que chacun soit impliqué mais avec une certaine distance, en supprimant la colère vous ne pourrez certainement pas maintenir cette distance.

ROBIN. Si, c'est possible. Cela donne une sorte de rébellion passive, une grève sur le tas, en quelque sorte.

JOHN. Par exemple ?

ROBIN. Il y a une foule de possibilités, mais les difficultés d'apprentissage en constituent la forme la plus courante, du moins quand l'enfant va à l'école. Il regarde le tableau, fronce abondamment les sourcils, réfléchit en suçant son crayon, et rien ne sort.

JOHN. Oh ! Je me souviens d'un garçon comme ça lorsque j'étais enseignant ; il mettait tellement d'énergie à paraître se débattre avec le problème qu'il ne lui en restait plus pour le résoudre. Je me rappelle que je n'ai jamais pu lui apprendre que le fleuve Niger se trouvait au Nigeria et le fleuve Congo au Congo belge. Et lorsque je lui demandais si le Niger était au Nigeria ou au Congo il se trompait toujours. J'ai essayé de le rassurer, je lui ai dit que je n'essayais pas de le mystifier, et que je voulais qu'il y arrive, mais il ne parvenait pas à saisir les relations entre les mots, même après que je les lui eus répétés une demi-douzaine de fois. Je ne pense pas m'être mis en colère, j'étais complètement sidéré !

ROBIN. Vous l'auriez fait si ça s'était prolongé. Il m'arrive de temps à autre de rencontrer des professeurs : ils sont souvent près d'exploser parce que l'enfant à l'air si innocent et si impuissant qu'ils se sentent coupables et qu'ils n'osent pas exprimer leur frustration et leur contrariété. Et, de fait, leur irritation est tout à fait justifiée parce que ce genre de problème scolaire est une version déguisée de la colère et de la rébellion contre les parents, quand elle ne peut pas s'exprimer directement à la maison.

JOHN. A cause du tabou familial.

ROBIN. Oui c'est ça. Et elle est donc déviée sur les enseignants à l'école où la peur de la colère est moins forte. Mais elle est encore déguisée.

JOHN. Et est-ce que les enfants ne font pas la même chose à la maison ?

ROBIN. Oui, mais ils ne sont pas en classe et ça prend donc des formes différentes.

JOHN. Vous voulez dire des formes moins définies ?

ROBIN. Les enfants remettent les choses à plus tard, ils sont lents, ils sont en retard, ils rêvassent toute la journée, alors qu'ils devraient concentrer leur attention, ils veulent faire quelque chose et puis ils oublient ce que c'est et commencent quelque chose d'autre...

JOHN. Ils sont tout simplement « absents ».

ROBIN. Oui, c'est exactement ça.

JOHN. Et obtiennent ainsi beaucoup d'attention de la part des parents sous forme de critiques ; les parents gardent ainsi leurs distances et ne se rapprochent pas trop ; l'enfant obéit au double message : « Grandis, mais ne grandis pas ». Et il se soumet aussi au tabou... Mais ne se passe-t-il pas aussi autre chose ? Je suis sûr que, quand j'étais petit,

j'étais dans les nuages. Je pense que c'était une manière astucieuse d'obtenir de l'espace, un peu d'intimité.

ROBIN. Quand vous avez dit qu'ils étaient « absents », vous êtes tombé juste. Ils ne sont pas là, ils sont ailleurs. Là où ils peuvent avoir un peu de liberté, avoir une vie à eux, loin de cet accrochage réciproque déguisé. Pour eux la seule manière d'avoir un peu de liberté, c'est de s'évader quelque part, seuls dans leur tête, tout en se comportant vis-à-vis de l'extérieur comme s'ils étaient entièrement sous le contrôle parental.

JOHN. Et pourquoi la rébellion est-elle donc plus flagrante à l'école ? Est-ce parce que le tabou de la colère n'est pas aussi fort ?

ROBIN. C'est ça. Leur colère est moins inquiétante pour les professeurs.

JOHN. Et l'enfant a, bien sûr, toujours l'air parfaitement innocent.

ROBIN. Ce dont il a besoin, c'est qu'on lui fasse prendre conscience de sa rébellion silencieuse, exactement comme le petit enfant normal, infernal et désobéissant a besoin qu'on lui donne des règles.

JOHN. Ce comportement qui se traduit par des difficultés scolaires, c'est aussi une manière de chercher ses limites ?

ROBIN. Exactement !

JOHN. Et donc, si les professeurs édictent des règles strictes et disent à l'enfant de travailler, sinon gare... !

ROBIN. Mon expérience m'enseigne que les difficultés scolaires, en général, disparaissent.

JOHN. Vraiment ? !

ROBIN. Oui. Lorsque les professeurs comprennent la situation réelle de l'enfant et prennent des mesures d'urgence, lorsqu'ils se mettent vraiment en colère — en d'autres termes le traitent comme s'il était ouvertement en rébellion — la rébellion, avec un peu de chance, se transforme en cette dureté ordinaire que les professeurs reconnaissent et savent contenir ; puis elle se dissipe graduellement, comme avec un enfant difficile que l'on prend en main. Bien sûr, ce qui se passe alors est plutôt prévisible.

JOHN. C'est-à-dire ?

ROBIN. Les parents commencent à se plaindre de ce que l'enfant est plus agressif à la maison.

JOHN. Il a été libéré du tabou.

ROBIN. Exactement. Et, ça, ils ne peuvent pas le tolérer. C'est une des raisons pour lesquelles il est tellement important d'essayer de voir la famille dans son ensemble et d'aider chacun à affronter cette peur de la colère.

JOHN. Et l'enfant, en fait, comment voit-il son comportement ? Est-ce qu'au fond de lui il sait que c'est une sorte de colère ?

ROBIN. Je ne pense pas. Pas avant d'avoir trouvé quelqu'un qui le prenne en main et tienne ses difficultés d'apprentissage pour de la colère rentrée. Après quoi l'enfant semble prendre conscience qu'il a un comportement de défi, qu'il est en colère.

JOHN. Mais, auparavant, il a besoin de savoir que les gens qui sont responsables de lui n'ont pas peur de la colère, et peuvent l'aider à la contrôler ?

ROBIN. Il semblerait. Dès qu'il réalise que les autres sont capables d'affronter sa colère, il est libre de la vivre et peut enfin cesser de nier son existence : il n'a plus à la dissocier des gens qui la lui inspirent.

JOHN. Qu'est-ce que vous voulez dire par là ?

ROBIN. C'est assez difficile à exprimer. Ce que je veux dire c'est que ce n'est pas que les sentiments ne soient pas vécus, d'une certaine manière, c'est surtout qu'ils sont maintenus isolés les uns des autres, si bien que leur signification se perd. Les différents sentiments, la colère, la peur, la culpabilité, etc., sont tous là, conformes, mais l'enfant ne peut voir à quoi ils correspondent parce qu'ils sont isolés, séparés les uns des autres, cloisonnés. Et ce processus d'isolation est à la base d'une autre classe de troubles mentaux, que l'on appelle les « névroses obsessionnelles ».

Les névroses obsessionnelles

JOHN. Qu'y a-t-il derrière une obsession ? Est-ce quand quelqu'un se sent obligé de faire ou de penser certaines choses ?

ROBIN. La personne est le théâtre d'un combat constant entre différentes parties d'elle-même, sans pouvoir trouver de solution. Et elle ne comprend pas vraiment le sens de ce combat.

JOHN. En quoi son cas diffère-t-il de celui de l'outsider ?

ROBIN. C'est la même chose, mais poussée à l'extrême. Et comme pour les autres troubles mentaux, un cercle vicieux s'est créé où ce qui apparaît comme une tentative de solution du problème aboutit en fait à des problèmes encore pires. Voyez-vous, ce qui a commencé pour l'obsessionnel comme une tentative de se maintenir à l'extérieur de sa propre carte, afin de s'isoler des autres, entraîne un si grand nombre de disjonctions que les différentes parties de sa personnalité ne sont plus connectées les unes aux autres. Et ainsi une part de lui-même, sa conscience, par exemple, se trouvera dans l'impossibilité d'équilibrer ou de contrôler l'autre partie, c'est-à-dire ses instincts ou ses impulsions. Pour cette raison, il n'est plus en contact avec lui-même. Il ne peut pas se faire confiance. Il est toujours angoissé à l'idée que les parties déconnectées puissent échapper à son contrôle et le mettre en difficulté.

JOHN. Quels sont les symptômes ?

ROBIN. Quelquefois, c'est tout simplement la peur excessive et inexplicable de faire quelque chose qui puisse avoir des conséquences néfastes, ou d'avoir fait, sans s'en apercevoir, quelque chose de traumatisant. La personne aura besoin de vérifier en permanence qu'elle n'a rien fait de mal, surtout lorsqu'elle ne se surveille pas ; et naturellement, elle se surveille tout le temps. Elle sait que c'est sans doute idiot, et personne ne comprend son attitude.

JOHN. Qu'est-ce qu'elle redoute de faire ou d'avoir fait ?

ROBIN. Des choses dont notre conscience normalement nous protège. Plus particulièrement ce qui a trait aux sentiments violents et aux pulsions sexuelles. Mais ça peut être n'importe quoi qui puisse conduire à un désaveu social.

JOHN. J'avais cru comprendre que, les idées obsessionnelles et les actes compulsifs, ça consistait à compter et recompter les vitres d'une fenêtre ou à toujours mettre ses habits dans le même ordre.

ROBIN. Oui ! J'ai commencé par les disjonctions les plus directes, où la personne est au moins consciente de la nature des sentiments ou des impulsions qui la chagrinent, même si elle en est un tant soit peu détachée. Ce dont je n'ai pas encore parlé, c'est du cercle vicieux qui peut se créer.

JOHN. Parlons-en.

ROBIN. Ce qui peut se produire, c'est la chose suivante : en premier lieu, le manque de connexion entre les sentiments est responsable de l'angoisse excessive, mais la personne ne le voit pas comme ça. Et donc, plus elle redoute de perdre le contrôle et de devenir folle, plus elle essaye de se déconnecter de ses sentiments. C'est-à-dire qu'elle va maintenant accentuer le processus de séparation entre les différentes parties d'elle-même.

JOHN. Elle va donc, en fait, aggraver les choses.

ROBIN. C'est ça. La tentative de l'obsessionnel pour déconnecter, déguiser et tuer ses sentiments reste infructueuse, parce qu'elle réduit encore son pouvoir réel de contrôle, et cela l'angoisse encore plus de voir survenir ce qu'il essaye d'éviter. Il redouble d'efforts pour accélérer le processus, mais l'angoisse le rattrape toujours et devient plus forte. Il en est donc encore plus tourmenté, plus indécis, il a encore plus peur de prendre des risques, il ressemble encore plus à un zombie. Il réfléchit, il est tout le temps soucieux, tandis que les autres auront l'impression qu'il manque d'émotion, mise à part bien sûr son angoisse, laquelle s'exprime d'une manière ou d'une autre, souvent par des pensées qu'il ne peut endiguer, trahissant la perte de contrôle redoutée.

JOHN. Et ce sont là ces idées obsessionnelles bizarres ?

ROBIN. Oui. Par exemple la crainte d'avoir mal fermé le gaz ou l'électricité, d'avoir oublié de verrouiller la porte, ou que des cambrioleurs ne viennent dévaliser la maison. L'obsessionnel est donc toujours en train de vérifier les robinets, les serrures et les boutons d'électricité, inlassablement. Et alors même qu'il vient de les vérifier, il retourne les vérifier à nouveau. Ou ce sera la peur des microbes ; il se lavera donc tout le temps les mains ou il refusera de toucher les poignées de porte.

JOHN. Ce sont des façons d'exprimer à la fois des sentiments « erronés » et les tourments de sa conscience à leur égard.

ROBIN. Et s'il s'agit de pulsions sexuelles, sa crainte qu'elles n'échappent à son contrôle pourra s'exprimer sous forme de crainte d'attraper une maladie vénérienne, par exemple. Crainte qui exprimera le désir sexuel qu'il ressent en réalité, ainsi que l'obstacle que sa conscience est conduite à lui opposer. Et la compulsion à se laver les mains, c'est un peu Lady Macbeth s'écriant : « Arrière, tache maudite ! » ; elle exprime sa culpabilité à l'égard d'un sentiment meurtrier.

JOHN. Bien qu'il ne soit pas vraiment conscient de l'une ou l'autre partie du conflit ?

ROBIN. Apparemment, c'est comme cela que ça marche. Et pour aider un obsessionnel à se défaire de ses symptômes, il faut le soutenir au moment où il prend conscience de ces affects et les accepte tels quels.

JOHN. Je pense que je commence à maîtriser le problème. C'est un peu comme un conducteur qui s'est installé sur le siège arrière pour pouvoir dire en cas d'accident que ce n'était pas sa faute puisque ce n'était pas lui qui avait le volant ! Et ces symptômes, on ne peut plus désagréables, ces obsessions seraient le résultat d'un manque de fermeté des parents ?

ROBIN. Oui. Mais je dois dire que la plupart des psychiatres pensent — tout à fait à tort à mon avis — que c'est dû à une fermeté excessive. Toute mon expérience va dans le sens contraire, et si l'on oblige les parents à être plus durs et plus ouverts à la confrontation, on pourra guérir rapidement de tels symptômes chez les enfants qui en souffrent. C'est la même chose avec les obsessionnels adultes. S'il se contente de les laisser associer librement, le psy mourra d'ennui ou de vieillesse en cours de traitement.

Conflit parental

JOHN. Je voudrais en savoir plus sur les familles d'outsiders, parce que j'ai été frappé par un autre aspect des choses. Quand les parents sont eux aussi des outsiders, ils ne savent pas vraiment faire des concessions : il y a donc forcément entre eux une lutte permanente pour le pouvoir. Ils n'arriveront pas à se mettre d'accord sur la manière d'élever l'enfant. Et c'est une raison de plus qui fait que l'enfant n'a pas de lignes clairement tracées.

ROBIN. C'est ça.

JOHN. L'enfant aura donc souvent l'occasion de jouer ses parents l'un contre l'autre, non ?

ROBIN. Oui, mais le dire comme ça, c'est un peu stigmatiser l'enfant, alors que ce qui est en cause, c'est le fonctionnement du système.

L'enfant peut paraître manipuler ses parents en les dressant l'un contre l'autre, mais c'est en fait parce que chacun d'eux essaye de l'attirer de son côté.

JOHN. Mais eux ne le voient pas comme ça.

ROBIN. Non. Ils ont tous les deux l'impression de s'en tenir à leurs convictions. Le père pourra dire que la mère est trop douce et qu'elle gâte l'enfant ; la mère pourra dire que le père est trop dur et trop brutal. Mais si les parents ne se mettent pas d'accord, l'enfant sera un jouet entre leurs mains. Qui donc pourrait lui reprocher de jouer le jeu ?

JOHN. C'est le seul qu'il connaisse après tout. Mais il ne doit pas toujours se sentir très à l'aise au beau milieu de ce conflit parental...

ROBIN. Oui, c'est vrai. L'enfant essaiera de temps à autre de jouer ce jeu de pouvoir d'une manière différente ; il tentera d'arranger les choses, sera honnête et se mettra tantôt du côté du père, tantôt du côté de la mère et ainsi de suite. La plupart des gosses veulent aimer chacun de leurs parents, après tout.

JOHN. Ils essaient d'aplanir les difficultés.

ROBIN. Ce n'est d'ailleurs pas la seule tactique que puisse essayer l'enfant. Mon expérience de la thérapie familiale m'a appris que la plupart des enfants font des efforts étonnants pour réduire le conflit entre leurs parents, et qu'ils trouvent parfois des solutions brillantes. Inconsciemment, bien sûr.

JOHN. Mais si les parents sont complètement prisonniers de leur lutte pour le pouvoir, qu'est-ce que les enfants peuvent y faire ?

ROBIN. L'enfant peut réduire le conflit des parents à la base en devenant lui-même un problème propre à les mettre d'accord.

JOHN. Ah ! Si l'enfant devient un « enfant à problèmes », il peut forcer ses parents à coopérer pour essayer de le contrer.

ROBIN. Ou même, s'il ne peut pas obtenir que les parents coopèrent, il peut au moins tenter de circonscrire leur mésentente au problème de son éducation. Leur conflit prendra ainsi la forme d'une guerre limitée — la bataille restant sur le terrain de l'éducation de l'enfant — plutôt qu'une confrontation générale qui pourrait bien se terminer en divorce.

JOHN. Cela me paraît soudain très triste, non ? Que l'enfant ait à faire ça pour ses parents, pour les aider à former une entité plus stable.

ROBIN. C'est ce que je pensais aussi lorsque j'ai commencé à travailler avec des familles. Mais maintenant, c'est devenu un problème de mécanique, comme de constater la panne et de réparer un moteur lorsque quelque chose est détraqué. Bien sûr, il y a actuellement tant de façons nouvelles et efficaces de traiter ces problèmes ; on sait que l'on peut remédier à ce genre de situation si les parents sont capables de se rendre compte de ce qui ne va pas. Cette vision optimiste vient donc tempérer la tristesse que l'on ne peut pas s'empêcher de ressentir pour eux.

JOHN. Comment est-ce que ça fonctionne, tout ça ?

ROBIN. Prenons la situation où les parents se bagarrent tout le temps et où chacun essaie d'attirer l'enfant de son côté. Regardez ces dessins :

C'est d'abord la configuration mère-enfant, le père étant exclu. Et

quelques heures plus tard, ça peut être celle père-enfant en froid contre la mère. Maintenant si l'enfant essaie de dénouer la situation, de

résoudre le conflit en rapprochant ses parents, il peut le faire de deux manières. Tout d'abord il peut faire le « sale mioche ». Il devient tellement odieux, tellement impossible, que l'exaspération des parents leur fait oublier leur colère réciproque. Ou bien il peut obtenir le

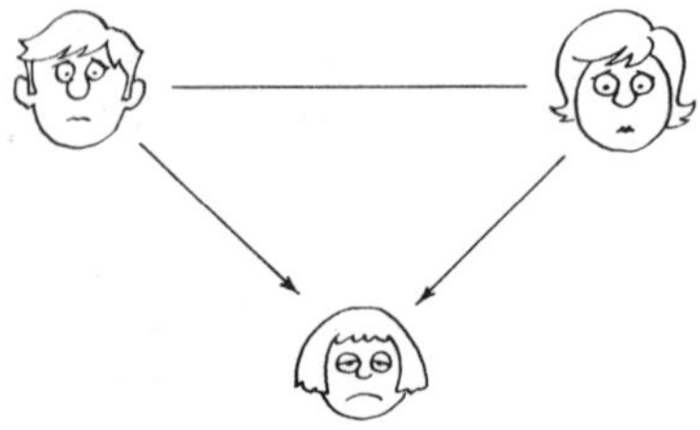

même effet d'une manière totalement différente. Il peut contracter une maladie nerveuse ou physique qui va tellement inquiéter les parents qu'ils vont s'unir pour s'occuper de lui et essayer de le guérir. Ou, bien sûr, il pourra utiliser une maladie préexistante, comme l'asthme, par exemple, dans le même but.

JOHN. C'est fascinant. D'une manière ou d'une autre, ça rapproche les parents. En premier lieu en agissant comme une sorte de paratonnerre contre tous les comportements négatifs, de blâme ou de rejet, et en second lieu en attirant les sentiments positifs, la sollicitude, la prévenance. Mais attendez un instant... Vous avez dit que l'enfant jouait parfois un parent contre l'autre... Mais nous venons de voir là qu'il utilise des méthodes pour les rapprocher.

ROBIN. Ça paraît contradictoire, je le sais, mais ça ne l'est pas.

JOHN. Vous voulez dire que les enfants font les deux en fonction de la situation ?

ROBIN. Exactement. Ces deux manières de se comporter sont simplement deux composantes de ce système familial compliqué, qui régule l'intimité ou la distance entre les membres de la famille. Et chaque famille a une tradition, je veux dire par là une habitude — plutôt qu'une attitude consciente — concernant la distance normale qui doit exister entre mari et femme. Cette distance les mettra à l'aise, elle leur sera familière. Il ne faudra pas qu'ils soient, d'une part, trop intimes ou trop amoureux ni, d'autre part, trop indépendants, donnant alors l'impression qu'ils vont se quitter et abandonner les enfants. Donc, si les parents se rapprochent ou s'éloignent trop, l'enfant, qui fait partie du système, donnera des petites touches au gouvernail pour garder la distance. Et cela automatiquement, parce que c'est inscrit dans le fonctionnement du système.

JOHN. Je commence à comprendre ce que c'est que la « circularité », et combien il est difficile d'avoir toutes les connexions en tête ! D'accord. Ce sont donc les différentes réponses de l'enfant à la lutte pour le pouvoir que mènent ses parents. Maintenant, si l'on considère la chose du point de vue de la carte mentale... si les parents ne sont pas capables de faire des compromis... l'enfant aura deux cartes différentes, une pour chacun d'eux.

ROBIN. Oui. Des cartes qui, jusqu'à un certain point, se contredisent l'une l'autre. Et comme les enfants veulent aimer — loyalement — chacun des parents, si ces derniers ne peuvent pas se mettre d'accord, la seule solution c'est d'intégrer chaque comportement et de les converser dans deux cases mentales distinctes.

JOHN. Donc l'enfant finit par intégrer en lui le conflit parental.

ROBIN. C'est ça.

JOHN. Et puis il va devoir essayer de fonctionner selon deux cartes contradictoires. Ce n'est pas une bonne recette de tranquillité d'esprit.

ROBIN. Non. Ça va probablement le conduire à la névrose, à moins que l'on n'aide l'enfant ou l'adulte qui a ce problème à prendre conscience de la dualité des cartes, et du conflit qu'il y a entre elles, et à les rapprocher toutes les deux. Mais ça pourra vous intéresser de savoir que ce type de conflit entre deux cartes peut conduire certaines personnes à devenir hautement créatives.

JOHN. De sorte que la névrose et la créativité sont censées aller de pair. En fait, c'est ce que j'ai mille fois observé. Et, à votre avis, qu'est-ce qui fait que certaines personnes qui ont deux cartes deviennent créatives et d'autres pas ?

ROBIN. Ce qui semble faire la différence, c'est l'attitude de la personne envers son conflit interne. Si elle l'accepte passivement, si elle le nie — au sens où elle évitera d'en prendre conscience pour ne pas avoir à l'affronter — elle aura des problèmes névrotiques. Une grande créativité, c'est souvent le fruit de la confrontation de la personne avec son problème ; elle l'a admis jusqu'à un certain point et s'est débattue pour pouvoir marier les deux cartes conflictuelles.

JOHN. Le névrosé ne serait donc, en général, pas capable d'admettre qu'il avait des problèmes dans sa famille, alors que « l'artiste » lui, le serait ?

ROBIN. Je crois que c'est quelque chose comme ça. Mais dans leur lutte pour unifier les deux cartes, les individus sont certainement obligés de réfléchir de manière inhabituelle, originale, afin de pouvoir créer quelque chose de nouveau.

JOHN. Les gens créatifs qui se débattent avec ce type de problème peuvent quand même présenter des symptômes névrotiques ?

ROBIN. Oui. Le passé conflictuel les rendra vulnérables. Et la créativité aide à résoudre les problèmes.

JOHN. Cela veut-il dire que la névrose est source de créativité ?

ROBIN. Non. Les cartes conflictuelles peuvent être source soit de créativité soit de névrose. Ou d'une combinaison où la créativité tend à éliminer la névrose.

JOHN. J'ai au moins deux amis qui craignent que leur créativité ne souffre d'une entrée en thérapie. Qu'en pensez-vous ?

ROBIN. Je ne l'ai jamais constaté. D'après mon expérience, et celle d'autres thérapeutes, les gens créatifs deviennent encore plus créatifs. Et pour vous ?

JOHN. Je serais plutôt d'accord. Je ne pense pas que ma créativité ait augmenté, mais j'ai le sentiment d'une délivrance qui me permet d'en faire un usage plus large. Avec moins de contraintes. C'est tout pour l'autobiographie. Je voudrais en revenir aux disputes. Je vois bien que les parents « outsiders » fournissent deux cartes à l'enfant, en raison de la permanence de leur conflit. Alors que si la relation est saine, les parents se mettront d'accord sur la manière de s'occuper de l'enfant afin qu'il puisse avoir une carte cohérente, même s'ils ne sont pas d'accord sur tout.

ROBIN. S'ils l'étaient, ce ne serait pas bon pour l'enfant.

JOHN. Parce que... ?

ROBIN. Parce que dans notre vie nous devons tous vivre des conflits. Et c'est donc dans nos familles que nous devons apprendre à le faire. Fort heureusement, dans tous les couples, les partenaires sont quand même un peu différents l'un de l'autre parce qu'ils ont grandi dans les familles différentes. Ils auront donc des désaccords, au moins au début, sur la façon d'élever les enfants, bien que peut-être de moins en moins au fur et à mesure que le temps passe. S'ils ont dépassé le stade d'outsiders et appris à faire partie d'une équipe, ils seront prêts à s'écouter mutuellement et à discuter pour forger un compromis.

JOHN. Donc, pour les parents normaux, le conflit n'est pas quelque chose de malsain ! Ils peuvent par exemple accepter les colères de

l'enfant d'une manière qui l'aide à se développer harmonieusement et à traverser les stades extérieurs. Il va ainsi recevoir de leur part un message d'approbation sur lequel fonder sa carte.

ROBIN. Oui mais... Il reçoit aussi une autre information : l'idée qu'il est naturel d'être différent, qu'il est sain de ne pas être d'accord et aussi que le mieux, c'est de pouvoir confronter des idées différentes avant de se mettre d'accord sur un moyen terme. Dès lors, l'enfant ne reçoit pas seulement une carte d'ensemble cohérente, mais il a là, devant les yeux, un exemple de la manière dont il faut s'y prendre lorsque l'on a une carte en désaccord avec celle de quelqu'un d'autre.

JOHN. Il apprend par l'exemple.

ROBIN. Ce qui est toujours la manière la plus efficace d'apprendre. Les enfants apprennent beaucoup mieux et beaucoup plus de choses à partir de ce que l'on fait qu'à partir de ce que l'on dit. Et donc, si les parents disent à un enfant qu'il doit se montrer résolu, tout en n'osant pas eux-mêmes s'affronter, l'enfant reçoit évidemment un mauvais exemple, un exemple qui contredit leurs propos, et il aura peut-être du mal à garder sa place dans un groupe ou à montrer suffisamment d'indépendance et d'initiative pour être un coéquipier de valeur. Il sera plus probablement conformiste, ou même obsessionnel.

JOHN. C'est donc une bonne chose que les parents soient capables de se disputer ?

ROBIN. Absolument. A condition qu'ils s'aiment aussi l'un l'autre, et qu'ils puissent se retrouver de temps en temps pour élaborer un compromis minimal sur les « lignes » qu'ils vont tracer pour l'enfant. Et à condition qu'ils sachent accepter l'agressivité, laquelle semble avoir un lien avec la satisfaction des pulsions sexuelles. Donc, lorsque les couples n'ont pas peur des conflits, ça les aide, ça consolide le mariage et ça aide aussi les enfants. •

Post-scriptum
PLUS ON EST DE FOUS...

JOHN. Nous avons beaucoup parlé des équipes, de la capacité à faire des concessions, à s'adapter aux autres, mais cela essentiellement dans le cadre de la venue d'un premier enfant. Quel effet a sur la famille l'arrivée du deuxième bébé ?

ROBIN. Du point de vue des parents, c'est en général une tout autre histoire. Le grand saut a déjà été fait, de l'intimité initiale du couple, où ils pouvaient se consacrer entièrement l'un à l'autre, à une vie de famille où ils doivent s'unir pour veiller sur un tiers. Maintenant, le progrès accompli est d'ordre quantitatif, la famille s'élargit.

JOHN. Les principes de base sont les mêmes ; ils peuvent donc appliquer ce qu'ils ont appris avec le premier enfant à la venue du second ?

ROBIN. Oui. Et donc toutes choses égales par ailleurs, il leur sera bien plus facile de savoir comment satisfaire les besoins de l'enfant. Avec le premier enfant, c'est un monde nouveau qui s'ouvre aux parents, et leur ignorance fait nécessairement naître en eux la crainte de commettre des erreurs. Mais avec le deuxième, ils vont avoir l'impression d'être de vieux routiers. Ils savent que la plupart des inquiétudes qu'ils ont eues pour le premier étaient sans fondement, et c'est avec confiance qu'ils vont faire face aux problèmes simples, sans avoir le secours de livres ou de tiers ! En fait, on dit toujours aux parents qu'ils auraient dû avoir leur deuxième enfant en premier !

JOHN. Oui ; mais même ainsi, il n'est pas aussi facile de s'occuper de deux enfants plutôt que d'un.

ROBIN. Ce que je veux dire, c'est que les parents sauront probablement mieux s'y prendre avec le second qu'avec le premier. Mais avoir deux enfants n'en constitue pas moins un double souci. Et pas seulement parce qu'il y a deux bouches à nourrir et deux derrières à essuyer. Ils vont aussi avoir à gérer tous ces nouveaux liens de parenté.

JOHN. Vous voulez dire que, lorsque le deuxième bébé arrive, le premier a déjà traversé un certain nombre d'obstacles, et qu'ils devront donc être l'objet, l'un et l'autre, d'attentions différentes ?

ROBIN. Oui ! Les parents prendront soin de partager leur attention entre les deux enfants de la manière la plus utile à chacun. Si les parents s'entendent bien, le père pourra prendre l'aîné en charge afin que la mère soir plus disponible pour le bébé. Aujourd'hui, les couples, bien sûr, partagent davantage ces tâches, et je vous ai expliqué en quoi cette répartition des rôles prend tout son sens lorsque les enfants sont petits.

JOHN. Et en supposant que les parents aient du mal à partager ?

ROBIN. Il y a alors plusieurs possibilités. Dans les familles d'outsiders, la lutte pour le pouvoir peut devenir encore plus compliquée lorsque les enfants grandissent, parce qu'il y a beaucoup plus d'alliances possibles. Dans les familles dépressives, où les membres s'accrochent les uns aux autres, la mère fait souvent corps avec l'un des enfants et le père avec l'autre, pas sous forme d'un accord de « coopération », mais au prix de leur relation de couple. Plutôt que des partenaires dans le mariage, il y a en réalité deux couples, chacun composé d'un parent et d'un enfant. Les familles à limites floues, ou celles où il y a beaucoup de projections, auraient tendance à séparer les enfants en « bons » et « mauvais », les « bons » étant idéalisés et les « mauvais » étant mis en position de boucs émissaires. Et les enfants se comporteront en conséquence pour accomplir les prédictions.

JOHN. D'accord. A présent, considérons cette famille du point de vue de l'enfant. Ça fait quoi, d'être l'aîné, le benjamin ou le puîné ?

ROBIN. Ça offre un large spectre de possibilités, même pour les « aînés » et les « benjamins », en fonction de paramètres tels que le sexe de l'autre ou des autres enfants, et même de la position des parents dans leur ordre familial propre. Mais il y a des différences d'ordre général qui sont assez évidentes. Un exemple : l'aîné paraît inévitablement être l'objet de beaucoup d'attention de la part de ses parents.

D'une certaine manière, c'est bien, parce que ça lui donne un peu plus de stimulation au départ, plus d'encouragements et plus de soutien. Le côté négatif, c'est que l'on attend plus de lui, qu'il y a plus de pression, et bien que ce soit un facteur de réussite et de succès, ça le charge aussi des ambitions des parents, et ça peut le conduire à tenter de réussir ce qu'ils n'ont pas réussi, plutôt que de vivre sa vie. Et, bien sûr, il doit descendre de son piédestal à la venue du second enfant.

JOHN. Vous étiez l'aîné, non ? En avez-vous des souvenirs ?

ROBIN. J'étais l'aîné de cinq garçons. Et je me souviens très bien. Mes quatre premières années ont été baignées de chaleur et emplies de béatitude jusqu'à ce que mon frère arrive, et ça m'a fait l'effet d'une bombe. Et après, et pendant longtemps, j'eus un sentiment général de grisaille et de tristesse. Comme beaucoup d'aînés, je suis sûr que j'ai d'abord été gâté, et que mon ressentiment en a été d'autant plus fort à l'arrivée du « nouveau ». En conséquence, je suis devenu la brebis galeuse de tout le monde. Je pense aussi que, depuis plusieurs générations, ma famille avait peur de la jalousie et que mes parents l'avaient mise derrière l'écran. Ils ont donc essayé de m'empêcher d'être jaloux en étant trop tolérants à mon égard, alors qu'ils auraient mieux fait de me tracer des lignes fermes grâce auxquelles j'aurais pu apprendre à faire face et à dépasser tout ça progressivement.

JOHN. La jalousie était donc un problème entre vous et vos frères ?

ROBIN. Absolument. Des querelles de jalousie éclataient tout le temps entre nous, et nos parents ne réussissaient jamais à en venir à bout. « Nous ne comprenons pas pourquoi ils sont tous si jaloux », disaient-ils aux gens, « nous essayons d'être justes. » Ils l'étaient. Pourtant ils avaient tellement peur de la jalousie, c'était pour eux une telle source de tourment que nous n'avons jamais eu la chance de vivre une jalousie normale, d'en finir avec elle, de franchir le cap et de laisser ce sentiment trouver une place normale et naturelle dans nos personnalités. Malgré tout, cela m'a appris des choses ; et aujourd'hui, quand les familles que je vois pour des raisons professionnelles se plaignent de jalousie chez leurs enfants alors même qu'on coupe toujours le gâteau en parts égales, au millimètre près et qu'on donne à tous des antibiotiques quand l'un d'eux a une angine, je leur dis la plupart du temps qu'ils ont beau être une très gentille famille, très réussie sur beaucoup de plans, ils ne sont de toute évidence pas très forts sur le chapitre de la jalousie et doivent s'entraîner un peu plus avant de revenir me voir.

JOHN. Tout en les approuvant, vous les encouragez à prendre davantage conscience de leur jalousie, ce qui leur permet de la laisser émerger de derrière l'écran.

ROBIN. Oui. Ça aide de jouer avec, d'en faire un sujet de plaisanterie. Et commençons par papa ; vous dites à maman de lui donner une pomme de terre de moins le dimanche à midi, en invitant chacun à savourer la situation. En général, il sera heureux d'être ainsi le premier à pouvoir donner à tous le bon exemple, puisqu'on le lui suggère, surtout si cela lui donne ensuite le droit de décider de la deuxième victime.

JOHN. Les parents ne vous en veulent-ils pas de suggérer qu'ils pourraient bien être jaloux eux aussi ?

ROBIN. Pas si vous le dites de cette manière. A savoir que ça aidera les enfants de donner aux parents une occasion d'être jaloux ; ils peuvent de cette manière être confrontés à la jalousie et apprendre à faire avec. Et, bien sûr, vous transmettez le même message aux parents. Vous leur donnez l'occasion d'extraire leur jalousie de derrière l'écran et de mieux assumer la compétitivité, tout à fait normale, qu'il y a entre eux. Voyez-vous, les enfants en général expriment ouvertement la rivalité, naturelle certes, ressentie par les parents, mais que ces derniers essaient d'occulter.

JOHN. La rivalité naturelle entre les parents ?

ROBIN. Oui, celle de leurs différences, de leurs privilèges en tant qu'homme et femme, ou père et mère. Elle peut être aussi le reflet de la rivalité qui existait entre eux et leurs frères et sœurs dans les familles où ils ont grandi. Si les parents apprennent à considérer calmement la compétitivité inscrite dans leur relation, les disputes des enfants pour la plupart cesseront d'elles-mêmes.

JOHN. J'étais enfant unique, et je vois maintenant que j'ai raté des tas de leçons relatives à la rivalité entre frères et sœurs. Et je suis sûr que, jusqu'à un certain point, j'avais mis mon esprit de compétition et ma jalousie derrière l'écran, et que je n'ai commencé à les voir plus clairement qu'à partir du moment où je suis venu dans votre groupe.

ROBIN. Que pensez-vous avoir manqué d'autre, en tant qu'enfant unique ?

JOHN. Oh, les coups et les blessures. J'étais plus fragile que mes amis, ce qui peut avoir été aggravé par le fait que les parents d'un enfant unique concentrent sur lui toute leur attention et toutes leurs préoccupations, plutôt que de les répartir entre les frères et sœurs.

ROBIN. Et l'enfant peut lui-même adopter cette attitude.

JOHN. Et puis, en tant qu'enfant unique, vous avez l'impression d'être un peu « à part ». C'est peut-être pour ça que j'ai tendance à avoir un comportement d'outsider, tel que vous l'avez décrit plus haut. Et finalement, comme vos parents n'ont que vous, il est plus difficile de leur échapper et de devenir indépendant. Après Cambridge, j'ai vécu aux États-Unis dix-huit mois et, à ma grande honte, je leur ai à peine écrit. Mais je pense que c'était de ma part une manière maladroite et inconsciente de couper finalement le cordon ombilical.

ROBIN. Oui. Il est encore plus difficile pour les enfants uniques de se libérer de l'emprise de leurs parents que pour les aînés.

JOHN. Est-ce que, sur d'autres points, on peut comparer les enfants uniques aux aînés ?

ROBIN. Les enfants uniques sont souvent plus agressifs et moins anxieux que les aînés, probablement parce qu'ils n'ont pas eu à vivre le traumatisme d'avoir été seuls et uniques puis de s'être trouvés soudain détrônés.

JOHN. Et les benjamins ?

ROBIN. Ils ont tous les désavantages d'être le petit dernier, parce qu'ils restent dans le giron des parents sans avoir l'occasion de céder la place au suivant. Mais comme les aînés et les enfants uniques, ils sont de la part de leurs parents l'objet d'une attention et d'un soin tout particuliers. A la différence des aînés et des enfants uniques, par ailleurs, ils reçoivent aussi du soutien des frères et sœurs plus âgés. Les enfants du milieu risquent d'être un peu laissés de côté, et de passer leur enfance

à porter les chaussettes — devenues trop petites — des plus âgés, mais ils savent en général mieux s'adapter et s'entendre avec les autres enfants que les aînés ou les plus jeunes. En tout cas, souvenez-vous : les enfants peuvent s'unir pour faire équipe sur le dos des parents et échapper à tout possessivité indue. Ils peuvent diviser, conquérir, et échapper au contrôle et à la surveillance en créant la confusion, en se fournissant mutuellement des alibis ou en indiquant aux parents des directions multiples, comme ces hors-la-loi qui partent au galop dans différentes directions en sachant que le cheval du shérif ne peut pas tous les suivre.

JOHN. Comme ils vont mettre en commun les apports bénéfiques de la famille, ce travail d'équipe devrait leur éviter d'avoir à prendre en charge les problèmes des parents.

ROBIN. C'est ce qui se passe. Un des meilleurs moyens de grandir à peu près normalement dans une famille à problèmes, c'est de s'assurer un grand nombre de frères et sœurs. Ce qui est positif, en retour, pour les parents. Un des entretiens familiaux les plus délicieux dont je puisse me souvenir eut lieu avec une famille dont les parents, qui étaient initialement venus en couple, se trouvèrent être les partenaires les plus sauvages, violents et incontrôlables que j'aie rencontrés. je ne pouvais pas les tenir tout seul, et ma femme est donc venue partager le travail avec moi ; mais ils ont réussi à nous emberlificoter. Nous avons donc obtenu que leurs sept enfants adolescents ou jeunes adultes viennent aussi, ce qui faisait un cercle de onze personnes dans la pièce, et nous avons été étonnés de voir combien ils étaient tous gentils et normaux, comparés aux parents. Ils ont même donné aux parents la possibilité de parler de leurs relations sexuelles de façon constructive, pour la première fois depuis que nous avions commencé à les voir.

JOHN. Les enfants les ont aidés... comment ?

ROBIN. Ce fut essentiellement le fait des filles aînées, qui s'adressèrent à leur père. Une des filles en particulier était très bien. « Je ne veux pas te bouleverser, papa, dit-elle, et j'espère que tu ne m'en voudras pas de ce que je vais dire... » Il lui dit de continuer, et l'écouta attentivement. Elle poursuivit : « Le problème, papa, c'est que tu ne comprends pas très bien les femmes. Tous ces cris et ces gros mots, ce n'est pas un bon moyen. Il faut être gentil avec elles... » Et ainsi de suite. Il accepta tout ça de manière pensive en hochant la tête ; à partir de là, nous avons pu faire quelques progrès. Bien sûr, elle avait le soutien des autres enfants. Ç'aurait été beaucoup plus difficile dans une petite famille.

JOHN. On dirait presque une apologie de la démocratie, non ? Plus il y a d'opinions exprimées, plus on a de chances de trouver celle qu'il nous faut. En tant qu'enfant unique, je n'ai été confronté qu'aux manières de voir de mes parents, et je pense que je n'ai pu me libérer de certaines attitudes en vigueur à Weston super Mare et qui ne me convenaient pas qu'après être entré dans votre groupe et avoir connu une nouvelle expérience familiale, avec vous et Prue comme parents provisoires, et le reste du groupe comme frères et sœurs. Peut-être que si j'avais eu des frères et des sœurs, la controverse, conduite à un stade plus ancien, aurait été plus fructueuse.

Qu'est-ce que vous fabriquez là, tous les deux ?

Une question de vie ou de mort

JOHN. Nous venons de parler de l'apprentissage des limites, des premières manifestations d'indépendance et de l'entrée dans un groupe. Quel est le prochain thème ?

ROBIN. Le sexe. Tout ce que vous avez toujours voulu savoir sur le sexe et que vous étiez trop gêné de ne pas savoir pour oser le demander. Comme, par exemple, pourquoi nous avons besoin qu'il existe deux sexes, en quoi les hommes et les femmes sont différents, et s'ils le sont vraiment ; en quoi l'inceste n'est pas une bonne idée ; en quoi la femme représente le prototype de l'humanité et l'homme n'en constitue qu'une adaptation ; pourquoi l'homosexualité semble prendre de l'extension ; pourquoi Œdipe, pour éviter d'avoir à grandir, a tué son père ; et pourquoi les tout derniers acquis de la thérapie sexuelle remportent tant de succès.

JOHN. Et tout ce savoir charnel fait maintenant son apparition parce que c'est le stade suivant que l'enfant doit aborder ?

ROBIN. Parce que le petit enfant prend conscience de son identité sexuelle.

JOHN. D'accord. Est-ce que vous pourriez d'abord m'expliquer quelque chose ? J'ai entendu plusieurs centaines de milliers d'histoires salaces dans ma vie, et il n'y en avait que sept de drôles. Mais à condition que la fin contienne un gros mot, tout le monde est toujours plié en quatre. Je pensais que si ce n'était pas mon cas, c'était parce que les choses du sexe me gênaient plus que les autres. Maintenant, je pense le contraire. Pourquoi sommes-nous tous gênés par « ça » ?

ROBIN. Parce que ça peut faire naître des émotions explosives qui nous dépassent. C'est la puissance du sexe qui nous dérange.

JOHN. Et les histoires grivoises sont une manière de désamorcer cette puissance, et de prétendre — puisque nous pouvons tous en rire, n'est-ce pas — que ces émotions ne sont pas vraiment fortes.

ROBIN. Je crois que c'est ça.

JOHN. Pourquoi d'après vous l'idée de sexe est-elle si puissante ?

ROBIN. Je pense qu'il y a un tas de raisons que nous connaissons tous mais que d'une manière ou d'une autre nous nous débrouillons pour oublier la plupart du temps. Par exemple, que le sexe est à la source même de notre existence ! Nous ne serions pas vivants si nos parents n'avaient pas jeté leur dévolu l'un sur l'autre.

JOHN. La pensée de papa et maman en train de faire l'amour peut être une vraie entorse à l'imagination, non ? Mis à part le fait que c'est là l'origine de notre vie.

ROBIN. Et dès que l'on commence à penser à ça, on n'est pas loin de penser qu'un jour on ne sera plus là.

JOHN. Ce qui, je suppose, pourrait nous amener à nous poser la question de la raison de notre présence en ce bas monde. Question que, normalement, nous préférons éviter.

ROBIN. Toutes ces pensées nous mettent donc un peu mal à l'aise. Et puis il y a le fait que l'expérience sexuelle en elle-même est peut-être l'expérience la plus positive, la plus forte, la plus émouvante que nous puissions vivre, juste avant l'extase religieuse que la plupart d'entre nous ne connaîtront jamais.

JOHN. « La terre a tremblé ».

ROBIN. Et les tremblements de terre pour être excitants, sont aussi un

peu troublants. Autre source de malaise, le sexe ne peut être excitant et satisfaisant que dans la mesure où nous sommes capables de perdre tout contrôle et de nous abandonner. Nous devons « lâcher prise ».

JOHN. Donc nous ne sommes pas sûrs de ce qui pourrait se passer ? Si nous nous laissions nous perdre dans l'expérience, nous pourrions découvrir sur nous-mêmes des choses que nous ignorions ?

ROBIN. Oui. Et même le simple fait d'échanger des propos sur le sexe peut éveiller cette menace au fin fond de nos pensées. Et puis, il y a encore un autre aspect extrêmement important dans la structure de nos vies : La qualité de la relation sexuelle de nos parents, dont dépend tellement notre sécurité lorsque nous sommes enfants. C'est là véritablement le ciment du mariage, le mariage étant lui-même le fondement de la famille, de laquelle nous sommes si dépendants lorsque nous sommes jeunes. Je crois que les enfants sentent cela, alors même qu'ils ne savent pas très bien de quoi il s'agit ; en effet, si les parents sont heureux et possèdent ce rayonnement qui provient d'une bonne relation sexuelle, on remarque que les enfants eux aussi sont rayonnants.

JOHN. Et même à l'âge adulte, ce doit être un peu alarmant de penser que notre mariage dépend de quelque chose d'aussi détonant et imprévisible. Je pense que c'est la raison pour laquelle ça a toujours été un élément essentiel de la farce. Tout le monde au fond perçoit combien la pulsion sexuelle est puissante et explosive, si bien que les auteurs de comédies peuvent placer sans invraisemblance leurs personnages dans des situations périlleuses du plus haut ridicule.

ROBIN. Et bien sûr, plus nous essayons de faire comme si le sexe n'était pas important, plus nous essayons de le réprimer, plus il est puissant et incontrôlable lorsqu'il explose à la surface. Il serait vraiment surprenant que nous ne nous sentions pas un peu terrorisés par le pouvoir du sexe, et que nous n'essayions pas aussi de le cacher derrière l'humour.

JOHN. Mais rien de tout cela n'explique pourquoi il est tellement plus difficile aux parents et aux enfants de parler du sexe entre eux qu'avec les gens extérieurs à la famille.

ROBIN. C'est un fait tellement universel que je pense que la plupart des gens, y compris ceux de ma profession, le prennent pour un fait acquis et n'en cherchent pas vraiment la raison. Je crois que c'est parce que le sexe est une force extrêmement puissante, peut-être la force la plus puissante, qui pousse les enfants à grandir, à conquérir vraiment leur indépendance et à quitter la maison. Ce peut être une réalité douce-amère pour les parents que de prendre conscience que leurs enfants sont des êtres sexués qui s'en iront un jour et épouseront quelqu'un d'autre, et pour les enfants que de se rendre compte qu'ils ne connaîtront jamais avec leurs parents l'intimé étroite qui lie ceux-ci entre eux. Et c'est particulièrement vrai, lorsque les enfants atteignent la maturité sexuelle et que chacun, parents et enfants, est très conscient du pouvoir de séduction et de la beauté de l'autre.

JOHN. La séparation devient inéluctable.

ROBIN. Et ce départ peut en rappeler un autre aux parents, à savoir qu'ils mourront probablement avant l'enfant. Toutes ces pensées sont très désagréables et très tristes, et ce sont les raisons pour lesquelles les discussions sur le sexe en famille sont si embarrassantes.

JOHN. Mais, aujourd'hui, beaucoup de parents parlent très librement du sexe avec leurs enfants.

ROBIN. Oui, mais si vous faites attention à la manière dont ils le font, vous découvrez qu'ils s'y prennent en général à reculons en raison de ce même malaise. On parlera beaucoup des « faits », mais les « sentiments » seront mis sous le boisseau. Et ce qui compte vraiment, ce sont les sentiments.

JOHN. Dans notre groupe, vous avez dit une fois que la gêne que les parents ressentaient en disparaissant dans la chambre à coucher et en fermant la porte pour éloigner les enfants n'était, initialement, pas d'ordre sexuel, mais qu'elle avait à voir avec la séparation, le départ, même lorsque les enfants étaient très petits.

ROBIN. Oui. Si vous interrogez les parents sur la gêne qu'ils ressentent à fermer leur porte au nez des enfants, et plus encore, lorsqu'ils font l'amour, à faire du bruit, ils ne peuvent jamais vraiment l'expliquer, même pour leur satisfaction personnelle. C'est disproportionné. La chose a commencé à prendre un sens pour moi puis pour les parents avec lesquels je discutais, lorsque j'ai réalisé que ce qui les ennuyait, c'était d'exclure les enfants ; et j'ai alors compris que, pour les enfants, d'être exclus et jaloux du plaisir et de l'intimité toute particulière de leurs parents, cela représentait une force puissante qui les poussait à moins s'intéresser à ceux-ci et plus au monde extérieur seul capable de leur permettre un accomplissement similaire.

JOHN. Donc, si nous exluons nos enfants et les obligeons à affronter cette douloureuse réalité, nous nous assurons qu'en définitive ils nous quitteront pour quelqu'un d'autre.

ROBIN. C'est ce qui devrait se passer, et c'est le plus beau cadeau que nous puissions leur faire. Mais cela nous est difficile, et nous reculons devant l'échéance. Et finalement, il y a encore une autre bonne raison à notre malaise. C'est que, pour que les enfants ressentent le besoin d'acquérir de la maturité, il faut qu'il y ait « la bonne quantité » d'attirance sexuelle entre eux et les parents.

JOHN. Qu'est-ce que vous voulez dire ?

ROBIN. Eh bien ni trop, ni trop peu. Nos parents sont sur la corde raide, pris d'un côté entre une atmosphère froide, frigide, asexuée, et de l'autre une atmosphère un peu trop sexuée.

JOHN. Dit crûment, à un extrême la frigidité et à l'autre l'inceste ?

ROBIN. C'est ça. Tous les membres de la famille ressentent au fond le besoin de trouver cet équilibre. Il ne faut pas s'étonner de constater que dans la plupart des familles on a le sentiment, avec la sexualité, d'être en terrain miné.

JOHN. Vous m'impressionnez. En fait, je commence à apprécier mes inhibitions. Mais il y a un aspect que vous n'avez pas mentionné, c'est l'absurdité fondamentale de l'acte sexuel. Si l'on avait à décrire le processus en cour de justice, le président de la cour n'en croirait pas un mot, non ? Il penserait que vous êtes devenu fou. « Et ensuite, qu'est-ce que vous avez fait ? »

ROBIN. Je me suis parfois surpris à penser que tout ce rituel hilarant avait été créé à dessein pour nous faire prendre conscience de l'infériorité de notre position dans la chaîne de l'évolution et pour nous empêcher d'avoir la grosse tête. C'est cette vieille idée des religions selon laquelle nous sommes à la fois des hommes et des dieux. Eh bien, rien ne nous renvoie plus à nos limites temporelles que l'image de la « bête à deux dos ».

JOHN. J'aime à penser que cette recherche désespérée de béatitude n'est qu'une peau de banane cosmique. Mais dites-moi, cette façon de tourner autour du pot, je sais qu'elle est de rigueur avant de parler de sexe, mais n'en a-t-on pas fait assez maintenant... ?

ROBIN. Je ne crois pas que l'on puisse atermoyer plus longtemps.

Deux sexes. Pourquoi ?

ROBIN. Oui... le sexe. Eh bien, le fait est qu'il y en a deux.

JOHN. Jusque-là, ça va.

ROBIN. C'est parce qu'il faut être deux pour faire quelque chose de nouveau.

JOHN. Vous voulez dire que la parthénogenèse produirait un enfant qui serait comme un clone de la mère.

ROBIN. Oui si nous pouvions faire bourgeonner des enfants comme certaines plantes primitives et certains animaux, ils seraient génétiquement identiques. Mais chez les humains, les chromosomes proviennent pour moitié de l'œuf de la mère et pour moitié du sperme du père. C'est pourquoi il s'agit toujours d'une nouvelle combinaison génétique.

JOHN. Qu'est-ce qu'un chromosome ?

ROBIN. Vous n'avez jamais fait de biologie ?

JOHN. Si, mais mon professeur était un ancien international de rugby, et il ne savait pas non plus.

ROBIN. Eh bien c'est comme un chapelet microscopique dont chaque grain porte des instructions pour faire un nouvel individu. Dans chaque cellule humaine on trouve vingt-trois paires de ces chromosomes, qui portent tout le programme de la structure et de la subsistance d'un individu donné.

JOHN. Et chaque cellule contient comme une notice d'instructions pour faire un nouveau bébé. Pourquoi les chromosomes vont-ils par paire ?

ROBIN. Il faut qu'ils soient par paire pour qu'au moment où chaque cellule se divise en deux, chacune des deux nouvelles cellules puisse avoir une série de chromosomes. Mais, ce qui se passe, c'est qu'une des paires de chromosomes diffère sensiblement chez les hommes et les femmes. La cellule femelle normale a deux chromosomes de longueur identique appelés chromosomes X, et la cellule mâle normale a un long chromosome X et un chromosome plus court appelé Y. Quand les cellules sexuelles sont fabriquées, le sperme chez l'homme et les ovules chez la femme, elles ne reçoivent chacune que la moitié des paires de chromosomes standard de toutes les autres cellules.

JOHN. Continuez.

ROBIN. Le pire est presque passé. Lorsqu'un ovule de la mère entre en contact avec la semence du père, l'œuf de la mère a forcément un X, mais la semence du père peut avoir un X ou un Y.

JOHN. C'est donc le père qui détermine le sexe du bébé ?

ROBIN. Oui, c'est ça. Maintenant, tout à fait au début, lorsque le bébé est dans le ventre de la mère et qu'il est encore tout petit, il a en lui ce qu'il faut pour fabriquer les deux types d'organes sexuels. Et s'il n'y a pas de chromosome Y, la partie mâle va disparaître, et les parties femelles vont croître pour former un utérus et un vagin.

JOHN. Si le chromosome mâle porte un X, vous aurez une combinaison X et X, une fille.

ROBIN. Et si le chromosome mâle est un Y, la présence de l'Y dans les cellules du bébé oriente le développement vers la voie mâle. Et donc au lieu que des parties femelles croissent, ce sont des testicules qui se développent. Et puis ces testicules fabriquent des substances chimiques qui font se résorber les éléments femelles et croître les éléments mâles : vous avez alors un pénis.

JOHN. Je n'avais jamais réalisé que le prototype, c'était la femelle. Le bébé cellule grandit dans la direction, femelle à moins qu'elle ne soit mise sur l'autre voie par le chromosome Y ?

ROBIN. C'est ça. Mais une fois que le chromosome Y a placé ses billes, c'est irréversible. La direction est prise.

JOHN. Est-ce que, X X ou X Y, ce petit schéma tout simple, peut avoir des ratés ?

ROBIN. Ça arrive, rarement. Un bébé peut n'avoir qu'un X alors qu'il est définitivement femelle. Dans ce cas, il ne pourra pas avoir lui-même de bébé. Ou bien il pourra avoir deux X et un Y, X X Y, avec des organes génitaux mâles, mais de tout petits testicules et un certain développement mammaire. Il peut y avoir des mâles avec un X et deux Y qui, sur beaucoup de plans, sont anormaux. Dans bien des cas, une tumeur aura fabriqué des hormones sexuelles en plus ou bien les hormones n'auront pas rempli leur fonction correctement ou encore on aura donné à la mère, pendant sa grossesse, des médicaments qui ont eu un effet secondaire sur le plan hormonal. Si bien que l'aiguillage s'opère mal à un stade ultérieur. Mais ces cas sont très rares.

JOHN. Donc, sur le plan physique, vous êtes l'un ou l'autre. Et sur le plan psychologique ?

Les étapes du développement psychologique

ROBIN. Commençons par survoler rapidement les étapes du développement psychosexuel de l'enfant, et tout d'abord le très jeune enfant.

JOHN. Dans quelle mesure un enfant sait-il à quel sexe il appartient ?

ROBIN. C'est au stade de la petite enfance que l'enfant commence à en prendre conscience. Mais, au début et pour un certain temps, il semble vouloir être les deux et croire que c'est possible. Grandir signifie donc pour lui renoncer à être de l'autre genre.

JOHN. Ça doit représenter pour lui un pas énorme vers la diminution de son ego. Ça commence quand ?

ROBIN. Vers deux ans et demi, les enfants commencent à s'intéresser aux différences entre les garçons et les filles, et vers trois ans l'identité sexuelle profonde est fermement établie. C'est-à-dire que l'enfant acquiert un sens profond et relativement inaltérable du sexe auquel il appartient. Disons en toute simplicité... de son identité sexuelle.

JOHN. Cela signifie-t-il donc que vers l'âge de trois ans on peut identifier chez l'enfant un comportement plus « garçon » ou plus « fille » ?

ROBIN. En fait ces orientations du comportement existent depuis le début, en partie à cause de différences innées et en partie parce que les parents ont tendance à traiter différemment les garçons et les filles dès le départ, et, comme tout le monde le sait, il est terriblement difficile de dissocier ces deux influences. L'identité sexuelle de l'enfant, c'est-à-dire ce qu'il fait lui-même de toute ces différences, c'est encore autre chose et l'enfant met du temps à le découvrir. Mais vers l'âge de quatre ans, les enfants commencent à former des groupes en fonction de leur sexe, et éprouvent aussi beaucoup de plaisir et d'excitation à se montrer leurs organes génitaux.

JOHN. Ce qui dénote chez eux une certaine fierté quant à leur nouvelle identité sexuelle.

ROBIN. Ça en a tout l'air. On remarque aussi que cet intérêt naissant pour l'appareil sexuel et la manière dont on fait les enfants — et pour le mariage — s'accompagne en général d'une attitude admirative, romantique et touchante, du petit garçon envers sa mère, ou de la petite fille envers son père. Ils seront très affectueux et très possessifs et se montreront souvent jaloux envers le parent du même sexe. L'enfant essaiera de séparer les parents s'ils se témoignent trop d'affection ; et il peut trouver des prétextes pour venir la nuit dans la chambre des parents troubler leur intimité.

JOHN. Cela dure jusqu'à quand ?

ROBIN. Si les parents ont opposé une résistance aimable mais ferme aux manœuvres de l'enfant, et ont fermé la porte de leur chambre à coucher, il aura plus ou moins franchi ce stade vers l'âge de six ans. Les sentiments romantiques sont alors enterrés et ne refont pas vraiment surface avant que les hormones sexuelles n'aient déclenché le stade de l'adolescence.

JOHN. L'enfant aura dû assumer une jalousie intense et des sentiments d'exclusion fort pénibles...

ROBIN. Oui, c'est vrai. Mais tout ça, c'est nécessaire, parce que si l'enfant traverse ces épreuves à ce stade, il évitera plus tard certains problèmes.

JOHN. Qui pourraient survenir si les parents le laissaient les séparer ?

ROBIN. Oui c'est ça. Donc, vers six ans, l'enfant cesse de vouloir casser le mariage. Ensuite, nous avons la période connue comme la période de latence, qui dure jusqu'à l'âge de douze ans.

JOHN. Mais est-elle vraiment latente ? Son intérêt pour ces choses n'a pas vraiment disparu ?

ROBIN. Oh certainement pas ! Il apprend à le camoufler, comme le font les adultes, et ça reste un sujet de conversation très vivant entre enfants. Mais les sentiments à l'origine du premier « triangle éternel » avec les parents s'évanouissent, ce qui libère son énergie pour d'autres objets d'intérêt et d'autres activités.

JOHN. Il perfectionne ses gros mots et apprend à torturer les gens ou à provoquer leur jalousie.

ROBIN. Oui, toutes occupations saines et naturelles. Mais, bien sûr, lorsque commence l'adolescence, la puberté, les glandes sexuelles se mettent à fabriquer des corps chimiques qui induisent toute sorte de changements physiques.

JOHN. Ça commence plus tôt chez les filles, non ?

ROBIN. Oui. Les ovaires se mettent à fabriquer chaque mois un ovule et entre dix et seize ans, treize en moyenne, la fille a ses règles. Les hormones lui donnent une silhouette plus féminine, ses hanches s'élargissent, ses seins poussent, etc., pour préparer son corps à porter des enfants. Chez la fille, la totalité du processus couvre trois ou quatre ans.

JOHN. Tandis que chez le garçon...

ROBIN. Eh bien, chez le garçon, les modifications correspondantes commencent plus tard et mettent quatre ou cinq ans à s'accomplir. Les testicules produisent l'hormone sexuelle mâle, le thorax du garçon s'élargit, ce qui s'accompagne généralement d'un développement des muscles, et bien sûr ausi des organes génitaux externes. Sa voix mue, et la pilosité apparaît. Les testicules fabriquent du sperme, le préparant ainsi à la paternité, et le garçon sait qu'il est prêt parce qu'il commence à avoir des émissions nocturnes.

JOHN. Je pensais qu'il s'agissait des programmes tardifs à la télévision.

ROBIN. « Rêves humides », pour vous. A moins que la masturbation ne résolve le problème avant saturation.

JOHN. Très agréable aussi. Nous en sommes à quel âge ?

ROBIN. Les « rêves humides » se produisent tout à fait normalement à n'importe quel moment entre onze ans et seize ans, mais la moyenne c'est quatorze ans.

JOHN. Que se passe-t-il alors sur le plan psychologique ?

ROBIN. Les hormones sexuelles ont, entre autres effets, celui de stimuler l'imagination dans ce domaine, ce qui peut être tout à fait troublant pour des jeunes qui ne s'y attendent pas ou n'en perçoivent pas les causes. Par ailleurs, elles programment aussi les deux sexes pour être émoustillés par les formes nouvelles qui apparaissent chez les représentants de l'autre sexe, comme si on leur avait soudainement fourni une notice explicative.

JOHN. Jusqu'alors, ils formaient des camps séparés et se moquaient les uns des autres.

ROBIN. Oui. Maintenant, cela fait place à l'attirance. Au départ, ils jouent sur du velours, ne se rencontrant qu'en groupes, et gardant encore une certaine distance : ils se taquinent et se poussent pour se faire tomber de bicyclette ; mais, à l'occasion, ils se témoignent des signes d'affection timides et hésitants, avant de battre à nouveau en retraite en toute hâte vers la sécurité du groupe. Puis, progressivement, la taille des groupes diminue, jusqu'à atteindre quatre, puis deux personnes.

JOHN. Il me semble que ce développement psychique et sexuel connaît quatre stades principaux. Le premier, jusque vers deux ans et demi, où l'enfant s'installe dans son identité sexuelle, puis celui qui va de trois ans à six ans, où naît puis meurt l'attachement romantique envers le parent du sexe opposé, et puis le stade qui va de six à douze ans, la phase de latence, où l'intérêt pour le sexe ne semble pas plus vif chez l'enfant que celui qu'il a pour un tas d'autres choses ; et enfin, la phase de l'adolescence où les hormones affluent, suscitant trente-six nouvelles variétés de pensées et d'émotions.

ROBIN. J'ai compris. Maintenant revenons en arrière et voyons les choses plus en détail.

Le jeune enfant apprend à connaître son sexe

JOHN. Vous avez dit qu'au début les enfants semblent croire qu'ils peuvent appartenir aux deux sexes.

ROBIN. Oui c'est ça. Il faut toujours que tout soit comme ils le veulent.

JOHN. Ce sont encore des « outsiders ». Et ils vivront comme une limitation, une « réduction de taille » un peu brutale que de devoir se conformer aux règles d'une « équipe » masculine ou féminine.

ROBIN. Oui. Ils ont du mal à se faire à l'idée qu'ils n'ont pas ce qu'a le sexe opposé. Mais, bien sûr, ils ne peuvent pas faire autrement. La petite fille doit abandonner l'idée qu'elle peut avoir un pénis, et le petit garçon doit abandonner tout espoir de jamais concevoir des enfants. Mais au début c'est très dur.

JOHN. Qu'est-ce qui aide l'enfant dans cette tâche ?

ROBIN. L'exemple des parents est, de loin, le plus probant.

JOHN. Pas ce qu'ils disent bien sûr, mais ce qu'ils font.

ROBIN. Ça, c'est fondamental. L'enfant acquiert son identité sexuelle en imitant le parent du même sexe. Mais tout sera bien sûr, beaucoup plus clair pour lui s'il peut en même temps apprendre des choses sur le sexe opposé et faire la comparaison.

JOHN. Il a donc besoin de chacun des parents pour pouvoir le faire correctement.

ROBIN. Ou d'au moins deux personnes de sexe opposé qui prendront une part active à sa vie.

JOHN. Mais quelle sorte de modèles faudrait-il qu'il reçoive ?

ROBIN. Eh bien, tout récemment encore, c'était extrêmement simple. Le père n'avait qu'à être viril et la mère féminine et tout le monde savait ce que ça voulait dire. Mais aujourd'hui, avec les rôles sexuels qui sortent du schéma traditionnel, nous devrons pendant quelque temps errer dans la confusion.

JOHN. Qu'est-ce que ça va donner, d'après vous ?

ROBIN. D'après moi, le schéma traditionnel se maintiendra en grande partie, reviendra même en force chez ceux qui ont essayé de le changer de façon drastique. Je pense que les bons changements dans leur ensemble demeureront. La plupart des hommes et des femmes voudront l'égalité et le partage, mais aussi des différences clairement définies entre eux au niveau psychologique.

JOHN. Et quel rapport cela a-t-il avec ce qu'il faut à l'enfant pour être heureux de sa nouvelle identité sexuelle ?

ROBIN. Les études ayant pour objet ce qui, dans le rôle sexuel, est facteur de bonheur, d'équilibre et de confiance en soi tendent à démontrer que les parents qui, dans ce domaine, sont les plus bénéfiques pour leurs enfants, font preuve d'une bonne dose d'ambiguïté à cet égard. Il y a beaucoup de similitudes entre eux, dans ce qu'ils sont et dans ce qu'ils font. Mais ils sont aussi très contents — et partisans — d'être différents l'un de l'autre sur bien des points.

JOHN. Un arrangement de type unisexe entre les parents ne serait donc pas bon pour les enfants ?

ROBIN. Il semblerait que cela soit une source de confusion pour l'enfant. L'enfant a besoin de parents qui partagent certaines activités, qui ont des intérêts communs, ne serait-ce que celui qu'ils lui portent. Mais il a besoin aussi qu'ils soient différents, qu'ils s'occupent de choses différentes et il a besoin de respecter, d'aimer et d'admirer les différences de l'un et de l'autre. Il faut deux repères pour s'orienter et pour savoir où l'on est, et il convient qu'ils soient un peu distants l'un de l'autre.

JOHN. Donc le père fera de son fils un homme, par exemple, en se comportant lui-même de manière très virile.

ROBIN. Non. Il est très intéressant de constater qu'en réalité les pères ne peuvent pas rendre leurs fils virils uniquement en leur fournissant un modèle très masculin, ni même d'ailleurs en faisant pression sur eux pour qu'ils adoptent ce comportement. En fait, ça peut avoir l'effet inverse ! Ce n'est que lorsque les pères sont virils mais aussi maternants, assurant de temps en temps les soins quotidiens à donner aux enfants, qu'ils fabriquent des fils et des filles capables d'une identification sexuelle positive.

JOHN. Et les mères ?

ROBIN. C'est la même histoire. Si elles ont une attitude positive à l'égard de leur propre féminité, et de la féminité de leurs filles, et qu'elles aiment aussi la virilité de leur mari et de leurs fils, elles aident leurs enfants à accepter avec plaisir leur identité sexuelle au cours de leur croissance.

JOHN. On dirait que la présence du père est vitale à certains moments, mais qu'il n'est pas essentiel qu'il soit présent de façon aussi régulière que la mère.

ROBIN. Il semblerait. La durée de sa présence importe moins que le rôle qu'il joue lorsqu'il est là. Mais il est démontré que l'absence du père pendant les premières années est souvent responsable de difficultés dans l'acquisition de l'identité sexuelle, particulièrement chez les garçons.

JOHN. Parce que les filles, elles, ont un modèle auquel se conformer même si elles n'en ont pas un du sexe opposé... Mais les garçons n'auront pas de modèle du tout, si ce n'est le modèle à ne pas suivre ?

ROBIN. Oui, mais c'est plus que ça. Il y a une autre raison, qui est que le développement du garçon est plus compliqué que celui de la fille. C'est comme si, pour un garçon, il devait se passer quelque chose en plus.

JOHN. C'est comme lors du stade de développement fœtal où le chromosome Y en plus doit venir renverser la vapeur pour fabriquer un garçon ?

ROBIN. Oui, il y a là une analogie. Regardez ce dessin qui représente ce qui se passe à l'âge de quinze mois. Comme tous les enfants, mâles ou femelles, commencent leur vie à l'intérieur de la mère, et qu'elle seule a des seins pour les nourrir, tous les enfants commencent normalement par s'attacher à la mère ; je les ai donc mis sur l'une des rives d'une rivière métaphorique. D'un autre côté, le père ; au début c'est un personnage plus distant pour les enfants, il veille sur la maison et apporte son soutien. Et donc, à ce stade, les enfants sont essentiellement influencés par la mère, et tous deux se modèlent sur elle.

JOHN. Si cette situation durait, le garçon ne subirait pas l'influence masculine dont il a besoin.

ROBIN. C'est ça. Pour devenir un homme sur le plan psychologique, il doit franchir le pont pour rejoindre le père.

JOHN. Tandis que la fille peut rester là où elle est, avec sa mère ?

ROBIN. Oui. Bien sûr, elle peut toujours aller jouer sur le pont et tenter de le traverser, ou même, pendant un certain temps, s'aventurer assez loin et être un vrai garçon manqué. Mais tout le monde s'attend à ce qu'elle retourne sur la rive d'où elle est partie, aux côtés de sa mère à laquelle la lie un premier attachement intense qui la poussera à revenir vers elle.

JOHN. La traversée du pont, c'est donc quelque chose que le garçon doit faire en plus ?

ROBIN. Oui. Bien sûr. Ça implique pour lui qu'il lutte contre ce puissant attachement maternel.

JOHN. Qu'est-ce qui l'aide à se libérer de cet attachement et à traverser le pont ?

ROBIN. Il a besoin de deux forces pour casser ce lien primitif. Tout d'abord il faut que sa mère l'aide à se séparer d'elle, parce qu'ils sont liés par un cordon ombilical émotionnel, et que si la mère de son côté ne le laisse pas partir, il lui sera très difficile de se libérer. Et deuxièmement il faut que son père l'aime et qu'il veuille bien de lui comme compagnon d'armes.

JOHN. S'il est aidé par les deux, combien de temps mettra-t-il à traverser le pont ?

ROBIN. Il doit avoir traversé vers l'âge de deux ans et demi. En fait, passé un an et demi, il est dur de renverser le processus. Mais les deux sexes s'y habituent, et dans les années qui suivent, apprennent les rôles qu'on attend d'eux de chaque côté de la rive.

JOHN. Donc vers trois ans et demi, le garçon a traversé et se trouve du côté du père. Cela veut dire qu'il est heureux d'être un garçon, et a confiance en lui.

ROBIN. Il se retourne alors vers sa mère et commence à lui faire les yeux doux exactement comme le fait la petite fille avec son papa. A partir de ce moment-là et jusqu'à l'âge de cinq ans, c'est la période dont j'ai parlé plus tôt, où les enfants ont une aventure romantique avec le parent du sexe opposé.

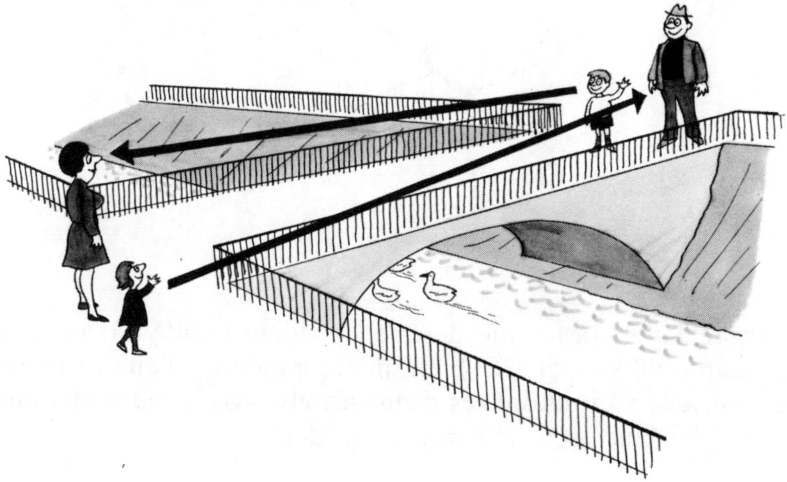

JOHN. C'est le complexe d'Œdipe ?

ROBIN. Oui, bien que cela comporte aussi d'autres aspects. Il y a la jalousie vis-à-vis du parent du même sexe, en plus de la peur qu'il prenne sa revanche sur l'enfant lorsque celui-ci essaye de lui dérober son conjoint.

JOHN. Alors pendant tout ce temps où le garçon traversait le pont, quelle influence le père avait-il sur la fille ?

ROBIN. Et bien, il faut aussi que la fille se sépare de la mère. Et c'est là qu'interviennent les différentes tâches paternelles dont nous avons parlé ; édicter des règles, être ferme, encourager l'exploration, et,

bien sûr, réclamer sa femme, lesquelles aident la fille à devenir plus indépendante de sa mère. Si bien qu'alors même qu'elle reste sur la même rive, elle va prendre ses distances vis-à-vis d'elle, précisément parce qu'il lui faut découvrir sa propre identité.

L'ego mâle

ROBIN. Cette métaphore de la rivière et du pont nous aide à mieux comprendre d'autres aspects étonnants du comportement des deux sexes. Les hommes par exemple sont en général plus mal à l'aise pour exprimer leur besoin d'attention et de soutien féminin que les femmes pour le demander à un homme.

JOHN. Les hommes craignent-ils d'être attirés à nouveau de l'autre côté du pont ?

ROBIN. C'est ça. Ils associent ce besoin avec ceux du jeune enfant sur la rive maternelle. Certains hommes craignent, en se laissant materner, de ne plus pouvoir regagner la rive mâle !

JOHN. Le maternage pourrait en faire d'éternels bébés ?

ROBIN. Oui, ou les transformer en femmes. Ils ont donc une grande peur de ce pouvoir qu'ont les femmes sur eux, lequel est d'ailleurs proportionnel à leur besoin profond et caché d'être maternés. Alors ils finissent souvent par adopter une solution de machos, faisant montre d'une attitude méprisante et dépréciative envers les femmes, simplement pour éviter une trop grande proximité émotionnelle.

JOHN. Où ils risqueraient soudain de révéler leurs besoins et de tomber pour de bon sous la coupe de maman.

ROBIN. Oui, et cette insécurité masculine est encore accrue face à l'attente traditionnelle des femmes de les voir se comporter en guerriers et en protecteurs, et à prendre tout le monde en charge.

JOHN. Mais, attendez. A partir d'une certaine dose de stress, tous les hommes ont besoin qu'on s'occupe d'eux. Pourquoi ce maternage fait-il peur à certains et pas à d'autres ?

ROBIN. Tout dépend de la capacité de l'homme à admettre ou non, à l'occasion, son désir d'être soutenu et materné. S'il le peut, il en usera avec mesure, il l'aura expérimenté et saura donc qu'il est capable de le contrôler. Il saura ne pas être débordé par ce désir. Et puis il aura appris qu'après un certain temps, lorsque le besoin est satisfait, celui-ci disparaît comme tout autre appétit et qu'il peut se remettre « à être à nouveau un homme ». Donc il n'a pas peur de reconnaître ce besoin, qui ne l'empêche pas de se sentir sûr de son identité masculine.

JOHN. Être capable de reconnaître ce besoin l'affermit dans son identité sexuelle ?

ROBIN. Et le sentiment de sécurité lui permet de reconnaître le besoin, c'est un cercle sans fin.

JOHN. Tandis que s'il ne peut pas admettre le besoin, ou s'il l'a nié... ?

ROBIN. Dans ce cas, comme il cache son désir, il n'a plus de contact avec lui. Il n'en aura pas fait l'expérience. Pourtant il en ressent la force, qui est d'autant plus grande que ce désir n'a jamais été satisfait. Il a donc terriblement peur que, au cas où ce dernier referait surface, il ne soit pas capable de le contrôler ni de redevenir un adulte responsable.

JOHN. Encore un cercle vicieux. Il ne peut pas l'admettre de peur de ne pas le contrôler, et il ne peut savoir qu'il peut le contrôler en toute sécurité qu'à moins de l'admettre. Sur le plan sexuel, il n'est pas en sécurité ?

ROBIN. Même s'il n'est pas « macho », il lui faudra maintenir les femmes à distance. Elles sont une menace pour lui parce qu'elles pourraient révéler ce besoin caché.

JOHN. Et maintenant, pour revenir au pont... Si ce sont les femmes qui demandent du soutien, qui demandent à être maternées, le problème n'est pas le même, parce qu'elles ne sont de toute façon pas sur la même rive.

ROBIN. Et elles n'ont pas non plus à respecter le tabou de cette image guerrière qui les empêche de demander du soutien. C'est donc pour elles un acquis, et elles sont, en conséquence, plus sûres de leur identité féminine. En fait, lorsque je vois des hommes et des femmes ouverts, naturels, comme ils sont capables de l'être dans l'intimité du cabinet d'un médecin, je suis constamment impressionné de ce que les femmes paraissent beaucoup plus solides que les hommes. En surface, beaucoup d'entre elles peuvent paraître moins sûres d'elles, mais, au fond, elles ont beaucoup plus les pieds sur terre.

JOHN. On me demande toujours pourquoi nous avons écrit si peu de rôles drôles pour les femmes dans « Monty Python », et la seule réponse que je peux donner, c'est que je n'en savais pas tellement sur les femmes, et que tout ce que j'en savais, c'est qu'elles me paraissaient loin d'être aussi bêtes que les hommes.

ROBIN. C'est ça ! Elles n'agissent pas tout le temps de la même manière, elles ne rêvent pas de statut social, de pouvoir et de succès au sens où les hommes le font. Et comme elles ne prennent pas ces fadaises très au sérieux, elles ne sont pas si fragiles et leur ego n'est pas si délicat. Mais grâce à cela, soit dit en passant, elles sont plus proches de la réalité, elles répondent beaucoup mieux au traitement.

JOHN. Et les féministes ? Certaines d'entre elles sont obnubilées par la lutte, très masculine, pour le pouvoir et la soif de réussite, non ?

ROBIN. Oui, ces féministes militantes qui rivalisent avec l'image traditionnelle du mâle sont moins sûres d'elles que les autres femmes, du moins pour celles que j'ai vues.

JOHN. Nous parlons tout à coup du pouvoir du statut social et du succès. Sont-ils réellement un substitut au sentiment sécurisant de l'identité sexuelle ?

ROBIN. Oui. En y regardant de plus près, il s'agit en général, d'une façade que l'homme utilise pour se rassurer lui-même et, espère-t-il, pour rassurer aussi ceux qui l'entourent, devant sa peur profonde de ne pas être à la hauteur de son rôle sexuel.

JOHN. Ce doit être la raison pour laquelle les poses que prennent les gens de pouvoir prêtent tellement à rire ; nous sommes intuitivement conscients de la vulnérabilité qu'elles cachent.

ROBIN. Un autre point intéressant quant à la vulnérabilité masculine. Il est étonnant de constater combien les femmes la prennent au sérieux et la protègent. Elles iront très loin, même si ça leur coûte, pour éviter de mettre un homme dans une situation où il aurait à reconnaître ce genre de faiblesse.

JOHN. Quel genre de faiblesse exactement ? Celle qui consiste à admettre qu'il a effectivement besoin d'être materné de temps à autre ?

ROBIN. Oui, si ça le dévalorise à ses yeux. Pour le cacher, il s'est fabriqué une façade, que les femmes répugnent à attaquer. J'ai pu le remarquer plus particulièrement en travaillant avec des collègues femmes. Lorsqu'elles recevaient un couple ou une famille, elles laissaient souvent le mari se tirer d'une situation périlleuse et me racontaient ensuite combien il les avait mises en colère. Et je disais : « Mais pourquoi ne le lui as-tu pas dit ? Ça lui aurait fait du bien. » Et elles répondaient en général : « Je ne pouvais pas, ç'aurait été le châtrer. »

JOHN. Alors qu'il aurait vraiment eu besoin qu'on lui fasse remarquer sa faiblesse — due à la peur de son désir d'être materné — pour pouvoir éventuellement y remédier ?

ROBIN. Oui.

JOHN. C'étaient des thérapeutes correctement formées ?

ROBIN. Oui. Même en exerçant un métier où elles doivent aider les gens à affronter la vérité, elles trouvent au départ affreusement difficile de mettre un homme à l'épreuve. C'est comme si on les avait conditionnées depuis la naissance. Même le Mouvement de libération de la femme ne semble pas avoir libéré la plupart des femmes de cette inhibition qu'elles ont à tester la capacité de l'homme à rester sur l'autre rive. Après tout, si le pauvre type perdait les boules, pour utiliser une métaphore, nous saurions où est le problème et pourrions l'aider à les recoller de façon plus sûre. Mais s'il ne les perd pas, cela rassure tout le monde. C'est étonnant. Ce besoin de protéger l'ego mâle semble être une des inhibitions les plus profondément ancrées chez les femmes.

Les combinaisons possibles

JOHN. Vous disiez que si les femmes traversaient le pont, elles avaient des ennuis. Mais pourquoi une femme le ferait-elle, après tout ?

ROBIN. Eh bien, si sa mère est très froide et ne lui donne rien, et si son père lui donne plus, elle peut faire une partie ou la totalité du chemin. Si elle aborde l'autre rive, elle devient transsexuelle.

JOHN. Ce qui veut dire ?

ROBIN. Qu'elle a vraiment l'impression d'être un homme. Et, sur le plan psychologique, elle deviendra un homme. Elle voudra se comporter et être traitée comme tel, donc pourra vouloir un changement de sexe.

JOHN. Et le transsexuel masculin ?

ROBIN. C'est un garçon qui est resté bloqué sur la rive maternelle, qui s'identifie complètement à sa mère et pense vraiment être une femme.

JOHN. Pourquoi n'a-t-il même pas fait un pas sur le pont qui mène au père ?

ROBIN. C'est parce que sa mère l'a rendu heureux dans sa petite enfance et a prolongé l'expérience bien longtemps après le temps où elle aurait dû aider l'enfant à se séparer d'elle. Tout cela parce qu'elle ne désirait pas qu'il grandisse.

JOHN. Et le père n'offre rien au garçon qui puisse l'attirer vers lui ?

ROBIN. Non. En général, c'est un moins-que-rien qui souvent est à peine là. Et si on n'a pas aidé le garçon à traverser vers l'âge de deux ans et demi, lorsque l'identité sexuelle se fixe, il est de moins en moins probable que le changement se fasse, même avec une thérapie. Il risque de n'éprouver aucun intérêt à devenir un homme, sur le plan psychologique, et désirera être opéré pour changer de sexe.

JOHN. Bon. Maintenant, les gens qui sont sur le pont, qui ont commencé la traversée mais qui ne sont pas arrivés de l'autre côté ? Est-ce que ce sont des homosexuels ?

ROBIN. Oui, je verrais les homosexuels comme situés quelque part sur le pont à une distance variable de l'une ou l'autre de ses extrémités.

JOHN. Leur mère les a donc, jusqu'à un certain point, laissés partir ?

ROBIN. Oui. Les homosexuels mâles ont, de manière assez typique, des mères possessives et plutôt fortes.

JOHN. Mais moins possessives que les mères de transsexuels ?

ROBIN. En tout cas moins complètement identifiées à l'enfant. Et aussi, d'après les études que j'ai vues, j'ai l'impression que ce sont des femmes qui offrent à leurs garçons une enfance moins gratifiante, moins positive. Ils sont donc moins incités à rester sur la rive.

JOHN. Et le père du garçon ?

ROBIN. On dit de lui, le plus communément, qu'il dispense très peu de cette influence qui incite généralement un garçon à traverser dans sa direction, soit parce qu'il est absent, distant, inefficace, soit qu'il est dur et peu affectueux. Néanmoins, les homosexuels masculins sont suffisamment avancés dans la traversée du pont pour avoir accepté leur identité masculine. Peut-être aussi, en partie parce que leur relation à la mère est une menace pour eux.

JOHN. En quoi ?

ROBIN. Pour la raison même qui fait que les femmes peuvent être une menace pour les hommes qui ont atteint l'autre côté. Ils ont peur d'être à nouveau attirés pour toujours du côté de leur mère. Mais, bien sûr, cette peur est encore plus grande pour les homosexuels masculins parce qu'ils n'ont pas terminé la traversée. Et comme ils n'ont, en conséquence, pas eu de relation étroite avec leur père, ils ont une peur plus grande encore de sa jalousie sexuelle en cas de rivalité.

JOHN. Donc, comme l'homosexuel masculin n'a pas atteint la rive paternelle, il ne peut jamais se tourner vers sa mère pour lui faire les yeux doux et vivre cette histoire d'Œdipe.

ROBIN. Non, il reste sur le pont, face à son père ; ou plutôt face au père qu'il attendait et dont il avait besoin mais qu'il n'a jamais eu. Donc il reste attiré par les mâles au lieu d'orienter sa sexualité vers sa mère et, de là, vers les femmes en général.

JOHN. Vous suggérez que l'homosexuel mâle continue essentiellement à chercher un père qui l'aime et lui donnera ce dont il a manqué ?

ROBIN. C'est l'idée de base, bien que, naturellement, ce soit beaucoup plus compliqué que cela, et pour bien des raisons. Mais, si je me fie à mon expérience, je dirai que l'homosexuel mâle est quelqu'un qui n'a pas eu une relation homosexuelle, c'est-à-dire « du même sexe », normale, chaleureuse et affectueuse avec son père.

JOHN. Une relation homosexuelle avec son père ?

ROBIN. Oui. Je ne veux pas dire par là qu'ils doivent jouer avec leurs organes génitaux respectifs. Mais certainement avoir une relation physique, comme de jouer à se battre à mains nues, de se faire des câlins et de faire les fous ensemble, à l'instar des joueurs de fooball qui se prennent physiquement et ostensiblement dans les bras lorsque l'un d'eux marque le but décisif.

JOHN. Ou, en fait, n'importe quel but. Donc un garçon qui aura été aimé par son père de cette manière physique chaleureuse et rude, aura plus de chance de trouver son chemin en traversant le pont ?

ROBIN. Et, soit dit en passant, il aura gagné force et autorité en acceptant l'autorité du père, comme nous l'avons dit. Il sera donc probablement plus compétent pour prendre la responsabilité d'une femme et d'une famille. L'homosexuel masculin n'a en général pas franchi l'obstacle que représente cette autorité, et il passe toute sa vie à faire semblant de le franchir en recherchant perpétuellement le symbole de la force et de l'autorité du père sous la forme du pénis des autres hommes, plutôt que la chose en soi : l'autorité et la responsabilité elles-mêmes.

JOHN. Ça, c'est une idée étonnante. Vous voulez dire que les homosexuels mâles aiment les pénis des autres hommes parce qu'ils symbolisent quelque chose dont ils se sentent privés ?

ROBIN. Oui. Le pénis représente l'amour et la chaleur du père, sa force et son autorité bienveillantes, et partant, il donne l'impression que cette force et cette autorité sont ingérées, possédées. Et donc les symboles de ces attributs, les pénis d'autres hommes, sont collectionnés à la place. Mais comme ils ne sont, par définition, pas la chose dont ils sont le symbole, la personne n'est jamais satisfaite, elle n'en a jamais assez, elle va souvent d'un partenaire à l'autre. Mais je parle bien sûr d'hommes qui sont dans une situation particulière sur le pont, ceux qui sont au milieu, qui s'y sont installés et ont abandonné l'idée de traverser. Ceux qui s'approchent plus près de la rive paternelle peuvent découvrir qu'une relation émotionnelle profonde avec un autre homme leur donne quelque chose qu'ils n'ont pas eu avec leur père, et par ce truchement, ils sont capables de terminer la traversée pour rejoindre le clan des hommes. Ce lien profond avec un autre homme peut avoir incidemment un caractère sexuel, mais très souvent ce n'est pas le cas, et il s'agit plus d'une relation de fils à père.

JOHN. Donc si les homosexuels, hommes et femmes, se positionnent sur le pont à des endroits différents et que certains sont bloqués plus près de la rive masculine et d'autres plus près de la rive féminine, ils peuvent se mettre en couple en prenant les rôles d'homme ou de femme et vivre quelque chose de la différence et de la complémentarité qui caractérisent les couples normaux.

ROBIN. Ça doit être possible, bien qu'il ne faille pas pousser trop loin la métaphore du pont. C'est seulement une manière d'exprimer un aspect de la question.

JOHN. D'accord. Mais nous avons très peu parlé des homosexuelles.

ROBIN. C'est vrai. Il est intéressant de voir qu'il y a beaucoup moins d'écrits sur elles que sur les homosexuels hommes. C'est comme si c'était considéré comme plus normal, et moins utile à étudier.

JOHN. Et les écrits féministes ?

ROBIN. Eh bien, ils ont tendance à considérer l'homosexualité féminine comme encore plus normale que ne le font les psychiatres. Il est certain que les contacts que j'ai eus dans le cadre de ma profession me font penser qu'elle est en quelque sorte plus naturelle, plus chaleureuse et plus gratifiante que ce qu'on voit habituellement chez les homosexuels mâles. Elles ne viennent donc pas souvent se faire soigner pour ça. Il semble que ce soit surtout une étape de croissance chez beaucoup de femmes.

JOHN. Mais, comme les hommes, elles n'ont pas flirté avec le parent du sexe opposé et elles sont toujours face au parent du même sexe.

ROBIN. Oui, le même principe s'applique ; il semble qu'en général

elles aient manqué d'une relation physique intime et chaleureuse avec leur mère et continuent à la rechercher.

JOHN. O.K. Donc, au total, pour en rester à la métaphore du pont, nous avons les filles féminines du côté de la mère et un peu séparées d'elle ; les garçons masculins du côté du père ; les transsexuels qui n'ont pas du tout quitté la mère ; les transsexuelles ont traversé le pont pour rejoindre le père ; les homosexuels sont quelque part sur le pont. Laissez-moi vous poser une dernière question : je pensais qu'il était notoire que très peu de gens ont une structure psychologique à 100 % hétérosexuelle. Ne serait-il donc pas plus exact de dire que la plupart des gens sont sur le pont, en d'autres termes qu'ils ont au moins une inclination homosexuelle, même si elle est modérée ?

ROBIN. Oui, eh bien, c'est là où la métaphore peut un tant soit peu induire en erreur. Mais pour pouvoir l'utiliser encore un peu, disons que, dans certaines circonstances, nous pouvons revenir à un stade plus précoce de notre développement même si en temps normal nous préférons fonctionner selon un stade ultérieur. Il n'est pas inhabituel, par exemple, que des hommes privés de femmes pendant longtemps, en prison ou en mer, ou en pension, fassent l'amour avec d'autres hommes parce qu'il n'y a aucune autre alternative, alors même qu'ils sont hétérosexuels en présence de femmes. Et vous avez raison, tous ces sentiments seront latents chez les gens normaux.

JOHN. Mais ils ne se sentent pas prêts à passer à l'acte.

ROBIN. Soit ça, soit qu'ils ne sont pas conscients de ces désirs car ils les ont mis derrière l'écran.

Politique sexuelle

JOHN. Si je regarde votre pont, j'y vois des gens, des hommes et des femmes sur le plan physique, qui s'y positionnent à différents endroits et j'en vois d'autres sur les deux rives. Ce positionnement des individus est supposé indiquer leur identité psychosexuelle. Quelles différences psychologiques y a-t-il entre la « masculinité » et la « féminité » ?

ROBIN. Le problème, c'est qu'il est extrêmement difficile de répondre à cette question. En général, nous sommes tous conscients des différences très frappantes qui existent entre les hommes et les femmes. Mais lorsque l'on essaye de les mesurer, de les définir avec précision, elles nous échappent sans cesse. Dans tous les cas, tout ce que l'on pourra trouver ne pourra s'appliquer qu'à la femme ou à l'homme moyens.

JOHN. N'importe quelle femme pourra trouver à l'astrophysique ou à la navigation plus d'intérêt qu'un homme.

ROBIN. La zone de chevauchement est vaste, bien plus que les gens ne s'y attendent. En fait les différences psychologiques entre les personnes de même sexe sont plus importantes que les différences moyennes entre les hommes et les femmes, si l'on se réfère à ce qui a pu être établi.

JOHN. On a donc établi des différences ?

ROBIN. Oui, mais même celles-là ne sont pas vraiment prouvées.

JOHN. Attendez un moment. Est-ce que nous parlons de différences innées ou de celles qui sont dues au conditionnement ?

ROBIN. Eh bien, là encore, il est extrêmement difficile d'établir si une différence quelconque est innée ou entièrement due à la différence de traitement entre les garçons et les filles au cours de leur croissance. Évidemment, si tous les garçons d'une école apprennent les sciences et la mécanique et que les filles apprennent la couture et la cuisine, il ne sera pas très surprenant que les garçons non seulement aiment mais sachent réparer les motos, et que les filles soient plus douées pour confectionner des gâteaux ou vêtements. Les influences et les attentes différentes qui poussent garçons et filles dans des directions opposées sont si universelles, si puissantes dès le premier instant de la vie où l'identité physique est connue, qu'il est très difficile de savoir les différences innées qui peuvent exister.

JOHN. Pensez-vous qu'on ait pu en prouver une seule ?

ROBIN. Oui. Mais, là encore, n'oubliez pas qu'il s'agit seulement de différences moyennes. Et plusieurs différences innées bien définies ont été décrites par Corinne Hutt, qui est spécialiste de ce sujet en Grande-Bretagne et en qui j'ai une grande confiance. Elle cite par exemple un plus haut niveau de consommation énergétique et d'activité chez les garçons et une plus grande capacité à réaliser des tâches visuelles et spatiales. Les filles, en revanche, ont un développement plus rapide sur les plans intellectuel, physique et social, elles ont de meilleurs scores au niveau du langage et de la communication. Les hommes sont en général plus agressifs que les femmes. Une revue exhaustive de la littérature faite par deux chercheurs américains, Maccoby et Jacklin, semble corroborer la plupart de ces idées, mais suggère que même la différence par rapport aux capacités visuelles spatiales et verbales semble plus importante lorsque les femmes sont soumises, et plus faible quand les deux sexes ont plus d'indépendance. On doute même de la part qui revient à l'inné.

JOHN. Et la différence en matière d'agressivité ?

ROBIN. Ça, c'est la différence la mieux établie et la plus largement observée. Elle est indiscutablement liée à des causes physiques. Prenons un exemple : une augmentation des hormones sexuelles mâles incite les garçons à des jeux plus agressifs, plus brutaux, plus extériorisés, alors qu'une augmentation de l'hormone sexuelle féminine — et soit dit en passant, les deux sexes ont des hormones de types mâle et femelle — rendra le garçon plus docile, plus tranquille, mais vigoureux et moins agressif. Mais, même là, on retombe dans un argument circulaire, parce qu'il a été prouvé que, chez certains animaux, l'hormone sexuelle mâle augmente s'il y a à proximité une femelle réceptive, et qu'elle chute si l'animal est battu au cours d'un combat ou s'il est stressé.

JOHN. Vous voulez dire que les deux sexes ont les deux types d'hormones, et que l'équilibre entre ces hormones est affecté par ce qui se passe dans l'environnement. Nous revenons à la case départ.

ROBIN. Ce n'est pas aussi simple que ça en a l'air, tout au moins.

JOHN. Mais que ce soit inné ou pas, les hommes sont plus agressifs, d'une manière générale, non ? C'est pour ça qu'ils ont tendance à dominer, à se maintenir en situation de supériorité et à avoir une plus grande part du gâteau.

ROBIN. Oui, et il n'est donc pas surprenant que le Mouvement de libération de la femme s'attache à pousser les femmes à revendiquer. Là encore, n'oubliez pas qu'il s'agit d'une différence moyenne. Les femmes les plus agressives sont beaucoup plus agressives que les hommes les moins agressifs... Il est extrêmement difficile de s'y retrouver. Après d'assez longues recherches sur le sujet, j'ai commencé à réaliser que, dans tous les livres que j'avais consultés, le raisonnement était

circulaire, tautologique : les hommes étaient virils parce qu'ils faisaient des choses viriles, et les choses viriles bien sûr étaient celles que les hommes faisaient.

JOHN. A moins que ce ne soient les femmes qui les fassent.

ROBIN. Et vice-versa. Quelquefois, on pense avoir trouvé une réponse, et puis elle s'évanouit purement et simplement.

JOHN. Au fond, vous êtes d'une ignorance crasse tout en étant extrêmement bien informé. En bien, il ne faut pas que ça vous inquiète, les économistes, eux, se débrouillent très bien pour faire avec.

ROBIN. Mais le problème, c'est que nous avons besoin de savoir, parce que nous nous efforçons tous de définir de nouvelles relations entre les hommes et les femmes. L'arrangement du type « Moi Tarzan, toi Jane » n'est plus acceptable pour beaucoup de gens, mais nous n'avons pas encore trouvé de solution de remplacement qui vaille pour les deux sexes, et pour les enfants. Actuellement, chacune des parties me semble camper sur des positions dures, de peur sinon que l'autre ne prenne l'avantage. Et tous les arguments qui sont avancés par les deux parties ont tendance à être spécieux et peu fiables.

JOHN. Les gens, souvent, adaptent la vérité à leur propre point de vue.

ROBIN. Oui, bien que je ne pense pas que ce soit forcément délibéré ou volontaire. Ce qui se passe, en fait, c'est que les gens voient ce qu'ils veulent voir, et prennent en compte ce qui soutiendra leurs croyances et leurs préjugés. On retrouve dans le domaine des différences sexuelles le même type de cécité sélective et de pensée magique que dans celui des troubles mentaux graves comme l'autisme et la schizophrénie. Et si certaines personnes voient des différences fondamentales entre les hommes et les femmes, d'autres ne les voient pas du tout. Et cela s'applique aussi à la recherche et vaut pour n'importe quelle étude sérieuse au premier abord, parce que les attitudes de départ influencent ce que l'on choisit de mesurer et la manière dont on le fait, et, en fin de compte, les conclusions auxquelles on aboutit dépendent de la façon dont les résultats sont interprétés. C'est pourquoi, lorsque l'on évalue les résultats et les opinions des spécialistes, il faut d'abord faire bonne mesure de leur ouverture d'esprit et de leur degré d'impartialité sur le sujet, en lisant une bonne quantité de leurs écrits et en étant attentif aux signes indiquant une éventuelle prise de position émotionnelle en la matière. Donc, même lorsque les travaux ont l'air très étayés, cela peut cacher des problèmes.

JOHN. Vous pensez que les travaux sur l'origine des différences psychosexuelles sont particulièrement peu fiables pour le moment.

ROBIN. C'est actuellement le cas dans le domaine scientifique, lorsque les découvertes ont des implications politiques ou sociales majeures. La seule chose dont je sois pour l'heure à peu près complètement sûr, c'est que la ligne traditionnelle dure tout comme les positions féministes extrêmes sont fausses et que la réponse doit se trouver quelque part entre les deux. Mais où exactement, on ne le saura pas avant un certain temps.

JOHN. Mais en voyant tous les jours des couples et des familles, vous devez avoir une sorte de réaction viscérale, même si vous ne pouvez pas l'étayer scientifiquement.

ROBIN. Eh bien, la seule idée vraiment intéressante sur laquelle je sois tombé, c'est le concept d'« urgence parentale » défini par Guttman et dont nous avons déjà parlé.

JOHN. C'est l'idée que l'arrivée des enfants pousse les parents à prendre des rôles différents en créant une sorte d'état d'urgence ?

ROBIN. Oui. Ainsi, ce sont les besoins des enfants qui sont à l'origine de la distribution de ces rôles sexuels. Parce que, comme nous l'avons vu, un bébé a besoin de quelqu'un qui prenne soin de lui et lui soit très proche sur le plan émotionnel, quelqu'un qui prendra plaisir à être tendre et maternel sans défaillance et sur une longue période. Quelqu'un qui va ainsi se mettre en phase avec le bébé et perdra plus ou moins contact avec la dure réalité du monde extérieur. Il est clair que, dans des conditions primitives, ça serait plutôt risqué s'il n'y avait pas un deuxième responsable pour s'occuper des besoins et des dangers liés au monde extérieur, quelqu'un qui prenne en charge le premier responsable. Ce deuxième responsable devrait posséder des qualités différentes, telles l'aptitude au combat et à la recherche de nourriture, la force physique, l'agression et la capacité de planifier. Donc, comme le bébé est porté par la femme et tête le sein de la femme, il est parfaitement sensé que ce soit la femme qui prenne le rôle de premier responsable et l'homme celui de second.

JOHN. Donc, par le passé, les hommes et les femmes ont été amenés à recevoir une éducation qui leur apprenne ces différents rôles dès la prime enfance, afin d'être opérationnels dès l'arrivée du bébé. Et tout cela a pris corps et est devenu une habitude sociale qui s'est transmise de siècle en siècle. Mais c'est plus ou moins l'opinion des femmes du M.L.F., non ?

ROBIN. Elles affirment que c'est une sorte d'arrangement et que nous avons été hautement conditionnés à assumer nos différents rôles, ce qui est juste. Mais elles évitent de considérer l'objectif évident du processus, à savoir favoriser la survie et le bien-être des enfants, dans les conditions d'autrefois, tout au moins. Et là où les féministes ont tout à fait tort, c'est d'imaginer que tout cela est le fait d'une conspiration de mâles pervers. Les hommes sont éduqués dans leur rôle tout autant que les femmes sont conditionnées dans le leur : la raison pour laquelle le système est aussi durable, c'est que tous deux ont été formés à maintenir l'autre là où il est.

JOHN. Tout comme un système familial travaille à contrecarrer toute velléité de changement émanant d'un membre de la famille. D'où l'accent mis, en thérapie familiale, sur la nécessité de traiter la famille comme un système, et de ne pas en isoler un membre pour l'incriminer alors qu'il n'est ni plus ni moins responsable du système que n'importe qui. En fait, peut-être que les plus militantes des féministes devraient se rappeler ce que vous ne cessez de souligner, à savoir qu'accuser un quelconque des membres de la famille rend beaucoup plus difficile un rééquilibrage correct du système familial !

ROBIN. Donc, le mode de fonctionnement du système que nous appelons société a consisté à cet égard pour les hommes à maintenir les femmes en état d'infériorité, parce qu'ils ont été conditionnés pour le faire, et pour les femmes à maintenir les hommes en situation de supériorité parce qu'elles ont été conditionnées pour le faire. C'est circulaire, comme le problème de l'œuf et de la poule.

JOHN. Et cela explique votre remarque précédente sur la difficulté qu'ont la plupart des femmes à saquer les hommes lorsqu'on en vient

au cœur du problème. Et je suis content que vous souligniez le fait que c'est un système, parce que j'ai dû essuyer tout une série d'arguments féministes qui disaient à peu près :
— La femme : Toi créature mâle, tu as fait quelque chose qui ne me plaît pas.
— L'homme : Et toi, être femelle, tu as fait quelque chose qui ne me réjouit guère.
— La femme : Mais toi, créature mâle, tu es grand, fort et puissant, et donc ce que tu choisis de faire, tu le fais librement. Tandis que moi, être femelle, je suis faible, opprimée et courte sur pattes, donc je n'ai pas de libre arbitre. Ce que je fais, c'est ce que je dois faire, c'est ma réaction spontanée d'adaptation aux événements extérieurs. Pour cette raison je ne peux pas être tenue pour responsable.
— L'homme : Donc moi, je serais responsable de ce que je fais, mais toi tu ne le serais pas de ce que tu fais ?
— La femme : Pourquoi as-tu mis si longtemps à comprendre ça ?

ROBIN. Les hommes ne sont pas mieux. Pensez au mari-dont-la-femme-porte-la-culotte et qui met sans cesse son épouse en situation de lui chercher querelle pour ensuite donner à entendre que ce n'est pas sa faute s'il n'est pas à la hauteur et qu'elle devrait faire preuve d'indulgence à son égard.

JOHN. Accordé. Nous devons donc regarder la société comme un système et éviter de prendre parti dans la confrontation paranoïaque entre deux groupes qui utilisent concurremment les théories de la conspiration. Mais pour en revenir à l'idée de l'« urgence parentale », si l'on regarde les différences sexuelles comme nées de la nécessité d'élever les enfants, ça explique certainement pourquoi les bébés, garçons et filles, sont si semblables à l'origine, et pourquoi les deux sexes suivent ensuite des chemins séparés au fur et à mesure qu'ils avancent en âge.

ROBIN. Allant jusqu'à former des groupes distincts comme s'ils étaient dans des camps d'entraînement différents ! Et il est tout à fait vrai que c'est lorsqu'ils élèvent une jeune famille que les hommes et les femmes semblent être au point de différence maximal et ont souvent beaucoup de mal à communiquer. Même s'ils se sont sentis très proches — fût-ce pendant un temps très court — avant l'arrivée des enfants.

JOHN. Et que se passe-t-il lorsque les enfants grandissent et quittent la maison ? Si Guttman a raison, les différences entre les parents devraient s'atténuer.

ROBIN. C'est ce qui se passe. En effet, vers la fin de la cinquantaine, certains couples peuvent même changer de bord !

JOHN. Quoi ! ?

ROBIN. Vous n'avez pas remarqué ? A la cinquantaine et à la soixantaine, les femmes deviennent souvent plus actives, s'extériorisent plus, ont plus d'assurance et d'ambition que jamais ; tandis que les hommes ont tendance à devenir plus doux, plus décontractés, plus sensibles et émotifs, plus intéressés par la nature, le jardinage et les choses de cet ordre. Donc, dans un premier temps, les deux sexes tendent à se ressembler davantage, puis ils peuvent changer de bord. Si bien que les conflits précédents, dus à la différence de leurs rôles sexuels, sont en fait inversés. Il se peut que la femme se soit plainte toute sa vie que l'homme ne partage pas ses sentiments ni ses investissements affectifs et que, finalement, quand il le fait, elle ne le veuille plus : elle est trop occupée à se faire élire maire ou trop plongée dans ses cours à l'université du troisième âge. Et l'homme, qui avait l'habitude de critiquer son trop vif attachement au foyer, souhaite qu'elle reste avec lui à la maison.

JOHN. Il est curieux que, bien que cela ne m'ait pas échappé auparavant, ça n'ait jamais réellement pénétré ma prétendue conscience. Peut-être que je l'ai gommé, parce que ça ne collait pas avec mes idées reçues. L'idée de Guttman tient donc assez bien la route, non ?

ROBIN. Et elle devrait plaire au mouvement des femmes, parce qu'elle montre que les rôles sont extrêmement flexibles, même s'ils comportent un élément biologique inné important.

JOHN. Pour nous résumer, il n'existe donc pas encore de preuve avérée ou de définition de ce que c'est qu'être, psychologiquement parlant, une femme ou un homme.

ROBIN. Pas de manière absolue, non.

JOHN. Alors, puis-je vous poser une question ? Sur le sujet brûlant des rôles sexuels, quel conseil donneriez-vous aux gens qui vivent ensemble quant à la manière de se comporter l'un vis-à-vis de l'autre en attendant que vous, psychiatres, soyez en mesure de clarifier vos fichues idées ?

ROBIN. Je suis content que vous me posiez la question. Tout ce que l'on peut faire, c'est se fier à son intuition ; c'est aussi garder une certaine ouverture d'esprit ? Fort heureusement, ça semble être la formule idéale pour de bonnes relations de couple. De cette manière, on se voit vraiment l'un l'autre, ce qui nous donne la meilleure chance de nous comprendre, et de nous aider à grandir et à devenir des individus complets et intéressants plutôt que des stéréotypes.

Le complexe d'Œdipe

JOHN. Donc pour en revenir au petit enfant... Dès l'âge de trois ans, si tout va bien, le garçon aura traversé le pont et se trouvera aux côtés du père tandis que la fille sera restée en arrière sur la rive maternelle. Mais, s'ils sont d'un côté ou de l'autre, c'est, dites-vous, qu'ils auront accepté leur identité sexuelle, masculine ou féminine, quand bien même personne n'arrive tout à fait à la définir.

ROBIN. Ils auront au moins intégré les indications de leurs parents sur le comportement que les garçons et les filles sont supposés avoir. Et ce guidage bien sûr, se fait automatiquement, sans que quiconque en

soit très conscient, simplement par la manière dont on prend l'enfant, on l'habille, on le transporte, on lui parle, on joue avec lui, par les jouets qu'on lui donne, etc. Sans compter les quelques différences biologiques qu'il peut y avoir !

JOHN. L'enfant acquiert le sentiment profond d'appartenir à l'une ou l'autre équipe…

ROBIN. Et ce sentiment d'appartenance est renforcé non seulement par sa propre équipe qui attend de lui qu'il soit conforme, mais aussi par l'équipe opposée qui souligne sa différence.

JOHN. Donc maintenant qu'ils sont sur des rives opposées, ils peuvent se retourner et faire face de l'autre côté de la rivière au parent de l'autre sexe.

ROBIN. C'est ça. Disons qu'ils entrent à présent dans la phase de l'Œdipe, qui dure de trois ans environ jusqu'à six ans.

JOHN. Dans le mythe, Œdipe tue son père et épouse sa mère sans réaliser qui ils sont.

ROBIN. Et ensuite, cette découverte lui cause tant d'horreur et de culpabilité qu'il se crève les yeux.

JOHN. Mais l'intérêt de ce comique de situation antique, c'est qu'Œdipe était entiché de sa mère ?

ROBIN. Oui. En effet, le petit garçon traverse alors une phase très romantique avec sa mère. Et il n'est pas seulement affectueux mais aussi très possessif, et il est fréquemment jaloux de son père.

JOHN. Il aimerait bien s'en débarrasser, comme Œdipe. Est-ce la même chose qui se produit entre la petite fille et son père ?

ROBIN. Oui.

JOHN. Et c'est bien Freud qui, le premier, a mis en évidence ce qui se passait ?

ROBIN. Eh bien oui. Il fut frappé par l'importance que ce petit drame semblait prendre dans l'histoire de tous les patients qui venaient le voir, et aussi d'ailleurs par le fait qu'il semblait y avoir une tendance universelle à oublier ces événements, voire même à nier que quoi que ce soit de cet ordre ait jamais pu arriver.

JOHN. Je présume que les gens pourraient être gênés par les implications incestueuses de leurs sentiments infantiles. Si bien que s'ils ne nient pas ce qui s'est passé à ce stade, ils essaient du moins d'en diminuer l'importance.

ROBIN. Oui, mais on ne doit pas sous-estimer l'importance de cette phase pour l'enfant. Les sentiments sont très puissants, et l'enfant non seulement devient possessif et jaloux, mais par moments peut se sentir submergé par la force de ses émotions. Les enfants sentent bien qu'ils essayent de soustraire le parent de sexe opposé à son conjoint. Et, c'est à prévoir, ils ont aussi une peur irrépressible que le parent du même sexe ne soit jaloux à son tour.

JOHN. Le « complexe de castration », c'est la peur qu'a l'enfant que le parent du même sexe le punisse de lui voler l'autre parent ? Une punition adaptée au crime...

ROBIN. Freud et ses disciples en ont beaucoup parlé, et c'est certainement une expression importante de la crainte de la jalousie et des représailles que pourrait exercer le parent lésé. Mais c'est en réalité une des expressions de la crainte plus générale de perdre l'amour et le soutien du parent du même sexe ; ce qui serait bien sûr un tourment dévastateur pour un enfant de cet âge.

JOHN. L'enfant est donc dans une position très difficile et plutôt inquiétante, n'est-ce pas ? Il essaye de dérober un parent tout en ayant peur de la vengeance de l'autre. Qu'est-ce qu'il lui faut pour résoudre ce dilemme ?

ROBIN. C'est heureusement assez simple. Il suffit que ses parents s'entendent bien, qu'ils privilégient leur propre relation et que, par-dessus tout, ils aient une bonne relation sexuelle. Si c'est le cas, ils résisteront gentiment mais fermement aux tentatives de l'enfant d'interférer dans cette relation. Ils fermeront la porte de la chambre à coucher. Et cela rassurera énormément l'enfant, car il réalisera alors qu'il lui sera impossible de voler le parent de sexe opposé. Il sent que ça ruinerait la relation conjugale dont dépend totalement sa sécurité émotionnelle.

JOHN. L'enfant sera donc renvoyé à sa jalousie et à ses sentiments d'exclusion.

ROBIN. Et c'est pour lui une frustration douloureuse, évidemment bien que nécessaire. Mais ces sentiments s'apaiseront si l'enfant se sent aimé et chéri dans d'autres occasions. En résumé, il faut que l'enfant, connaisse une défaite dans ses espoirs de conquête, mais une défaite amicale et affectueuse, au cours de laquelle le parent du même sexe ne réagira pas avec autant de jalousie que ne le craint l'enfant, mais où, au contraire, il continuera à offrir amour et soutien.

JOHN. Ce que l'enfant a besoin de savoir par-dessus tout, c'est que le mariage de ses parents est « solide », et que celui qu'ils aiment en premier, c'est leur partenaire.

ROBIN. Exactement. Et le meilleur moyen pour les parents de transmettre le message à l'enfant c'est de se comporter naturellement, sans cacher leur attachement réciproque. Ce faisant, plus ils prendront plaisir à répondre aux sentiments romantiques de l'enfant, plus ils l'aideront à accepter avec confiance sa sexualité, laquelle pourra s'épanouir à un stade ultérieur.

JOHN. Ainsi donc, vers l'âge de six ans, l'enfant aura appris à son grand soulagement que ses tentatives pour s'immiscer dans le couple formé par ses parents ont échoué !

ROBIN. Et il aura alors décidé que « si vous ne pouvez pas les battre, vous feriez aussi bien de vous joindre à eux » et que la meilleure alternative pour un garçon qui ne peut pas épouser sa mère, c'est d'être comme son père, et de partager au moins un peu de son admiration en s'identifiant à lui et en devenant comme lui ; et pour une fille, c'est d'imiter sa mère parce que c'est de toute évidence le moyen de s'attacher un homme beau et séduisant comme son père. De cette manière, on oriente l'enfant vers une vie adulte et on lui offre un stimulus puissant pour étudier de son mieux et réussir auprès des autres sur l'aire de jeu, sur le terrain de sport et partout ailleurs. En d'autres termes, il peut passer au stade suivant.

JOHN. Mais si l'enfant ne reçoit pas le message sécurisant qui lui dit que le couple formé par ses parents est solide, ce pourrait être pour deux raisons : soit effectivement, il ne l'est pas ; soit il l'est, mais les parents ne le montrent pas clairement.

ROBIN. Oui, il est important de mentionner cette deuxième possibilité, parce qu'elle explique que ce soient les parents très permissifs et très indulgents, ceux qui craignent que l'enfant ne se sente exclu ou qui ont peur d'exprimer fût-ce le plus léger sentiment de jalousie à son égard, dont les enfants connaissent des peurs vraiment intenses à ce stade.

JOHN. Qui se manifestent comment ?

ROBIN. Elles sont en général bien cachées à tout le monde, mais elles s'expriment symboliquement dans les jeux de l'enfant et souvent sous la forme de phobies ou de cauchemars qui sont l'expression, sous une forme déguisée, de ce conflit entre l'amour et la jalousie.

JOHN. Donc, si les parents ont peur d'exclure l'enfant, l'enfant aura une peur irraisonnée de briser ce foyer heureux.

ROBIN. Et ça peut aussi se produire si les parents ont l'impression qu'ils ne peuvent pas fermer la porte de leur chambre à coucher ; en d'autres termes, ils cachent si bien à l'enfant le lien sexuel qui les unit que, bien que le mariage soit solide, l'enfant s'imagine que ce n'est pas le cas et se figure, oh horreur ! qu'il a gagné.

JOHN. Je vois. Maintenant, en supposant que le mariage se porte mal… ?

ROBIN. Il y a alors le risque qu'ils se disputent l'affection de l'enfant.

JOHN. En réagissant trop chaleureusement à sa phase romantique ?

ROBIN. Oui, et ça mettra l'enfant en situation d'anxiété maximale, parce qu'il pourra croire qu'il est en train de briser le mariage. Il s'imaginera qu'il a gagné, alors que les problèmes conjugaux n'ont en réalité rien à voir avec lui.

JOHN. Que se passe-t-il donc chez un enfant qui connaît l'angoisse d'arracher un parent à son conjoint ?

ROBIN. La perspective de briser le mariage de ses parents est si effrayante pour l'enfant qu'il va avoir peur de sa sexualité naissante, qui semble être responsable de tous ces problèmes. Il peut donc être amené à couper le branchement entre ses désirs sexuels et son cerveau, ce qui le conduira à l'impuissance et à la frigidité à l'âge adulte.

JOHN. Vous voulez dire l'impuissance au sens propre ou au sens figuré ?

ROBIN. Les deux. Et au sens métaphorique ou psychologique du terme, impuissance signifie : peur envahissante de la réussite en général.

JOHN. Pas seulement de la réussite sexuelle ?

ROBIN. Non, d'absolument tout ce que la personne considère comme une réussite, ou même de tout ce qui, aux yeux des autres, pourrait être considéré comme une réussite.

JOHN. Alors parce qu'elle a réussi à contrecarrer le couple formé par ses parents, elle craint que toute forme de réussite ait aussi des conséquences désastreuses ?

ROBIN. Oui, c'est ça. Dans un sens, comme les parents n'ont pas exclu les enfants avec suffisamment de fermeté, ces derniers restent bloqués à ce stade de l'Œdipe ; ce qui veut dire aussi qu'ils peuvent répéter le même schéma sexuel à l'infini.

JOHN. Le schéma qui consiste à entrer en compétition avec quelqu'un du même sexe pour la possession de quelqu'un du sexe opposé ?

ROBIN. Et l'on découvre ainsi des hommes qui ne sont attirés que par des femmes mariées, mais qui ne peuvent poursuivre le relation si elle menace de devenir plus qu'une aventure.

JOHN. Ils ont besoin du mari pour les préserver d'une relation pleine et entière ?

ROBIN. Exactement. Comme les femmes qui se commettent de façon répétée avec des hommes mariés ont besoin des épouses. De cette manière, elles se préservent d'une relation réelle et complète qu'elles ne sont pas du tout prêtes à affronter. Parce qu'étant enfants, elles n'ont jamais pu franchir ce stade pour la raison que leurs parents les ont laissées s'immiscer dans leur couple.

JOHN. Ou le leur ont laissé croire.

ROBIN. C'est ça. Et donc, même si la relation entre les parents était plutôt bonne on pourra retrouver ce type de problème, en moins grave, si les parents cachent aux enfants leur lien sexuel, comme nous venons de le dire, ou simplement s'ils sont gênés et timides à l'égard du sexe en général. D'une manière ou d'une autre, les enfants auront l'impression qu'on les laisse intervenir dans le couple, et ils peuvent eux aussi se bloquer sur le même problème.

JOHN. Au mieux, les enfants auront le sentiment que le sexe, « ce n'est pas vraiment bien ».

ROBIN. Oui. Une des choses que l'enfant doit apprendre à ce stade c'est à goûter les sentiments romantiques à coloration sexuelle qu'il éprouve. Il a besoin de les vivre en toute quiétude, et de savoir qu'il ne va pas mettre en péril le mariage de ses parents. Mais si les parents se montrent très gênés par ce comportement, ça peut obliger l'enfant à se couper de ses émotions sexuelles. Et ainsi, à l'âge adulte, il lui sera peut-être difficile de les retrouver s'il tombe amoureux. En trouvant sa petite fille attirante lorsqu'elle flirte avec lui, tout en restant dans des limites convenables, le père l'aide à prendre confiance en elle sur le plan sexuel ; et c'est exactement la même chose qui se passe entre la mère et ses fils.

JOHN. Ce « flirt » est sain, parce qu'il est clair que la véritable activité sexuelle a lieu derrière la porte de la chambre à coucher. Mais qu'est-ce que les enfants devraient savoir de ce qui se passe derrière cette porte ?

ROBIN. Le détail de ce que font les parents n'est pas l'affaire de l'enfant. Mais, il est bon qu'ils sachent que les parents font l'amour, qu'ils aiment ça, et que ça les rend heureux.

JOHN. Et cela envoie à l'enfant deux messages distincts. Le premier, c'est que le sexe c'est bon. Le deuxième, c'est que, de ce côté-là, il n'y a rien à attendre de papa et maman.

ROBIN. Et ça, ça veut dire que le sexe fonctionne un peu comme la carotte pour l'âne, et que les émotions qu'il éprouve encouragent l'enfant à grandir et à se trouver un partenaire avec lequel il pourra, en fin de compte, avoir lui aussi du plaisir.

JOHN. La pruderie supprime donc complètement la carotte, si bien que l'âne n'a alors plus aucune raison d'avancer...

ROBIN. De même que l'inceste, qu'il soit physique, ou qu'il s'agisse — ce qui est mille fois plus fréquent — d'une situation où l'un des parents offre à un enfant une relation émotionnelle plus intime que celle qu'il vit avec son partenaire..., l'inceste donc, permet à l'âne de manger la carotte. Encore une fois, l'incitation à progresser, à grandir, est réduite.

JOHN. Donc pruderie et inceste, empêchent tous deux l'enfant de grandir. C'est peut-être parce que les parents non plus n'ont pas vraiment envie de grandir. Ils veulent que tous restent toujours ensemble.

ROBIN. Oui. Je pense que c'est exactement de ça qu'il s'agit dans l'inceste. Et, là encore, nous ne parlons pas uniquement de l'inceste physique. Nous parlons de cette situation où les parents n'ont pas une bonne relation sexuelle, ne sont pas pleinement satisfaits l'un par l'autre, et permettent à leurs sentiments sexuels de se déplacer sur les enfants, bien que ce soit d'une manière très inconsciente et déguisée.

JOHN. O.K. Donc si les parents résistent, avec amour mais fermement, aux tentatives du petit enfant pour briser leur relation, et s'ils lui montrent aussi qu'ils ont du plaisir ensemble, l'enfant vers l'âge de six ans environ, aura surmonté cette phase de l'Œdipe. Ce qui l'amènera donc au troisième des quatre stades du développement sexuel, la période de latence.

La période de latence... un interlude

ROBIN. Freud a appelé ce stade la période de latence pour indiquer que les sentiments amoureux et l'intérêt sexuel étaient enfouis pour un temps. Mais des études plus attentives relatives au comportement et aux discussions des enfants pendant tout ce temps ont montré que l'intérêt, en fait, reste très intense.

JOHN. Je pensais que vous aviez dit que le sexe cessait d'être un problème central et devenait simplement un sujet parmi d'autres.

ROBIN. Ce qui disparaît à ce stade, c'est l'attachement romantique au parent du sexe opposé, de sorte que les émotions qui y sont liées ne prédominent pas de la même manière. Et puis, les enfants ont appris les règles du jeu et gardent pour eux leur intérêt pour le sexe, afin de se conformer avec la croyance des adultes qui veut qu'ils n'en éprouvent pas. Mais leur curiosité est toujours en éveil et ils font entre eux des expériences inoffensives et très probablement fort utiles.

JOHN. Quel genre d'expériences ? Est-ce très répandu ?

ROBIN. Ça varie beaucoup, selon la classe sociale, le lieu d'habitation urbain ou rural, etc. Mais une étude effectuée dans la banlieue d'une ville relativement conservatrice du Middle West américain a montré par exemple que plus de la moitié des garçons de onze ans s'étaient masturbés, et qu'ils étaient tout aussi nombreux à des jeux sexuels avec des filles. Plus du quart d'entre eux s'étaient livrés à des jeux homosexuels et un nombre équivalent avait tenté l'accouplement.

JOHN. A cet âge, les jeux homosexuels sont tout à fait normaux ?

ROBIN. Oui, les jeux érotiques entre les enfants de même sexe sont très fréquents vers douze ans. En fait, je n'aime pas vraiment utiliser le mot homosexuel ici, parce que ça ne signifie pas qu'ils deviendront gays plus tard, ils s'entraînent tout simplement sur quelqu'un qui est comme eux, et c'est un premier pas vers l'approche ultérieure du sexe opposé.

JOHN. C'est juste un peu de recherche sur le terrain pour donner corps à la théorie.

ROBIN. Mais bien sûr, nombre de leurs théories sont fausses, et spécialement celles qui concernent le coït, c'est pourquoi une information précise émanant du père ou de la mère peut soulager d'une bonne dose d'angoisse.

JOHN. Je suppose qu'en parlant à leurs enfants, les parents indiquent clairement par là qu'ils considèrent le sexe comme quelque chose de bon, quelque chose qu'ils savent apprécier, en temps et en lieu.

ROBIN. Exactement. C'est un message que les enfants ne reçoivent pas si les parents s'en remettent à l'école pour faire ce travail. De toute façon, les enfants trouveront tôt ou tard ; mais si les parents ne jouent pas leur rôle, ils ne leur auront pas donné leur bénédiction ; et le sexe peut alors devenir surtout une affaire de cachotterie, même si les faits sont correctement présentés par les autres.

JOHN. Et combien de temps dure cette période de latence ?

ROBIN. Jusque vers l'âge de douze ans.

JOHN. Ensuite... c'est l'adolescence.

La crise d'adolescence

JOHN. Maintenant, nous passons au quatrième stade, celui de l'adolescence, que vous avez décrit comme une sorte de répétition de beaucoup de choses arrivées entre trois ans et six ans, au cours de la phase de l'Œdipe.

ROBIN. Pour les parents, toutes ces préoccupations auront été comme enterrées pendant six ans. Et même si l'enfant est resté très intéressé par le sexe, il leur aura dissimulé ses sentiments. Mais dès la puberté, le début de l'adolescence, tout se passe comme si l'enfant ne pouvait plus maintenir ses émotions sous le boisseau parce qu'elles se démultiplient et qu'elles sont devenues bien plus intenses sous l'effet des modifications chimiques en cours. Alors ça explose.

JOHN. Et donc, pour la première fois, l'enfant fait l'expérience réelle de la sexualité.

ROBIN. Oui, et ce sont des sentiments très nouveaux et puissants, parfois même inquiétants, qui vont intimider et embarrasser l'adolescent. C'est pourquoi c'est sur le parent du sexe opposé qu'ils testeront tout d'abord leur besoin spontané de flirter et leur charme croissant car c'est là que ça paraît le plus sûr, à condition que la relation soit suffisamment bonne.

JOHN. C'est finalement comme cette histoire d'Œdipe, on flirte avec le parent du sexe opposé et on est jaloux de l'autre ?

ROBIN. Oui, la grande différence c'est que, cette fois, c'est beaucoup plus délicat et malaisé pour les parents. Les enfants ne sont plus des mômes qui jouent les chevaliers servants, sanglés dans une armure éclatante pour maman, et les Marilyn Monroe pour papa. Cette fois, il s'agit d'individus presque adultes et qui envoient des ondes sexuelles nouvelles et puissantes dont les parents peuvent s'être déshabitués.

JOHN. L'enfant s'éveille véritablement sur le plan sexuel et devient physiquement attirant.

ROBIN. Les parents sont donc en terrain miné !

JOHN. Mais ils doivent répondre comme avant, c'est-à-dire avec plaisir et naturel, tout en traçant des lignes claires pour que ce comportement ne devienne jamais réellement sexuel ?

ROBIN. C'est cela. Mais il n'est pas si facile de trouver tout le temps le bon équilibre. Et le problème, c'est que tout cela inquiète les adolescents et qu'ils ont tendance à souffler le chaud et le froid ; ils font des invites, et puis se rétractent brutalement comme s'ils étaient menacés par un satyre exhibitionniste.

JOHN. Je comprends que ça puisse être très délicat. Ce que je veux dire c'est que si les parents ne répondent pas du tout, ou qu'ils sont seulement très embarrassés, et très maladroits, les enfants peuvent le prendre comme un rejet, si bien qu'ils seront intimidés et arrêteront de flirter pour éviter d'être à nouveau repoussés. Et cela signifie qu'ils n'auront pas confiance en eux sur le plan sexuel. En revanche, si les parents répondent un peu trop, l'adolescent peut faire marche arrière parce qu'il va avoir soudain un peu peur de ce qui se passe, et des conséquences possibles de sa sexualité.

ROBIN. Et si les adolescents coupent le contact et manifestent de la gêne, si le sujet devient épineux, ils peuvent en rester là, avec des parents qui se demanderont s'ils ont fait quelque chose de mal, et qui seront à leur tour gênés et inhibés. Bien sûr, les adolescents ne sont pas réellement conscients de ce qui se passe ou des signaux qu'ils envoient.

JOHN. Cela doit être très difficile pour les parents, leurs enfants se montrant très amicaux à un moment donné, puis froids et distants l'instant suivant.

ROBIN. Ça l'est ! Ils finissent par avoir l'impression que, quoi qu'ils fassent, c'est mal. Bien sûr, une partie du temps, ils font ce qu'il faut et savent s'arranger pour trouver le juste équilibre. Ils s'amusent à taquiner, flirter, câliner tout en s'assurant que ça ne va pas trop loin. Mais ce qu'il leur faut accepter, c'est que, à un moment ou à un autre, ils soient mis en tort... Et pour le bien des enfants, il faut qu'ils l'acceptent, restent naturels, sans s'inquiéter.

JOHN. Il ne faut pas qu'ils occultent leurs émotions pour la simple raison que l'adolescent l'a fait, lui.

ROBIN. Oui, ça c'est vital. Il est très important pour les adolescents de tester leur comportement sexuel, mais c'est très ennuyeux pour eux s'ils ont l'impression d'avoir un peu trop barre sur la sexualité de leurs parents, dans un sens ou dans l'autre.

JOHN. De pouvoir les exciter trop facilement, ou de trop facilement les refroidir ?

ROBIN. Oui, c'est ça. C'est une responsabilité trop lourde pour les adolescents. Lorsqu'ils sentent qu'ils ont réellement ce pouvoir de contrôle sur la réponse de leurs parents, ils peuvent prendre peur et se couper complètement de leur sexualité, pour rendre les choses plus sécurisantes ; et prendre alors l'habitude de le faire automatiquement.

JOHN. Cela éveille en moi des résonnances profondes. Il y a quelques années, j'avais une relation avec une fille merveilleuse, mais nous avions toujours des difficultés d'ordre sexuel. Le début était parfait, puis elle changeait brutalement d'attitude et j'étais toujours accusé d'avoir fait ou de ne pas avoir fait quelque chose, alors que je ne voyais vraiment pas ce que j'avais pu faire de mal. Malheureusement, nous n'avons jamais pu résoudre ce problème et nous nous sommes séparés. Mais, lorsque je la revis quelque temps plus tard, elle m'a dit qu'elle avait fait une thérapie pendant un certain temps, et qu'elle avait fait le lien entre son comportement et la relation qu'elle avait eue avec son père à l'adolescence. Son père était quelqu'un de très raide, très guindé, très professionnel : il commençait à s'amuser un peu avec sa fille quand, tout à coup... il réalisait qu'il était sexuellement ému par elle... et ça pour lui, c'était l'inceste ! Quel choc ! Quelle horreur ! Et donc coupait court au moment où elle commençait à trouver ça bien. Cela la mettait terriblement mal à l'aise, lui donnait l'impression d'avoir fait quelque chose de très mal. Alors, pour se protéger, elle avait dû apprendre à couper le contact avant lui. Ce qui se passait dans nos relations était une sorte de répétition de tout cela, et elle coupait court chaque fois qu'elle arrivait à un point donné, parce qu'inconsciemment elle avait peur que je me conduise comme son père.

ROBIN. Voilà un excellent exemple des répercussions que ça peut avoir dans la vie. Comment va-t-elle maintenant, avez-vous des nouvelles ?

JOHN. Elle m'a dit il n'y a pas très longtemps que, dès qu'elle avait pris conscience de ce qui se passait, elle avait peu à peu réussi à ne plus couper le contact comme avant. Mais il lui avait fallu beaucoup de temps pour contrôler l'intégralité du processus, parce qu'elle avait été fortement conditionnée. Je suis un peu gêné d'en parler, parce que je réalise combien est étroit le chemin que doivent suivre les parents. Ma fille a presque douze ans, et elle est particulièrement jolie. Au secours ?

ROBIN. Ne vous en faites pas. Elle vous mettra sur la voie. Je veux dire qu'elle vous fera savoir ce dont elle a besoin. Elle va exercer ses charmes sur vous quand et comme elle en aura besoin, et quand elle en aura assez, ou bien quand, par votre réponse, vous outrepasserez ses limites, elle se mettra en retrait pour un moment jusqu'à ce qu'elle soit prête à vous réutiliser pour se faire la main. Tout ce que vous devez faire, c'est garder votre calme et savourer la situation, et ne pas être gêné lorsqu'elle jette un regard sur vous ni être bouleversé si elle coupe le contact quand elle en a marre. On retrouve l'idée du point de repère : ne modifiez pas votre réponse naturelle pour vous protéger, restez donc tranquille, ou, plutôt, maintenez votre cap. Elle pourra alors se servir de vous comme cible d'exercice. Dans tous les cas, ces difficultés pour les parents seront bien aplanies si leur couple leur offre une relation sexuelle satisfaisante et s'ils font en sorte que les adolescents le sachent. Ils n'auront pas alors à s'inquiéter de trouver que leurs rejetons deviennent bien attirants ; en fait, ce genre d'atmosphère peut rassurer tout le monde sur le déroulement normal des choses.

JOHN. Parce que tout le monde sait que les rapports sexuels proprement dits ont lieu derrière la porte fermée de la chambre à coucher des parents.

ROBIN. C'est cela. Souvenez-vous que l'angoisse que fait naître chez les adolescents la capacité de susciter ou de stopper trop facilement les émotions sexuelles des parents est aussi due au désir de ne pas bouleverser le couple formé par les parents. Plus le couple apparaît sain, solide et épanoui sexuellement, plus les adolescents seront à l'aise et prendront plaisir à flirter un peu.

JOHN. Oui, mais n'y a-t-il pas quelque chose d'autre, là, qui rend la vie plus difficile à tout le monde ? C'est une période où les parents

entrent dans l'âge mûr, commencent à ressentir le déclin de leurs propres pulsions sexuelles et de leur séduction. Plusieurs femmes m'ont dit qu'elles avaient l'impression que leur sexualité n'avait pas trouvé un terrain favorable pour éclore lorsqu'elles étaient jeunes parce que leur mère avait été jalouse d'elles et les avait découragées, voire agressées quand elles s'étaient mises à être séduisantes ou à se comporter de façon trop sexy.

ROBIN. Encore une fois, si leur propre relation sexuelle est réellement satisfaisante, il est peu probable que les parents ressentent plus qu'une discrète jalousie passagère. Et ils seront probablement moins jaloux s'ils ont eu eux-mêmes de nombreuses expériences avec le sexe opposé au cours de leur adolescence, avant le mariage. Et, bien sûr, le changement qui s'est opéré, de la génération précédente au climat actuel de liberté sexuelle, signifie que pour les jeunes c'est à cet égard plus facile, plus agréable et naturel que pour leurs parents au même âge. Ces derniers auront alors beaucoup plus de mal à supporter la jalousie que les aventures des adolescents leur inspirent. Bien sûr, si les choses ne vont pas bien dans leur couple, de voir que leurs enfants passent leur temps au téléphone avec leurs petits copains ou copines, rentrent à la maison au petit jour ou mettent trois heures à se dire bonsoir sur le pas de la porte ne sera pas fait pour les arranger les choses.

JOHN. Et si les parents sont très jaloux, ça peut obliger les adolescents à couper court à toute expression de leur sexualité, pour éviter les sentiments désagréables qu'elle éveille chez les parents.

ROBIN. Oui. Il est donc très important que les parents prennent conscience de leur propre jalousie et en tiennent compte lorsqu'ils décident de la sévérité de la loi qu'ils imposent, de l'heure à laquelle le jeune doit être rentré, et des règles domestiques concernant les petits amis.

JOHN. Bien sûr, ces règles domestiques n'auront pas trait qu'au sexe. Les parents auront à édicter d'autres règles. Dans quels domaines ?

Règles à l'usage des adolescents

JOHN. Vous décrivez la phase de l'adolescence comme étant une répétition sur beaucoup de points de la phase de cette petite enfance au cours de laquelle il est vital que les parents fixent des limites claires et fermes aux enfants. Dans quelle mesure cela s'applique-t-il aux adolescents ?

ROBIN. Il est extrêmement important pour les adolescents de sentir une constante dans le comportement de leurs parents. Ils se préparent à une indépendance encore plus grande : l'indépendance vis-à-vis de leur famille. Le problème n'est plus pour eux d'obtenir le soutien du père pour relâcher l'attachement à la mère. Ce dont ils ont besoin, à présent, c'est de soutien extérieur à la famille, provenant notamment de leurs amis, pour relâcher l'attachement aux parents. Ils essaient d'affermir leur identité nouvelle, leur identité propre et d'y trouver une certaine assurance. Et pour ce faire, l'attitude la plus saine, c'est de se rebeller un tant soit peu.

JOHN. Ils ont donc besoin de quelque chose contre quoi se rebeller ? Des limites fermes sur lesquelles ils peuvent tester leur force ?

ROBIN. Exactement comme les petits enfants et pour des raisons semblables.

JOHN. Leurs parents leur procurent donc une forme de sécurité en fixant des règles ?

ROBIN. Absolument. Il ne faut pas oublier combien les adolescents peuvent être changeants et incertains. Un instant, ils sont pleins de confiance en eux, réclament liberté et indépendance et s'irritent de toute forme de contrainte parentale et la minute suivante, ils s'effondrent, dévorés d'incertitude, sans plus aucune initiative, quémandent réconfort et soutien. En ce sens, ce sont des grandes personnes à un moment donné et des enfants au moment suivant. C'est une période de grande instabilité, et c'est la raison pour laquelle ils ont besoin de lignes de conduite fermes et stables.

JOHN. Les parents pourraient avoir un sentiment de déjà-vécu ?

ROBIN. Si c'est le cas, ils auront de la chance ! Car si, au stade de la petite enfance, ils n'ont pas tracé de lignes suffisamment claires, ça sera beaucoup plus difficile maintenant que les enfants sont grands et forts. Mais il faudra que ce soit fait, même si la vie devient un enfer pendant un certain temps !

JOHN. Donc, en plus d'édicter des règles fermes à la maison, que peuvent faire les parents pour favoriser l'indépendance des enfants ?

ROBIN. Encourager leurs activités et leurs intérêts hors de la maison.

Et à la maison, leur laisser des territoires où ils peuvent exercer leur liberté sans contrainte indue, par exemple dans leur chambre. Chaque adolescent fait plus ou moins une déclaration unilatérale d'indépendance en faisant de sa chambre, sans méprise possible, une zone différente du reste de la maison. C'est bien ainsi. Mais pour ce qui concerne les parties communes de la maison, qu'ils doivent partager avec le reste de la famille, il est important que les parents mettent l'accent sur la nécessité d'un comportement social raisonnablement prévenant : laisser la salle de bains propre pour les autres, aider par exemple aux tâches ménagères.

JOHN. Je me souviens que vous avez dit une fois : « Jamais les Enfers ne connurent furie comparable à une adolescente qui n'est pas obligée d'aider à faire la vaisselle. »

ROBIN. « ... par son père ». Vous avez oublié cette partie-là. A un certain stade, en thérapie, c'est le père passif, celui qui veut seulement sa tranquillité, qui reçoit les torrents de mépris et de reproches virulents dont l'abreuvent ses filles adolescentes. « Et qui plus est », lui crient-elles en arrivant au bout du réquisitoire, délit capital, « tu ne nous fais même pas faire la vaisselle ! »

JOHN. Les adolescents, en fait, veulent donc des règles à la maison. Ça leur donne au moins quelque chose dont ils peuvent se plaindre.

ROBIN. Et contre quoi lutter, même au besoin, modérément. Voyez, à ce stade, la personnalité de l'adolescent n'est pas forcément très bien définie, et il leur est donc difficile de vivre vraiment leur indépendance d'une manière positive. Elles doivent dans une certaine mesure apprendre à se connaître elles-mêmes par des voies foncièrement négatives. Du moins au départ.

JOHN. Les adolescents feront donc l'apprentissage de l'indépendance plus en ne faisant pas ce que les parents veulent ou en faisant ce que les parents ne veulent pas, qu'en faisant ce qu'ils veulent, eux.

ROBIN. Du moins au départ. Parce qu'ils ne sont pas toujours tout à fait clairs sur ce qu'ils veulent et sur ce qu'ils sont. Ils n'ont pas encore une conscience très nette de leur identité. Et on ne se muscle pas en se reposant ou en choisissant de faire le gros dos, non ? On se heurte à des résistances — on soulève des poids lourds, on essaie de renverser les obstacles. Il en va de même avec la volonté, la force de caractère et l'assurance.

JOHN. Ils ont donc besoin, pour affirmer leur indépendance, d'avoir quelque chose à attaquer. Ça doit être la raison pour laquelle tous ces adolescents révolutionnaires insistent sur « l'importance du combat ». Ça les aide à grandir.

ROBIN. Gros vilains ! Si donc les parents sont capables d'accepter l'idée que la lutte est nécessaire et qu'elle aide les enfants, ils restent alors fermes sur les principes et leur fournissent matière à rébellion. Bien sûr, il faut qu'ils adaptent les règles de temps à autre, parce que, au fur et à mesure que les gosses grandissent et qu'ils deviennent plus indépendants, il est bon qu'il leur soit donné plus d'espace. Mais il est important que les parents ne se perdent pas trop dans les détails de la lutte, croyant que les conflits doivent immédiatement trouver une solution, ni ne s'angoissent trop à l'idée qu'ils ont fait quelque chose de travers, tentant désespérément de rattrapper le coup. S'ils adaptent leurs exigences aux demandes des jeunes, pour leur plaire ou pour les rendre heureux, non seulement ils finiront par se sentir encore moins à la hauteur et encore plus dans l'erreur, mais ils leur fourniront en fait la mauvaise réponse. Ce que l'adolescent cherche, c'est quelque chose contre quoi lutter. Si les parents passent leur temps à céder, l'adolescent devra s'embarquer dans une quête désespérée du comportement susceptible de provoquer une réaction, et il y aura escalade dans le conflit jusqu'à ce que les parents se montrent vraiment résolus, ou jusqu'à ce que les enfants mettent le feu à la maison.

JOHN. C'est passionnant de réaliser qu'il faut prendre ses distances et essayer de comprendre la signification du comportement, plutôt que d'entrer dans le détail à chaque désaccord. Quelles sont les règles de la maison sur « l'habillement » ?

ROBIN. Certains parents décideront d'accorder plus de liberté dans ce domaine que dans d'autres. Mais il serait extrêmement nocif pour les adolescents que les parents n'édictent aucune règle ou, qu'à l'inverse, ils demandent aux enfants de s'habiller exactement comme eux. Ça aussi c'est amusant, parce que, juste avant l'adolescence, les enfants sont facilement gênés lors des remises de prix à l'école, ou autres manifestations publiques, si leurs parents ne sont pas habillés de la manière la plus sobre et la plus conformiste. Ça me rappelle ma fille me rembarrant parce que je portais une cravate à trois raies au lieu de deux. Mais dès qu'ils atteignent l'adolescence, les gosses adorent mettre les adultes mal à l'aise en s'habillant de manière aussi barbare que possible.

JOHN. Donc, pour aider les adolescents, les parents doivent tenir bon.

ROBIN. Oui. Il doit y avoir des points de repère à l'aide desquels les enfants pourront se définir et prendre leur juste mesure, choisissant ce qu'ils aiment et rejetant ce qu'ils n'aiment pas. Et, bien sûr, la première chose que l'on demande à un point de repère, c'est de savoir où il se trouve.

JOHN. Les parents devraient donc donner clairement leur point de vue et ne devraient pas s'en faire si les enfants n'abondent pas dans leur sens ; et, en fait, ils devront accepter la plupart du temps, qu'ils les prennent foncièrement pour des tyrans ou des fascistes lunatiques.

ROBIN. Exactement. Si les parents sont capables d'accepter ce rôle tout en continuant à vivre leur vie, ils n'auront probablement pas de « problèmes d'adolescence ». Des études conduites auprès de familles moyennes ont montré qu'environ 85 % des adolescents aiment leurs parents, les respectent et s'entendent bien avec eux. Leur comportement exploratoire actif ne pose pas de problème aux parents.

JOHN. Dans ce cas, n'avez-vous pas un peu trop mis l'accent sur toutes ces histoires du « lutte » ?

ROBIN. Je pense que ça peut rassurer les parents de savoir qu'un certain niveau de conflit est tout à fait normal, parce que ça arrive toujours un peu par surprise. La plupart des gens auront parfois des doutes, se demanderont s'ils ont raison de rester fermes. Même les parents qui ont subi l'influence des idées actuelles sur la permissivité, pourront se convaincre qu'il est bon d'être fermes s'ils réalisent qu'il doit absolument y avoir conflit.

JOHN. Vous avez avancé un certain nombre de raisons contre la permissivité au sens général du terme, c'est-à-dire celle des parents qui ne fournissent pas à leurs enfants des règles claires et précises... Mais dans le domaine sexuel, vous n'êtes pas contre, non ?

ROBIN. Que voulez-vous dire ?

Fantasmes

JOHN. J'ai l'impression que vous pensez que c'est une bonne idée que les jeunes aient des tas de partenaires différents, parce que ça leur permet de faire un grand nombre d'expériences, à la fois sur le plan émotionnel, et, s'ils le désirent, sexuel.

ROBIN. Oui, c'est vrai, à condition que ça n'aille pas à l'encontre de leurs convictions religieuses ou du code moral qu'ils ont l'intention d'adopter.

JOHN. En quoi est-ce bénéfique, à votre avis ?

ROBIN. Ça leur donne des bases plus solides pour se marier plus tard.

JOHN. Cela fait partie de votre expérience professionnelle ?

ROBIN. Oui. Il m'arrive fréquemment de voir des gens mariés, d'âge mûr, qui ont raté leur adolescence et ont eu très peu de petits copains ou copines, s'embrouiller dans des aventures extraconjugales de type idéaliste et adolescent. Ou pire encore, ils passent leur temps à fantasmer qu'ils seraient beaucoup plus heureux avec quelqu'un d'autre.

JOHN. Est-ce parce qu'ils pensent qu'ils vieillissent et qu'ils ne se sont pas suffisamment amusés dans la vie, ou quoi ?

ROBIN. C'est tout simplement qu'ils ont eu très peu d'aventures, si bien qu'ils les idéalisent. Ils n'ont jamais affronté la réalité des relations, et s'accrochent donc à l'idée que l'herbe pourrait être bien plus verte dans le champ d'à côté. Alors, qu'ils soient effectivement infidèles ou qu'ils se contentent d'y penser tout le temps, ils passent leur temps à confronter leur conjoint à une image idéale et, surprise, le mariage n'est pas au niveau du fantasme.

JOHN. Ce qu'ils attendent du mariage est totalement irréaliste ?

ROBIN. Oui, impossible. Et ça, ils ne l'ont pas compris. Tandis que les gens qui ont joué le jeu et ont fait une quantité raisonnable d'expériences ont réalisé qu'il n'est pas facile d'arriver à un bon accord sexuel, et que tout dépend énormément de la qualité de la relation. Ils ont découvert qu'il faut y mettre du sien, et il est donc plus probable qu'ils consacreront leur énergie et leurs efforts à leur couple plutôt que de rêver à d'autres partenaires.

JOHN. Pourquoi dites-vous que le fantasme de l'infidélité est « pire » que l'infidélité elle-même ?

ROBIN. Parce que le fantasme ruine le mariage sans donner à la personne qui s'y abandonne la chance de découvrir concrètement les complications des aventures extraconjugales.

JOHN. Vous voulez dire qu'elle ne découvre jamais vraiment combien

il est difficile d'avoir deux relations à la fois, ni combien le vaudeville est inscrit dans la réalité.

ROBIN. Plus que ça. Elle ne découvrira jamais que les problèmes qu'elle a avec son conjoint se retrouveront, en fin de compte, dans son aventure.

JOHN. Tandis qu'en en ayant réellement une elle le découvrira.

ROBIN. Et pourra alors en venir à la conclusion que son mariage n'est pas si mal, après tout.

JOHN. Mais en supposant que son mariage soit une catastrophe ?

ROBIN. Ah ! Dans ce cas, le soulagement procuré par le fantasme pourra le rendre suffisamment supportable pour qu'il traîne en longueur. Alors qu'en fait il serait peut être préférable pour tous deux de reprendre leur liberté tant qu'il est encore temps de construire quelque chose de mieux.

JOHN. Je suis content de vous entendre dire ça à propos des fantasmes, parce que j'ai toujours été frappé par leur caractère fondamentalement nocif : ils nous donnent en effet un tuyau percé au moment où nous prenons des décisions importantes dans notre vie. Je ne parle pas des fantasmes badins auxquels on peut se laisser aller comme on veut, mais des fantasmes nés des idéaux grotesques de l'amour romantique. Je ne connais aucune idée « romantique » qui, à la longue, ne rende pas les gens moins heureux qu'ils ne pourraient l'être. Un peu comme si quelqu'un avait fait une liste des traits caractéristiques de la dépression et les avait érigés en canon : il faut savoir s'accrocher, la dépendance est hautement morale ; il est ignoble d'avoir plus d'une source de soutien ; l'émotion la plus satisfaisante de toutes, c'est l'anticipation de la perte : un être vous manque et vous vous sentez vivre ; la souffrance en général est la preuve que la vie mérite finalement d'être vécue. Et pourtant, ma façon de voir les choses n'est pas populaire. Les gens sont fiers d'être romantiques. « Je crains fort d'être un peu romantique » disent-ils en souriant avec ce sous-entendu bizarre de supériorité morale et spirituelle. Et ils peuvent se mettre en colère contre vous si vous leur demandez de vous expliquer en quoi les misères qu'ils s'infligent constituent un progrès moral. Cela vaut spécialement pour les femmes, qui sont, de façon assez surprenante, attachées à l'amour romantique tout en étant bien plus averties et décidées que les hommes dans leurs relations.

ROBIN. A mon avis, l'importance de la vie fantasmatique est à peu près la même chez les hommes et les femmes. En fait, je pense que s'il y a une différence, elle tient au fait que les hommes vivent plus loin de la réalité, mais maquillent cela sous des noms plus sérieux comme la politique, la philosophie, et tout le reste. Dans le passé, au moins, les femmes encourageaient ce penchant chez eux pour les éloigner de la cuisine et pour pouvoir s'occuper, elles, de choses plus vitales.

JOHN. Donc ce que l'on peut faire de mieux avec les illusions, c'est de s'en débarrasser.

ROBIN. Non, pas nécessairement. Je pense qu'on devrait laisser les gens faire leur choix à ce sujet. Personnellement, je préfère me débarrasser des illusions et vivre plus près de la réalité, mais je ne le recommanderais pas à tout le monde. Dans ma profession, je constate que ce sont les patients qui veulent se débarrasser de leurs illusions qui tirent le plus grand bénéfice de la thérapie, mais c'est un processus douloureux...

JOHN. Il peut être aussi douloureux de perdre une illusion que de perdre quelque chose de bien réel ?

ROBIN. Oui. Et tout le monde ne peut pas le supporter, ou tout le monde ne le désire pas. C'est pourquoi j'aide seulement mes patients à affronter la réalité et à modifier leurs illusions, dans la mesure où ça leur est absolument nécessaire pour obtenir ce pour quoi ils sont venus. Mais pas plus. Il ne faut pas détruire une illusion, tant que la personne n'est pas prête à trouver dans la réalité quelque chose de mieux pour la remplacer.

JOHN. Donc, quand vous approuvez l'idée d'un minimum d'expérimentation chez les jeunes, c'est parce que vous sentez que cela va leur apprendre des choses, qu'ils vont se débarrasser de quelques-uns de leurs fantasmes relationnels, apprendre à se connaître, à connaître le sexe opposé et à prendre conscience de leurs besoins ; et qu'ils auront ainsi beaucoup plus de chances plus tard de choisir le (ou la) partenaire qui leur convienne et avec qui ils pourront construire leur vie.

ROBIN. Absolument. Si j'accepte l'idée que la liberté sexuelle avant le mariage est une bonne chose, c'est parce que je crois à l'importance d'un mariage stable pour la famille, et parce que j'accorde une place d'honneur à la fidélité et à l'engagement. Il est plus probable que les couples choisissent ces valeurs s'ils ont découvert que les aventures superficielles et transitoires ne sont pas aussi gratifiantes. Ou que, si agréables qu'elles soient, elles ne soutiennent certainement pas la comparaison avec une relation pleine et engagée. Et les gens auront plus de chance d'accepter cette idée s'ils la découvrent par eux-mêmes, que si on leur demande d'y croire sur parole.

Du traitement des problèmes sexuels

JOHN. Nous avons donc franchi les différents stades du développement sexuel pour arriver au seuil du mariage. Pour nous résumer : nous prenons progressivement conscience de notre identité sexuelle laquelle se fixe vers l'âge de deux ans et demi ou trois ans, l'enfant prenant une position nette sur la rive masculine ou féminine ; ensuite vient la phase de l'Œdipe, la première histoire d'amour avec le parent du sexe opposé, entre trois et six ans ; suivent six ans de latence où l'intérêt sexuel est maintenu, mais de manière beaucoup moins ouverte ; et puis il y a l'adolescence, où les hormones viennent semer la perturbation et où la phase de l'Œdipe se répète, cette fois accompagnée d'un réel chambardement sexuel ; après cela, les jeunes partiront pour acquérir l'expérience qui leur permettra de choisir le conjoint qui leur convient. Voyons maintenant ce que l'on peut faire si un de ces stades s'est mal passé.

ROBIN. Eh bien, ça dépend en grande partie du moment auquel le problème est apparu au cours du cycle de développement. Nous pourrons d'autant plus y remédier qu'il est survenu tard. Par exemple, aujourd'hui, l'approche des problèmes sexuels comme l'impuissance, la frigidité ou l'éjaculation précoce a été complètement transformée par de nouvelles méthodes qui réussissent à guérir la plupart des cas en quelques semaines, alors que, par le passé, des années de thérapie pouvaient ne pas avoir d'effet notable.

JOHN. Mais à supposer que le problème soit apparu avant la phase de l'Œdipe. En d'autre termes, si cela touche à l'identité sexuelle ?

ROBIN. Dans ce cas, il est souvent très difficile d'y remédier. Et dans le cas de la plupart des transsexuels et de la majorité des homosexuels, on ne demanderait même pas à un psychiatre d'essayer d'infléchir la déviation, parce qu'ils ont eux-mêmes réglé le problème en s'y conformant et en l'acceptant. La question du changement ne se pose donc pas vraiment.

JOHN. Mais pourrait-on l'envisager ?

ROBIN. Oh oui ! Mais ce serait un travail très lent, ardu et souvent douloureux, parce que les fondements mêmes de la personnalité sont mis en question. Cela peut tout affecter ; si bien qu'un changement d'identité sexuelle peut amener un changement général de la personnalité. En d'autres termes, ça demande un travail de reconstruction majeur. C'est donc à chacun de décider si la bataille et la souffrance en valent la peine. Beaucoup décideront que non, mais pour quelques-uns, ce peut même être dangereux d'essayer. Quoi qu'il en soit, je pense que c'est la tâche du psychiatre que de respecter le point de vue et la vulnérabilité de chaque patient pris individuellement. Le patient sent souvent mieux que le psychiatre ce qui est meilleur pour lui. Donc si une personne demande une thérapie pour une tout autre raison, nous pouvons souvent faire beaucoup pour l'aider à améliorer sa vie et à être mieux dans sa peau, tout en respectant sa volonté de garder son identité sexuelle.

JOHN. J'ai remarqué que vous avez utilisé le mot « déviation ».

ROBIN. Le terme original était perversion, bien sûr, mais il cristallisait tout un tas de connotations négatives à l'époque où il y avait des sanctions légales très dures vis-à-vis de tout ce qui n'était pas la sexualité normale dans le mariage. C'est pourquoi on utilise maintenant le mot « déviation ».

JOHN. Mais beaucoup d'homosexuels ne sont même pas d'accord avec le mot déviation, ils préfèrent le mot « variation », suggérant qu'une orientation sexuelle donnée est aussi normale qu'une autre.

ROBIN. Je ne conteste pas du tout leur droit d'être de cet avis et de défendre leurs idées, à condition qu'ils adoptent eux aussi les mêmes règles pour ne pas heurter les autres. Mais comme vous pouvez le déduire des explications que j'ai données sur les stades du développement sexuel — et ces explications non seulement donnent un sens à toute mon expérience clinique et personnelle, mais nous permettent aussi d'aider les gens à changer de comportement et à avoir un mode de fonctionnement plus adapté — je pense que ces orientations sexuelles différentes s'expliquent et se comprennent mieux si on les compare au développement normal. J'ai choisi cette méthode d'approche parce qu'elle m'est utile, parce que ça marche et qu'elle donne une signification aux choses. Mais si d'aucuns préfèrent penser que les déviations viennent de nulle part et qu'il n'y a pas d'explication — et cette attitude se comprend tout à fait chez ceux qui ne veulent pas changer — je m'en satisfais tout à fait. Le schéma de développement que j'ai décrit n'implique aucun jugement de valeur, et je ne suggère pas que les gens devraient être différents de ce qu'ils sont.

JOHN. Il est donc difficile de traiter les problèmes d'identité sexuelle, même si le patient veut en changer, puisque la personnalité s'est construite sur cette base. Si bien qu'il faudrait procéder à une démolition et à une reconstruction radicales. Et les problèmes qui apparaissent à un stade plus tardif du développement ?

ROBIN. Eh bien, prenons la frigidité, l'impuissance et l'éjaculation précoce, que l'on appelle généralement des « dysfonctions sexuelles ». Ces problèmes ont surgi après que le stade de l'identification sexuelle eut été négocié de façon satisfaisante. Pour les déviations, le train a pris la mauvaise voie. Dans les dysfonctions, le train est sur la bonne voie, mais il a rencontré un feu rouge et il s'est arrêté. Ce que le thérapeute doit faire, c'est faire passer le feu au vert.

JOHN. La personne serait donc victime d'un feu rouge qui l'empêcherait de laisser sa sexualité se développer pendant la phase de l'Œdipe ?

ROBIN. Oui. Prenez la frigidité. Si le père est trop vite gêné par les sentiments romantiques de la petite fille à son égard, et qu'il envoie des réponses embarrassées, craintives et négatives, elle va penser que ces sentiments nouveaux qu'elle éprouve sont mauvais. Elle va donc essayer de les occulter. Et plus tard, à l'âge adulte, elle aura tellement pris l'habitude de s'en couper qu'elle sera incapable de les retrouver.

JOHN. La même chose aurait pu se produire si le père avait fait trop ouvertement des avances ?

ROBIN. Oui. Pour se sentir en sécurité, elle aurait dû à nouveau se couper de ses sentiments. Cela pourrait se produire aussi à cause d'un fort interdit extérieur relatif à l'expression du désir sexuel, d'une attitude très stricte de la communauté. Ou parfois, bien que plus rarement, à cause d'un vrai traumatisme.

JOHN. L'impuissance pourrait avoir la même origine, sauf que ce serait la mère qui aurait donné au garçon la mauvaise réponse ?

ROBIN. C'est ça. Mais il est important d'ajouter que tout homme peut être temporairement impuissant, c'est-à-dire incapable d'avoir une érection, ou avoir tendance à la perdre au cours des préludes amoureux ou du coït s'il est stressé ou malade ou s'il est sous l'influence de certaines drogues ou de l'alcool ; de même s'il est particulièrement soucieux d'éviter que les choses ne se passent mal, comme par exemple lorsqu'il couche pour la première fois avec sa petite amie ou avec sa femme. Et si ça lui arrive, il peut se créer un cercle vicieux, le souci croissant d'accomplir une bonne performance conduisant à une prestation encore moins bonne, et un nouvel échec causant encore plus d'angoisse. Ça peut en fin de compte le conduire à une impuissance chronique à moins qu'une femme compréhensive, ou une thérapie, ou simplement le hasard ne cassent le cercle vicieux.

JOHN. Vous dites que le pronostic de la frigidité et de l'impuissance, quelles qu'en soit les causes, est très favorable.

ROBIN. Oui, et les cas les plus simples — et ce sont heureusement les plus fréquents — ont pour origine des cercles vicieux d'échec et d'angoisse induits par des circonstances inhabituelles chez quelqu'un qui fonctionnait normalement auparavant. Bien sûr, il y a plus de risques que cela survienne chez un timide ou un sujet inhibé à l'égard du sexe, pour les différentes raisons que nous venons de mentionner. Les mêmes principes, bien sûr, peuvent entrer en action pour rendre une femme frigide.

JOHN. Et maintenant, l'éjaculation précoce ? Est-ce une autre forme de tentative pour couper court, pour éviter le rapport sexuel en terminant tout avant même que ça ne commence ?

ROBIN. Non. je pense que ça n'a rien à voir. Ne vous en déplaise, il y a plusieurs théories pour expliquer pourquoi les nouveaux traitements marchent de façon si efficace. Mais l'idée fondamentale, qui leur donne un sens à toutes, c'est que les hommes qui éjaculent trop rapidement, avant que la partenaire ne soit prête, ne sont en fait pas hypersensibles au plaisir, bien au contraire. Ils ne peuvent pas se contrôler, parce qu'ils ne sont pas aussi pleinement conscients qu'ils devraient l'être du plaisir qui s'accumule lors des préludes amoureux et du coït, en particulier dans les organes sexuels et le pénis. la situation est un peu celle de l'image que nous avons utilisée auparavant : l'homme ressemble au conducteur d'une voiture qui a lâché le volant et s'est installé sur le siège arrière, la voiture étant son pénis et le volant son rapport à celui-ci, sa conscience des sensations relatives à son pénis. Et l'excitation échappe à tout contrôle et l'emporte, exactement comme le ferait une voiture dans ces circonstances.

JOHN. Vous voulez dire que l'excitation n'est pas reliée comme il faut à la sensation physique de plaisir ? Qu'il doit ressentir davantage le plaisir pour être capable de se contrôler ?

ROBIN. Exactement. Et vous voyez donc pourquoi les manuels traditionnels sur la sexualité ne faisaient qu'aggraver le problème. Ils recommandaient habituellement des techniques par lesquelles l'homme pouvait diminuer son excitation en pensant à autre chose, en récitant la table de multiplication, par exemple. Alors qu'il était déjà sur le siège arrière de la voiture, ça le mettait dans le coffre !

JOHN. Et pourquoi l'homme, à l'origine, se serait-il coupé de ses sensations physiques ?

ROBIN. Il a probablement occulté ses émotions sexuelles à cause de la réponse angoissée de la famille, ce dont nous avons parlé plus haut. Et, dès l'enfance, il s'est donc mis dans l'idée que ce n'est pas bien du tout d'avoir un appétit sexuel sain et vigoureux et d'aimer ça.

JOHN. Bien. Mais vous avez dit qu'au cours des dix dernières années, on avait trouvé pour ces « dysfonctions » des traitements étonnamment efficaces. En fait, à quoi est due cette subite amélioration ?

ROBIN. Ça a véritablement commencé avec le travail de Masters et Johnson aux États-Unis. Au lieu de traiter seulement le partenaire supposé être en difficulté, ils voyaient les deux membres du couple ; et les deux thérapeutes eux-mêmes travaillaient en couple ; ainsi ils étaient parfois tous les quatre à travailler ensemble. Et puis, plutôt que de se contenter de parler de ce qui aurait pu être la cause du problème, du vécu infantile, etc. les thérapeutes donnaient des conseils et des travaux pratiques. En d'autres termes, tout en assurant un soutien ferme, ils incitaient le couple à se remettre sans cesse à l'ouvrage et à ne pas s'en faire en cas d'échec au début.

JOHN. Ils ne se sont pas centrés sur les causes, ils ont simplement incité le couple à s'exercer.

ROBIN. Exact. Ça a été extrêmement efficace. Et d'autres ont fait les mêmes découvertes.

JOHN. Quel genre de conseils et d'« exercices » suggérez-vous ?

ROBIN. Eh bien, si un couple souffre de frigidité ou d'impuissance, et que les partenaires sont très rigides et ne croient pas à une issue favorable, vous devez d'abord gagner leur confiance et faire en sorte qu'ils se parlent à nouveau. Et puis, vous leur conseillez d'ajourner pour le moment leurs tentatives d'avoir un rapport sexuel complet et de se contenter tout simplement d'apprécier chacun le corps de l'autre.

JOHN. En interdisant le rapport, vous réduisez l'angoisse de l'échec. Et quel genre d'exercices conseilleriez-vous ?

ROBIN. On pourrait suggérer que chacun à son tour caresse et masse l'autre pendant une demi-heure environ, comme ils le sentent et en évitant les parties sexuelles. On demandera alors, au partenaire « non actif » de se contenter de se détendre et de savourer son plaisir ; mais d'indiquer aussi à l'autre ce qu'il trouve le plus agréable, afin que tous deux coopèrent à l'obtention d'un plaisir maximal.

JOHN. C'est un principe de la thérapie comportementale, n'est-ce pas ? On commence par quelque chose de facile qui ne pose pas beaucoup de problèmes, et puis on procède pas à pas vers le but, en s'arrêtant toujours en cas d'anxiété.

ROBIN. C'est cela. Donc, en se mettant d'accord pour éviter les rapports sexuels pendant un certain temps, et même en évitant de caresser les parties sexuelles, le couple se débarrasse de son angoisse de la performance. Il peut ainsi en revenir à un stade de découverte mutuelle : chacun peut reprendre un bon départ. Si on les encourage à être tendres, doux et sensibles l'un envers l'autre, les partenaires vont se retrouver dans une situation d'ouverture et pourront parfois presque tomber à nouveau amoureux l'un de l'autre.

JOHN. Et ils finiront par obtenir un rapport complet ?

ROBIN. Oui, par petites étapes, lorsqu'ils se sentiront prêts. Par exemple si le problème initial est l'impuissance de l'homme, le premier pas à franchir une fois que les caresses non directement sexuelles les ont mis en confiance, ce serait pour la femme de jouer avec les organes génitaux de son partenaire et de continuer à lui faire plaisir sans attendre de sa part une érection et sans s'en faire s'il n'en a pas. Bien sûr, toute la pression étant tombée, la machine recommence bientôt à marcher et le fait que sa partenaire le guide mais qu'elle ne soit pas pressée d'arriver au but peut aboutir à ce que son désir connaisse une ardeur nouvelle. Et lorsqu'il a vraiment repris confiance en lui, ils essaieront d'aller plus loin, mais là encore, sans qu'il s'attende à conserver son érection. Et s'il y a des ratés, ils reviendront à un stade antérieur du processus, de façon que personne ne se décourage ni que se réinstalle le cercle vicieux. En général, il suffit de quelques semaines au plus pour que leur sexualité fonctionne à nouveau normalement ; le plaisir et la satisfaction qu'ils en tirent alors renforcent la guérison.

JOHN. Et si les partenaires sautent une étape et essaient d'avoir un rapport avant qu'on le leur conseille ?

ROBIN. Ça ne fait rien. Si ça marche — et c'est souvent le cas parce que les « exercices » les ont tellement excités qu'ils ne peuvent pas attendre — le processus est tout simplement accéléré. Si ça ne marche pas, les limites imparties par le thérapeute leur évitent tout sentiment d'échec, et, à la place, ils ont l'agréable sentiment d'avoir eu un comportement délictueux !

JOHN. Vous dites que d'autres thérapeutes ont trouvé ces méthodes efficaces. Les ont-ils beaucoup modifiées ?

ROBIN. Oui, beaucoup. Mais il y a une chose que toutes ces nouvelles techniques ont en commun, c'est d'être centrées sur l'expérience immédiate.

JOHN. On attire l'attention des partenaires sur les sensations qu'ils éprouvent ?

ROBIN. Oui, sur ce qui se passe entre eux, ici et maintenant, de telle sorte qu'ils peuvent commencer à reprendre le fil des sensations et émotions sexuelles qu'ils avaient pris très tôt l'habitude d'éliminer, et à les percevoir avec de plus en plus d'acuité et d'intensité. Et le principe consiste à demander aux patients de faire certains exercices ; on leur demande d'essayer de changer les choses.

JOHN. Et on ne passe pas son temps à essayer de comprendre la cause du problème ?

ROBIN. En fait, à présent, beaucoup de thérapeutes commencent à combiner ces nouvelles méthodes avec les techniques psychanalytiques traditionnelles qui permettent une compréhension des causes. Nous sommes en train de découvrir que ça nous aide à traiter avec encore plus d'efficacité les dysfonctionnements.

JOHN. D'accord. Maintenant, si les problèmes d'identité sexuelle surgissent au cours de la petite enfance, et les problèmes de dysfonctionnement lors de la phase œdipienne, ou plus tard... où se situent le masochisme, le sadisme et le fétichisme ?

ROBIN. Là encore, il s'agit de gens qui sont restés un peu coincés dans leur développement sexuel. Ils peuvent être allés assez loin pour avoir acquis des certitudes raisonnables quant à leur identité sexuelle. Mais ils ne sont pas allés suffisamment loin pour pouvoir établir une relation d'amour et de confiance avec le sexe opposé, une relation sereine et naturelle, et ils ne peuvent pas se laisser aller complètement au cours de l'acte sexuel. La peur et la méfiance les en empêchent. Et ainsi, la forme particulière de satisfaction sexuelle que la personne préfère est très proche des relations normales, mais elle lui permet en même temps de se protéger de cette peur.

JOHN. Peur de quoi ?

ROBIN. Essentiellement, peur que l'on profite d'elle si elle se laisse entièrement aller, si elle se montre ouverte et vulnérable, comme cela est nécessaire si l'on veut que les relations sexuelles soient vraiment satisfaisantes. L'expérience qu'elle a faite au cours des premières années de sa vie lui a laissé une certaine méfiance vis-à-vis des relations intimes, une peur de l'amour et de l'engagement. Elle est donc à la recherche d'une forme de relation sexuelle exempte de ces composantes, comportant des échappatoires sous forme de conditions spéciales permettant de trouver du plaisir sans grand risque.

JOHN. Mais le sado-masochisme sous sa forme modérée n'est pas si inhabituel que ça pourtant ? Beaucoup de couples se mordillent un peu ou deviennent un peu brutaux lorsqu'ils sont excités, non ?

ROBIN. Oui. Se taquiner, mordre un peu, dominer et être dominé, c'est une façon d'attiser le désir pour la plupart des couples. Du moins à un certain moment de leur vie. Tant que s'accroît le plaisir, c'est parfaitement normal. Ça ne devient anormal que s'ils ne peuvent pas se faire confiance ni s'offrir librement ; en d'autres termes, lorsque c'est utilisé comme un substitut de l'amour et de l'engagement, comme une manière de séparer l'excitation sexuelle de l'intimité émotionnelle qui normalement l'accompagne.

JOHN. C'est anormal parce que c'est le sexe sans amour ?

ROBIN. Oui. C'est sans amour, quand bien même il ne s'agirait de percevoir l'autre que comme un être humain. Infliger systématiquement une douleur, comme condition du plaisir sexuel, répond habituellement à deux objectifs. Le premier c'est que ça donne l'illusion de l'intimité, celle que connaissent les vrais amoureux lorsqu'ils se font confiance et lorsqu'ils se soumettent volontairement au pouvoir l'un de l'autre, laissant leur amour les emporter et les dominer. Mais, en fait, le sado-masochisme met une grande distance entre les partenaires. Pour le sadique, le partenaire est un objet, une chose à exploiter et à utiliser sans être concerné lui-même, sans sentiment ni compassion. La douleur infligée à la victime est un substitut de deuxième main à l'amour et à l'engagement que le sadique désire, mais dont il ne peut prendre le risque puisqu'il le livrerait au pouvoir de sa victime. Et de l'autre côté, la victime masochiste est elle aussi protégée d'une implication réelle, protégée de l'amour et de l'engagement. Parce que la peur et la douleur forcent le masochiste à esquisser un mouvement de recul, pour mettre une distance émotionnelle de sécurité entre le sadique et lui. De cette manière, ils sont tous deux protégés de l'intimité et du don de soi, et peuvent ainsi tolérer, jusqu'à un certain point, une attirance due à l'excitation sexuelle.

JOHN. Ce principe qui consiste à se protéger de l'engagement s'appliquerait donc à tout l'éventail des pratiques sado-masochistes ?

ROBIN. Oui, je le crois.

JOHN. De l'administration d'une douleur grave, à un extrême, jusqu'à l'autre... jusqu'à quoi ?

ROBIN. Eh bien, jusqu'à des formes plutôt mineures que l'on retrouve chez l'homme qui essaie de choquer les femmes en s'exhibant nu, ou chez le voyeur qui en profite sans même se montrer. Et, soit dit en passant, une bonne partie de la pornographie est fondée sur le même principe, la tentative de séparer complètement le sexe de l'amour et d'éviter que tout sentiment de tendresse ou de chaleur n'accompagne la stimulation sexuelle.

JOHN. Et donc ce que le sadique, le masochiste, le voyeur, l'exhibitionniste et le pornographe ont en commun, c'est la peur de l'engagement ?

ROBIN. Oui, parce qu'ils ne peuvent pas faire face à la fois au sexe et à l'amour. Ils craignent que ça ne les livre au pouvoir de l'autre, ce qui est le cas bien sûr, puisque c'est exactement cela l'amour ! Mais ils ne peuvent pas s'y risquer parce que, dans leur enfance, ils ont eu à subir un abus de pouvoir de la part de quelqu'un qu'ils aimaient.

JOHN. Et d'une certaine manière, la perversion protège sa sexualité de tout danger supplémentaire ?

ROBIN. Oui c'est cela. Très tôt, leur sexualité a été menacée, si bien que pour ne pas devoir lâcher prise, ils ont dû la camoufler et la mettre à l'abri, la déguiser pour la rendre méconnaissable ; ou la cacher de la personne qui la menaçait. En d'autres termes, l'amour sexuel a été confiné là où les gens ne peuvent pas le trouver. Ils ne peuvent donc s'exprimer que d'une manière déformée, exempte de ces sentiments d'amour que les gens avaient exploités au cours de leur enfance.

JOHN. Le problème est rendu encore plus ardu par le fait que la société condamne cette manière « sécurisante » d'exprimer les pulsions sexuelles.

ROBIN. Donc, naturellement, ils ont tendance à en faire un secret coupable. Et ils s'y accrochent, bien sûr, parce que c'est la seule forme de sexualité qu'il leur est possible de vivre. Et ils ne s'y adonnent que dans la mesure où ils l'osent.

JOHN. Recherchent-ils de l'aide pour ce faire ?

ROBIN. Quelques-uns seulement. Et s'ils arrivent effectivement en thérapie avec la volonté de changer, ils ont tendance à ne pas vouloir voir ce qu'ils essaient de changer, parce qu'ils en sont coupables et honteux. Pourtant, si nous voulons changer, il nous faut bien commencer par là où nous sommes !

JOHN. Vous voulez dire qu'ils veulent trouver une sexualité « normale » tout en essayant de ne pas se souvenir qu'ils l'ont jetée aux oubliettes ?

ROBIN. Oui. C'est comme l'homme qui perd sa clé et va la chercher sous le lampadaire à cinquante mètres de là parce qu'on y voit plus clair. Et c'est précisément la raison pour laquelle il est tout à fait inutile de les encourager à avoir des modes plus normaux de satisfaction sexuelle. Si nous pouvons trouver le lieu où la sexualité est retenue prisonnière et la libérer, elle peut s'échapper et redevenir quelque chose de plus naturel, de plus en accord avec les autres sentiments normaux, qui peuvent dès lors aider à la contrôler. Le début du traitement doit donc toujours consister en une recherche du lieu où la sexualité est retenue prisonnière ; et lorsqu'on l'a trouvé, on doit aider le patient à l'accepter sous cette forme, et même à jouir des fantasmes qui le troublent.

JOHN. En jouir ? Mais il est venu s'en débarasser !

ROBIN. Ça paraît étrange, je sais. Je ne veux pas dire qu'il s'agit d'encourager le patient à infliger ses fantasmes à d'autres. Mais, où que soient la pulsion déviante ou le fantasme, c'est là que se trouve caché le réel, le véritable amour sexuel. Et s'il évite carrément d'affronter cette réalité à cause d'un sentiment de honte ou de culpabilité, il ne trouvera jamais la bonne chose cachée là. Tandis que si on l'aide à s'abandonner suffisamment pour percevoir l'excitation liée au sentiment déviant, les sentiments plus profondément enfouis pourront alors être graduellement libérés. Et une fois le processus engagé, ils s'exprimeront par les voies normales, si bien qu'en fin de compte un véritable amour sexuel redeviendra chose possible pour le patient.

JOHN. Est-ce que les nouvelles méthodes du type Masters & Johnson sont efficaces pour ce genre de problèmes ?

JOHN. Quand vous pensez à tous ces gens qui ont du mal à avoir une vie sexuelle normale — aujourd'hui largement approuvée et encouragée — vous réalisez combien ce doit être terrible pour ceux qui souffrent d'une quelconque forme de déviance et doivent sentir la honte et la désapprobation qui s'attachent non seulement à ce qu'ils font mais à ce qu'ils pourraient faire.

ROBIN. Et, bien sûr, ces attitudes de désaveu lèsent la société elle-même.

JOHN. Dans quel sens ?

ROBIN. Eh bien pensez à l'énorme contribution qui peut être apportée par les homosexuels et tous ceux qui ont des styles de vie déviants. Là où il y a intolérance et rejet de leur déviance, ils sont refoulés dans un monde souterrain. Coincés dans une sorte de statut de hors-la-loi, où ils n'ont d'autre alternative que de s'identifier à ceux qui appartiennent à leur groupe minoritaire, forme d'auto-défense contre la société en général. Ils sont plus ou moins forcés d'adopter une attitude hostile envers la société qui est hostile à leur égard.

JOHN. Ils vont être forcés de rejeter tout ce qui est « normal », sans avoir la liberté de prendre ce qui est bon.

ROBIN. Et ça, ça ne rend service ni à eux, ni à la société. Et la même chose s'applique avec une force identique dans l'autre sens. Prenez à nouveau l'homosexualité. Si elle constitue un tabou puissant, les gens auront sans doute très peur qu'un quelconque aspect normal de leur comportement ne soit « homosexuel ».

JOHN. Parce que, comme vous l'avez dit, la plupart des gens ont un côté homosexuel au sens où l'attirance qu'ils ressentent pour les gens de leur propre sexe peut être source de plaisir ?

ROBIN. Mais si cette forme d'émotion les met mal à l'aise, ils essayeront de la réprimer et de la reléguer derrière l'écran.

JOHN. Mais alors, ils seront terrifiés à la simple idée de toucher les gens pour exprimer leur affection, de peur que ce ne soit le signe révélateur de leur homosexualité.

ROBIN. Bien plus. Comme c'est à la base la même énergie qui soustend les désirs homosexuels et hétérosexuels, en bridant toute une série de sentiments, ils bloqueront toute leur énergie sexuelle. Cela veut dire qu'ils ne sauront pas se laisser aller ni prendre du plaisir avec le sexe opposé à la différence de ceux qui ont un rapport simple avec leurs désirs naturels.

JOHN. C'est exactement l'expérience que j'ai faite. J'étais avec une fille depuis un certain temps, et nous avions une très bonne relation sexuelle. Et puis un jour, nous avons découvert que nous étions gênés par des sentiments très semblables : elle travaillait avec une fille qui s'était mise à flirter avec elle, et ça l'avait mise très mal à l'aise. Et je lui ai raconté qu'au gymnase où je m'entraînais il y avait plusieurs beaux garçons toujours désespérément en forme, qui crânaient en lançant les poids sans effort, et qui m'irritaient beaucoup. Mon amie et moi-même avons décidé de prendre la chose du bon côté. C'est ce qu'elle fit, et elle découvrit qu'elle pouvait trouver du plaisir à répondre aux invites de l'autre fille et que ça ne la mettait pas du tout mal à l'aise. Moi, je retournai au gymnase et, en grinçant des dents, j'essayai de goûter le spectacle de ces jeunes gens hypervirils. Pendant un temps, j'ai été très mal à l'aise, surtout parce que je craignais de devenir un vieux beau, et puis finalement, assez vite, mais oui, j'ai pris plaisir à les regarder ! J'étais capable d'aimer ce spectacle sans être, en bon britannique, trop irrité par leur léger narcissisme. Et en quelques jours, mon amie et moi-même avons enregistré au surcroît tout à fait dramatique de notre énergie et de notre plaisir à faire l'amour. Une part de notre énergie sexuelle qui devait avoir été ligotée par cette peur était maintenant libérée.

ROBIN. Ça, c'est toute la question du sexe dans l'amour. Il faut s'abandonner totalement à l'expérience, se livrer, à ce moment-là, sans réserve l'un à l'autre. On doit être complètement libre, abandonné, et n'essayer ni de se contrôler ni de chercher à contrôler son partenaire, mais simplement se répondre mutuellement dans une réaction en spirale ascendante de plaisir et d'amour. Et c'est impossible si on se protège soi-même d'une réaction que l'on redoute chez le partenaire. Et c'est quelque chose que l'on ne peut pas non plus obtenir si on ne sait pas prendre le risque de montrer un sentiment ou de faire quelque chose que l'on estime déplacé. Bien sûr, cela ne s'applique pas seulement à l'homosexualité, mais à toute la gamme des sentiments. Vous voyez, dans l'idéal, nous ne perdons pas complètement le contact avec le stade le plus primaire de notre développement lorsque nous grandissons, et une des choses les plus merveilleuses concernant la sexualité, c'est que tous ces stades peuvent s'exprimer quand nous faisons l'amour. Donc, peu importe ce qui excite un couple. Ça peut leur faire plaisir de jouer à des jeux de domination et de soumission, de jouer au bébé ou de se câliner, d'être des petits enfants agressifs à la Rabelais ou de renverser les rôles. Si tout ça représente la part du jeu dans une relation qui est, fondamentalement, une relation d'amour, c'est super. Ça signifie que tous les différents besoins de la personnalité trouvent à s'exprimer, et cela non seulement procure une chance de rattraper d'importantes expériences manquées au cours de l'enfance, mais ça libère aussi nos énergies pour nous permettre de jouir au maximum du sexe, de l'amour et de la vie.

JOHN. Ici, l'idée de « jeu » semble être importante. En quelque sorte, s'il s'agit d'un jeu, il est encore plus facile d'être libre, de s'abandonner et de prendre des risques, non ?

ROBIN. Oui. Mais n'oubliez pas que ce qui caractérise le jeu, c'est les limites. C'est-à-dire un temps et un lieu qui permettent de savoir où il commence et où il finit… où et quand les règles changent pour redevenir celles de la vie de tous les jours. Les gens ne peuvent se laisser aller complètement et sans réticence que s'ils savent qu'il y a quelque part des limites qui les protègent. S'il y en a, on peut alors laisser tomber toutes les autres barrières, s'abandonner complètement et se permettre la fusion.

JOHN. Tout en se sentant capable d'en sortir quand on le désire ?

ROBIN. C'est cela. Les études faites sur le sujet laissent apparaître qu'une des clés du fonctionnement des familles les plus saines, c'est cette aptitude à gérer l'intimité, à ne pas être gênées par une très grande proximité, ni préoccupées par l'éloignement. Et je crois que c'est là le secret d'un mariage accompli. On ne peut s'abandonner à la fusion que si l'on est sûr de pouvoir retrouver ses limites ensuite.

JOHN. Vous voulez dire que l'on pourrait redouter qu'une intimité trop grande ne nous empêche de nous retrouver après.

ROBIN. Ce genre de problème se rencontre chez ceux qui n'ont pas vécu entièrement les différents stades de croissance qu'ils auraient dû connaître dans leur famille parce qu'alors ils sont bloqués ; ils ne peuvent quitter correctement leurs parents. Alors, soit ils leur restent plus attachés qu'à leur conjoint, soit, s'ils semblent effectivement mettre une distance physique entres eux et leur famille, ils emportent néanmoins avec eux tous ces sentiments inachevés qui les lient à leurs parents et les rejouent avec leur conjoint ou avec les enfants en leur donnant le rôle des parents.

JOHN. Ce qui nous amène à clore le cercle avec le principe évoqué par vous tout au début, à savoir que le choix du partenaire repose sur « un travail inachevé ».

ROBIN. Ça, c'est la clé d'interprétation. Mais il faut terminer le travail si l'on veut grandir et acquérir une personnalité distincte. Cela signifie que nous devons quitter nos parents, au sens où nous ne devons pas rester là à attendre d'eux quelque chose de plus. Il n'est pas nécessaire de les rejeter, ni de perdre leur amitié ou leur soutien. En fait, bien que l'inceste soit prohibé, aucune règle n'interdit de choisir un partenaire aussi attirant ou beau ou sexy ou tendre que son père ou sa mère ou sa sœur ou son frère ou sa grand-mère ou son grand-père, ou tous à la fois si l'on veut.

JOHN. Ça, c'est une idée singulièrement libératrice.

ROBIN. Oui, je le pense aussi. En fait, on ne réalise pas vraiment combien les premiers liens d'affection avec des membres de la famille influent sur le choix du partenaire, jusqu'à ce que l'on comprenne qu'il est parfaitement normal et souhaitable de choisir son partenaire sur ces bases, et que l'on ne transgresse pas les règles en le faisant.

JOHN. Voilà qui donne aux choses un nouvel éclairage, et pourrait permettre d'éviter bien des problèmes dans le mariage. Je veux dire que les gens peuvent s'éteindre, sur le plan sexuel, parce qu'ils ne réalisent pas qu'il est tout à fait normal de profiter avec le partenaire des bons sentiments qu'ils éprouvent à l'égard des membres de leur famille. Si la raison de l'attirance pour le partenaire était cachée derrière l'écran, la relation pourrait paraître incestueuse, et en conséquence gênante, alors qu'elle ne l'est pas du tout.

ROBIN. C'est absolument exact. En examinant de plus près les problèmes conjugaux et sexuels, on se rend compte que beaucoup d'entre eux sont dus au sentiment, chez les partenaires, que leur activité sexuelle est incestueuse, en raison de cette ressemblance. Bien sûr, elle ne l'est pas ; cette idée n'est que le résultat d'une confusion, d'un embrouillamini, mais les gens s'embrouilleront plus facilement dans ce domaine si leurs parents ressentaient déjà de la gêne et du malaise vis-à-vis du sexe. Il est donc facile de voir en quoi une activité sexuelle satisfaisante entre les parents pourrait dissiper la confusion : pour commencer, parce que l'on saurait sans ambiguïté où se trouve le sexe. C'est une autre raison pour laquelle la relation sexuelle entre les parents est vitale pour la sécurité des enfants et c'est pourquoi les parents jouent un bon tour, non seulement à eux-mêmes, mais à tout le monde en se débrouillant pour avoir du bon temps tant au lit que hors du lit.

JOHN. C'est donc le même principe qui régit notre sexualité et tous les autres problèmes que nous n'avions pas réglés avec nos parents. Si nous arrivons à les faire sortir de derrière l'écran, nous pouvons les résoudre avec notre conjoint. A condition que nous prenions conscience de ce qui se passe réellement.

ROBIN. N'est-ce pas comique... Les problèmes qui nous donnent la plus forte migraine sont imaginaires ! Je vais vous dire une chose : lorsque les patients sont sur le point d'arrêter leur thérapie, et qu'ils ont finalement compris que, sans en avoir conscience, c'est eux-mêmes qui se créent des problèmes, ils me demandent presque toujours pourquoi je ne leur ai pas dit ça avant. Et, bien sûr, la vérité, c'est que c'est exactement ce que je n'ai cessé de leur dire depuis le début de nos entretiens. Et ils sont furieux quand je leur dis ça !

JOHN. Et à ce stade, si je me rappelle bien, vous leur riez au nez !

ROBIN. Et s'ils sont alors capables de rire aussi d'eux-mêmes et du ridicule de toute cette affaire, c'est qu'ils sont en mesure d'arrêter la thérapie.

REMERCIEMENTS

Nous souhaitons remercier tous les amis et collègues dont les noms suivent, qui ont bien voulu lire le manuscrit de ce livre, nous prodiguer des conseils et nous donner de précieuses informations. Il va de soi néanmoins que nous endossons toute la responsabilité des opinions exprimées ici ainsi que les erreurs ou omissions qui auraient pu se glisser involontairement dans le texte : Jane Abercrombie, Susan Barrows, Ruth Berkowitz, Dennis Brown, Arnon Bentovim, John Bowlby, John Byng-Hall, Douglas Connor, Chris Dare, Shirley Dare, Ronald Eyre, Lionel Kreeger, Marianne Kreeger, Malcolm Pines, Denis Robinson, Margaret Robinson, Meg Sharpe, David Skynner, Prue Skynner, Katrin Stroh and Barbara Trentham. Nous remercions tout particulièrement Christopher Falkus et Ann Mansbridge pour leur contribution à la rédaction de ce livre. Nous sommes également très reconnaissants à Daphne Day, Dee Edwards, Joan Pakenham-Walsh, Briar Silich et Joan Snell, qui ont dactylographié les nombreuses pages manuscrites de ce texte.
La reproduction de l'extrait de la traduction française de « Qui a peur de Virginia Woolf ? » d'Edward Albee a été aimablement autorisée par les éditions Laffont.

TABLE DES MATIÈRES

Introduction 7
Pourquoi a-t-il fallu que ce soit toi que j'épouse ? 15
Je suis Dieu et restons-en là 91
Post-scriptum : Paranoïa et politique 181
Cet étonnant lapin en peluche 199
Qui commande ici ? 249
Post-scriptum : Plus on est de fous... 321
Qu'est-ce que vous fabriquez là, tous les deux ? 331
Remerciements 420

Achevé d'imprimer par Corlet, Imprimeur, S.A.
14110 Condé-sur-Noireau (France)
N° d'Imprimeur : 1906 - Dépôt légal : juillet 1991
Imprimé en C.E.E.